풍수명당 설계와
장례 문화

　본 책은 형산아카데미 학술회에서 발간하는 '풍수명당 설계와 장례문화(1)'란 책입니다. 각 분야에서 깊이 연구한 내용에 대해 서로 토론하면서 하나의 장을 만들고, 그 결과에 대해 이렇게 책을 만들어 출간하게 되었습니다. 향후 좀 더 나은 방향으로 계속하여 출간할 예정이오니 많은 관심과 격려 부탁드리겠습니다.

　현재 우리는 개발과 발전이라는 명목 아래 새로운 것에 익숙해져 있고, 개인과 사회 이익에만 치중하면서 우리와 수천 년 전부터 더불어 살았던 자연(自然), 즉 산천(山川)에 대한 인식은 약해지고 있는지 모른다.

　그러나 우리나라는 고대(古代)사회가 형성되기 이전부터 산을 중심으로 문화가 발전하면서 풍류(風流)사상이 발전하였고, 삼국시대 유입된 삼교(유교·불교·도교)와 더불어 고려와 조선시대까지 전통사상으로 계승되어 왔다. 여기에서 풍류사상은 자연과 더불어 살아가면서 심신훈련을 하는 것으로, 통일신라 말엽 해운 최치원(崔致遠)이 난랑(鸞郎)이라는 화랑을 기리는 '난랑비서(鸞郎碑序)'에, "우리나라에 현묘(玄妙)한 도(道)가 있으니 풍류라 이른다. 그 교의 기원은 『선사(仙史)』에 자세히 실려 있거니와, 실로 이는 삼교(유교·불교·도교)를 포함하여 중생을 교화한다. 집에 들어오면 효도하고, 나아가면 나라에 충성하는 것은 공자의 주지(主旨) 그대로이며, 또 그 행함이 없는 일에 처하고 말 없는 교를 행하는 것은 노자의 종지(宗旨) 그대로이며, 모든 악한 일을 하지 않고 착한 일만을 행함은 석가 교화(敎化) 그대로이다"[1]라고 하였다.

이처럼 우리나라는 수천 년 전부터 풍류사상과 뒤이어 유입된 삼교와 더불어 '산'을 중심으로 문화가 발전하였다. 결국 우리에게 산천의 의미는, 모두의 삶이 시작되는 곳이고, 모두의 삶 주거지가 조성된 곳이며, 그 삶이 다하면 모두 다시 돌아가는 곳이 된다. 이러한 전제로 보면, 우리나라의 전통사상은 산과 하나라는 개념으로 볼 수 있다. 이어 삼교와 더불어 음양오행사상이 접목되고, 여기에서 비롯된 풍수·명리와 장례 문화도 역시 자연이 주축이 된다. 따라서 본 책에서 연구된 내용은 모두 전통사상을 계승한다는 의미에서 시작되었다고 할 수 있다.

형산아카데미는 2015년 5월 2일 결성되어 2020년 현재까지 학술적 단체로 뜻을 모아 모임을 가지고 있습니다. 2019년 6월 형산아카데미 학술회가 만들어지고, 운영위원회가 운영되면서 출간에 대한 의미가 더욱 확고히 부여되었습니다.

그리고 2019년 4월 제1차 학술회에서 처음 책을 펴내고자 제안을 하였을 때, 주저 없이 이끌어 주신 박상구 교수님을 비롯한 당시 김용희 회장님과 초대 김상수 회장님께 진심으로 감사의 인사를 드립니다.

앞으로도 좀 더 나은 학술단체가 되기 위해 최선의 노력을 하도록 하겠습니다.

2020年 4月
형산아카데미 회장 겸 학술위원장 김형근 배상.

---

1 * 崔致遠, 『鸞郞碑序』: "國有玄妙之道, 曰風流, 設敎之源, 備詳仙史, 實乃包含三敎, 接化群生, 具如, 入則孝於家, 出則忠於國, 魯司寇之旨也, 處無爲之事, 行不言之敎, 周柱史之宗也, 諸惡莫作, 諸善奉行, 竺乾太子之化也."

사물을 관찰하려는 눈과 인문학적 역량

형산 아카데미가 만들어진 지 5년이 다 되어가는 길목에서 책을 발간한다는 소식은 반갑고도 소중한 성과입니다.

책을 만든다는 것은 많은 이들의 희생을 필요로 합니다. 이번에는 형산 아카데미 10명의 회원들이 참가하여 각자가 가진 소질을 바탕으로 엮어진 책은 1부가 '양택풍수 명당 설계를 하다', 2부가 '음택풍수 명당 설계를 하다', 3부가 '전통 장례문화를 말하다'라는 주제로 펼쳐진다니 어깨를 토닥토닥 많이 두드려 주고 싶습니다.

저는 이 난을 빌어 통상적인 축하와 격려보다는 지금까지 스스로 느낀 '지속 가능한 평생학습'에 대해 기술함으로써 그 소임을 대신하려 합니다.

먼저, 평생학습에 필요한 눈을 가지는 것입니다. 새로운 눈으로 자연을 대하고, 끈기 있게 사물을 관찰하려는 눈을 가질 필요가 있습니다. 작은 곳에서도 새로운 눈으로 큰 것을 얻을 수 있습니다. 눈을 크게 뜨십시오.

또 하나는 인문학을 접목하여 역량을 키우는 것입니다. 자신이 가지고 있는 능력에 인문학을 융합시켜 새로운 영역을 창출해 내십시오. 자신의 능력이 몇 줄의 시적 문장 또는 촌철살인의 감각을 자랑하는 한두 행의 문자를 만나 상호 조응하여 시너지 효과를 낼 것입니다.

형산 아카데미는 대학교 등에서 저에게 가르침을 받고 나서 졸업 후에도 평생 배움을 실천하려는 뜻을 모아 2015년 5월 2일에 결성한 모임입니다.

단순 모임에서 탈피하여 이렇게 전문지를 발간함으로 인해 형산 아카데미의 토양은 굳건해지고, 줄기는 튼실해지며, 잎과 꽃은 풍성하면서 알차고 소담스러운 열매를 주렁주렁 맺을 것입니다.

'형산 아카데미에서 펴낸 풍수 명당설계와 장례문화(1)' 책을 발간함에 애쓰고 수고하신 회원들께 이 자리를 빌려 축하와 감사의 말씀을 드립니다.

2020년 4월

박상구(건축학 박사, 영남대학교 환경설계학과 겸임교수)

I 양택풍수 명당 설계를 하다

II 음택풍수 명당 설계를 하다

III 전통 장례문화를 말하다

I

양택풍수
명당설계를 하다

경북 해안지방 전통주택의
풍수적 비보분석[1]

유병우[2]

1. 들어가며

2. 경북 해안지방 전통주택의 선정과 현황

3. 경북 해안지방 전통주택의 비보

4. 경북 해안지방 전통주택의 비보 분석

5. 나가며

---

1 이 글은 풍수지리의 저변확대를 위해 필자의 학위논문 일부를 재편집한 것이다.
2 대구한의대학교 일반대학원 철학박사 졸업.

1. 들어가며

사람들은 보다 좋은 환경에서 살아가고자 노력해왔고, 최적의 삶터를 찾고자 노력해왔다. 그러나 완전한 인간이 없듯이 삶터도 완전한 곳이 없으며, 이렇게 주변의 지리적 환경이 과하거나 부족한 곳이 있어 이를 보완하기 위한 것을 비보(裨補)라고 한다. 온고지신(溫故知新)이라는 말이 있듯이 필자는 과거 우리 선조들이 삶터를 선정하고 삶을 영위하는 과정에서 풍수적으로 부족하거나 과한 부분을 어떻게 보완하여 왔는지 확인하여 현대와 미래의 주거환경 조성과 전통문화의 연구에 도움을 주고자 이 연구를 수행하였다. 이 연구를 수행하면서 지역적 범위로는 필자의 이동거리 등을 감안하여 낙동정맥의 동쪽 부분인 경북 해안지방에 현존하고 있는 전통주택 중 문화재로 등록되어 있는 주택을 대상으로 하였고, 내용적으로는 비보의 조성 경위, 비보의 조성 방법, 비보의 기능을 분석하였다.

2. 경북 해안지방 전통주택의 선정과 현황

1) 연구대상 전통주택의 선정

필자는 이 연구를 수행하기 위해 방문 조사한 전통주택 중 그 지방에서 인지도가 높고, 후손이 거주하고 있거나 관리상태가 양호하며, 사신사가 뚜렷하여 시각적 구조로 계량화할 수 있는 곳을 위주로 하여 본 연구의 목적에 가장 부합된다고 여겨지는 전통주택 중에서 임의선정(Random) 방식으로 〈표 1〉과 같이 연구대상으로 선정하였다.

본 연구에서 연구대상 주택에 대한 내용은 학술적인 연구과정에서 설명한 것임을 밝혀둔다.

〈표 1〉 연구대상 전통주택

	전통주택명	문화재 등록번호
1	경주 양동마을 송첨종택	중요민속문화재 제 23호
2	경주 월암종택	중요민속문화재 34호
3	영덕 무안박씨 무의공파종택	중요민속문화제 286호
4	영덕 충효당 종택	중요민속문화재 168호
5	울진 평해황씨 해월종택	경북 민속문화재 156호
6	포항 사우정고택	경북 민속문화재 81호

2) 연구대상 전통주택의 현황

(1) 경주 양동마을 송첨종택

〈그림 1〉 송첨종택의 사랑채

중요민속문화재 제23호인 경주 양동마을 송첨종택(이하 '송첨종택'이라 함)
은 서백당이라고도 불린다. 양민공(襄敏公) 손소(孫昭, 1433~1484)가 풍덕류씨

복하(復河)의 딸과 결혼하여 풍덕류씨 집안의 가산을 모두 물려받을 수 있었는데, 이 송첨종택이 당시의 정착과 함께 건축되었는지, 아니면 당시의 풍습에 따라 결혼 후 처가에서 어느 정도 살다가 분가하면서 건축되었는지 여부는 확실하지 않고,[3] 현재 손성훈이 종택을 관리하고 있다.[4]

이 집터를 잡아준 지관이 설창산의 혈맥이 응집된 곳이라 3명의 큰 인물이 태어날 것이라고 예언하였으며, 우제(愚齊) 손중돈(孫仲暾, 1463~1529)과 회재(晦齋) 이언적(李彦迪, 1491~1553)이라는 2명의 큰 인물 태어난 이후 손씨 집안에서는 남은 한 사람의 인물이 손씨 집안에서 태어나길 기대하면서 시집간 딸이 해산하기 위해 친정에 오더라도 허락하지 않고 다른 집으로 보낸다고 한다.

(2) 경주 월암종택

〈그림 2〉 월암종택의 안채

---

3   문화재청, 『한국의 전통가옥(25)』(대명기획, 2008), 28쪽.
4   문화재청 홈페이지, 문화유산정보 파트.

중요민속자료 제34호로 등록되어 있는 경주 월암종택(이하 '월암종택'이라 함)
은 임진왜란 당시의 장군인 김호(金虎, 1534~1592)가 태어난 집으로 현재의
건물은 약 400여 년 전에 세워진 것으로 추정되며,[5] 김영모가 소유하고
이영숙이 관리하고 있다.[6]

김호 장군은 임진왜란이 일어나자 의병을 일으켜 의병도대장(義兵都大
將)이 되어 경주 부근의 각 군현을 돌아다니면서 민심의 안정을 위해 노
력하였으며, 경주부에 주둔한 왜군을 고립시키기 위해 도로를 막고 왜
군의 북상을 저지하며 언양에서 진격해온 적의 기병 500명과 싸워 적을
궤멸시키는 등 많은 전과를 올렸다.[7]

(3) 영덕 무안박씨 무의공파 종택

〈그림 3〉 무의공파종택의 전경

---

5   경주시청 제작 안내입간판.
6   문화재청 홈페이지, 문화유산정보 파트.
7   한국학중앙연구원, 한국역대인물 종합정보시스템 파트.

중요민속문화재 제286호로 등록되어 있는 영덕 무안박씨 무의공파종택(이하 '무의공파종택'이라 함)은 임진왜란 당시 경주성 전투 등에서 많은 활약을 하며 전공을 세운 무의공(武毅公) 박의장(朴毅長, 1555~1615) 장군의 주손(胄孫)인 박문립(朴文立, 1602년생)이 계부 박선(朴璿, 1596년생)과 함께 선친 박유(朴瑜)의 유훈을 받들어 반포(현재의 도곡리)에 터를 잡고 10여 년간 경영하여 1600년 중반에 완성한 주택이다. 대문채는 일부 소실되고 퇴락하여 1940년 중수 시 새로 세웠으며,[8] 현재 무안박씨 무의공파 종중에서 소유하고 있다.[9]

(4) 영덕 충효당 종택

〈그림 4〉 영덕 충효당의 전경

중요민속문화재 제168호인 영덕 충효당 종택(이하 "영덕 충효당"이라 함)은 재령이씨 입향조인 이애(李璦, 1480~1561)가 성종연간에 건립하였으나 선조

---

8   영덕군청 제작 안내입간판.
9   문화재청 홈페이지, 문화유산정보 파트.

때 뒤편으로 이건하였다고 전하며,[10] 이홍선이 소유하고 이지화가 관리하고 있다.[11]

충효당기(忠孝堂記)에서는 당호를 충효당으로 정한 이유를 주변의 아름나운 경치에 두시 않고 충(忠)과 효(孝)에 뜻을 누었다고 밝히고 있다.[12] 영덕 충효당은 갈암(葛庵) 이현일(李玄逸, 1627-1704) 선생이 태어난 곳이며, 정자와 같은 구성을 보이고 있는 사랑채는 주로 후학들의 교육장으로 사용되었다고 한다.[13]

(5) 울진 평해황씨 해월종택

〈그림 5〉 해월종택의 전경

경상북도 민속문화재 제156호인 울진 평해황씨 해월종택(이하 '해월종택'이라 함)에 대해 『울진군지』에서는 약 600년 전에 안동권씨(安東權氏)가 자리

---

10 영덕군청 제작 안내 입간판.
11 문화재청 홈페이지, 문화유산정보 파트.
12 박약회영덕지부, 『영덕의 정자』(대보사, 2012), 404-405쪽.
13 영덕군지편찬위원회, 『영덕군지』(2002), 143쪽.

를 잡고 살았는데 외손(外孫)이 봉사(奉祀)하는 자리라 하였다. 후에 권씨(權氏)는 사위인 전의이씨(全義李氏)에게 물려주었고, 그 후 이씨(李氏)는 야성정씨(野城鄭氏)에게, 정씨(鄭氏)는 평해황씨(平海黃氏)에게 물려주었다. 그런데 황씨(黃氏)는 그 당시 딸이 없어 지금까지 자리를 지키고 있다 한다.[14] 평해황씨의 족보를 보면 황여일(黃汝一, 1556~1622)의 부친이 응징(應澄)이며, 모친이 영덕정씨(盈德鄭氏=野城鄭氏)로 되어 있어 울진군지에서 말하는 황씨가 황여일의 부친이라고 추정된다.[15]

해월헌(海月軒)이란 편액이 걸려 있는 정자는 원래 기성면 사동리 마악산 기슭에 건립되어 있었으나, 1847년에 후손들이 현 종택 내로 이축하였다. 이 종택은 해월헌(海月軒)이라는 명칭으로 지정되어 오다가 2012년 울진 평해황씨 해월종택(蔚珍 平海黃氏 海月宗宅)으로 변경되었다.[16]

(6) 포항 사우정고택

〈그림 6〉 사우정고택의 전경

---

14 울진군지편찬위원회, 『울진군지(상)』(2001), 979쪽.
15 평해황씨문절공파보간행소, 『평해황씨세보(1)』(신흥인쇄소, 1996), 17쪽
16 문화재청 홈페이지, 문화유산정보 파트.

경상북도 민속문화재 제81호로 등록되어 있는 포항 사우정고택(이하 '사우정고택'이라 함)은 조선 중기의 의병장인 농포(農圃) 정문부(鄭文孚, 1565~1624)의 할아버지인 정언각(政彦慤)이 청송부사로 있을 때 풍수지리에 밝은 청지기가 '활란가거(活亂可居) 천하지낙양(天下之洛陽)'이라고 하며 길지를 일러주었는데, 정언각이 그 터를 확보하여 건축한 집이다.[17]

정문부는 함경북도 평사로 있으면서 군사를 일으켜 경성(鏡城)을 수복하는 등 임진왜란 당시 의병장으로 활약을 하였다.[18] 전쟁이 끝난 후 고향인 진주로 돌아가면서 손녀사위인 이강(李壃)에게 이 집을 물려주었고, 이강의 후손인 이헌순(李憲淳)이 자신의 호를 따서 집 이름을 사우정(四友亭)이라 바꾸었다고 한다.[19]

3. 경북 해안지방 전통주택의 비보

1) 비보의 조성경위

(1) 송첨종택의 비보 조성경위

송첨종택에서는 〈그림 7〉과 같이 문간채 앞이 경사지(傾斜地)라는 대지(垈地)의 특성으로 인해[20] 사랑채와 문간채 사이에 바깥마당을 조성할 공간이 충분하지 못하여 두 건물 사이의 거리와 바깥마당의 조성 위치를 어떻게 하면 좋은가에 대해 여러 가지 방법을 모색했을 것으로 추정된다.

---

17 경상북도·경북대영남문화연구원, 『경상북도 종가문화 연구』(도서출판 동방, 2010), 130–131쪽.
18 『宣祖昭敬大王修正實錄』, 券二十六, 선조 25년 9월 1일: "함경북도 평사 정문부가 군사를 일으켜 경성을 수복하다."(咸鏡北道評事, 鄭文孚起兵, 復鏡城.)
19 포항시사편찬위원회, 『포항시사(3)』(2010), 384쪽.
20 문화재청, 『가옥과 민속마을(Ⅱ)』(열화당, 2010), 33쪽.

〈그림 7〉 송첨종택 앞 경사진 대지

(2) 월암종택의 비보 조성경위

　월암종택으로 입수[21]하는 내룡맥[22]은 금오산에서 감방(坎方, 북쪽)으로 오다가 월암종택의 좌측에서 태방(兌方, 서쪽)으로 전환하고 현무에서 이방(離方, 남쪽)으로 방향을 바꾸게 되는 회룡고조형[23]으로 청룡 쪽은 힘이 강하지만, 월암종택의 우측에는 〈그림 8〉과 같이 뚜렷한 백호가 없고, 형산강과 넓은 들판이 있어 겨울철 서북풍을 피할 수 없는 형국이므로 백호를 보완해야 할 필요가 있었다.

21　산줄기의 정기(精氣)가 모여 생기에너지를 응결(凝結)시켜 혈로 들어가는 것.

22　주산(主山)으로부터 혈장(穴場)까지 산의 정기가 흘러가는 산줄기.

23　조종산(祖宗山)에서 산줄기가 빙 돌면서 내려와 몸체를 틀어 다시 자신이 출발한 조종산을 바라보는 형국.

〈그림 8〉 월암종택의 청룡과 백호

(3) 무의공파종택의 비보 조성경위

무의공파종택의 내룡맥은 용당산에서 망월봉을 향해 진방(震方, 동쪽)으로 행룡[24]하다가 곤방(坤方, 서남쪽)으로 한 줄기가 분맥(分脈)하여 다시 손방(巽方, 동남쪽)으로 전환하여 최종적으로 이방(離方, 남쪽)으로 입수한다. 이 과정에서 현무에서 내려오는 산줄기는 유연하게 내려왔으나 종택의 뒤편에 높은 봉우리가 없고 나지막하여[25] 〈그림 9〉와 같이 양택건축의 기본인 배산(背山)[26]이 되지 않는 단점이 있다.

24　산줄기가 조종산(祖宗山)에서 출발하여 혈장(穴場)을 향해 멀리 뻗어 나가는 것.

25　임혜진, 「영덕 무안박씨 무의공파의 양택과 음택의 풍수지리적 고찰」, (영남대 석사학위논문, 2017), 126쪽

26　지세(地勢)가 산이나 높은 곳을 뒤에 두고 있는 것을 말하며, 뒤에 산이 있고 앞에 물이 있는 것을 배산임수(背山臨水)라 하여 주택이나 건물을 지을 때 이상적으로 여긴다.

〈그림 9〉 무의공파종택의 배산

〈그림 10〉 영덕 충효당에서 청룡과 백호까지 거리

(4) 영덕 충효당의 비보 조성경위

영덕 충효당의 경우 〈그림 10〉과 같이 백호까지의 거리는 335m이며
고도가 125m로 앙시각[27]이 15.8°였고, 청룡까지의 거리가 830m이고,

---

27 어떠한 물체를 위로 올려다보는 각도.

고도가 95m로 앙시각이 4.5°로 확인된다. 청룡이 동해의 해풍을 막아주며 관쇄[28]역할을 하고 있지만 상당히 멀게 느껴져 이를 보완할 필요성이 있었을 것으로 추정된다.

(5) 해월종택의 비보 조성경위

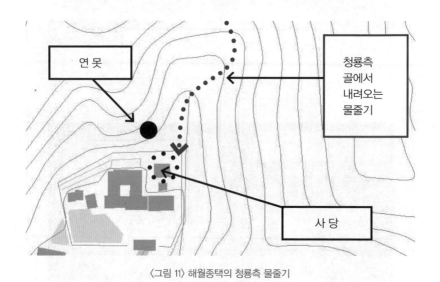

〈그림 11〉 해월종택의 청룡측 물줄기

해월종택에서는 입수맥과 청룡 사이에 있는 골짜기의 경사가 심하므로 비가 오면 〈그림 11〉과 같이 청룡측 골짜기의 물이 해월종택 뒤편의 연못과 사당쪽으로 곧바로 내려와 수해를 입게 된다. 이를 방지하기 위해 청룡측 계곡의 물이 직충하는 것을 방지할 필요성을 느끼게 되었다.

---

28 청룡과 백호가 좌우에서 서로 끝 부분을 맞잡거나 한쪽이 다른 쪽을 감싸 안아 물이 빠지는 곳이 좁아진 상태를 말하며, 관쇄가 잘 되어있으면 길하다고 판단한다.

(6) 사우정고택의 비보 조성경위

사우정고택이 있는 오덕리에서는 지대가 높아 물이 빠져나가는 것이 보이면 좋지 않다고 전해져 왔으며, 이곳은 낙동정맥과 비학지맥 사이에 위치하고 있어 산세는 강하고 경사가 심하여 물이 부족한 곳이므로 물의 관리에 많은 관심이 필요한 곳이다. 실제 〈그림 12〉와 같이 기계천이 관쇄지역인 은천지까지 동북에서 서남방향으로 거의 일직선으로 빠르게 흘러갔다가 은천지를 지나서 동남방향으로 전환을 하여 기계방향으로 흘러가고 있다.

〈그림 12〉 사우정고택과 기계천

2) 비보의 조성형태

비보(裨補)에는 비보(裨補)·염승(厭勝)이라는 두 가지 역학적(力學的) 상보방식(相補方式)이 있는데 이 두 원리의 적절한 운용을 통해 자연과 사람 간의 상보력을 증진하고 조율하게 되는 것이며, 역사적 정황과 지역적 조건에 따라 변모해왔고 다양화되었으며, 그 유형에는 사탑, 나무, 조산, 장승, 연못 등의 가시적(可視的)인 형태와 지명, 의례, 놀이 등의 비가시적(非可視的)인 형태가 있다.[29]

(1) 송첨종택의 비보 형태

송첨종택에서는 문간채 앞의 경사진 대지로 인하여 〈그림 13〉과 같이 사랑채와 문간채 사이의 간격을 좁게 하였고, 사당 앞의 넓은 공간을 이용하여 바깥마당을 조성하였으며, 사랑방을 90° 틀어서 배치하여 사랑방에서 마을 전체의 안산인 목성체[30]의 성주봉이 바깥마당을 거쳐서 정면으로 보이도록 하였다.

〈그림 13〉 송첨종택에서 사랑채와 문간채의 거리 및 바깥마당의 위치

---

29 송대선, 「풍수비보이론을 적용한 현대주거환경 계획지표 개발에 관한 연구」(영남대 박사학위논문, 2014), 31–32쪽.
30 산의 봉우리가 붓끝처럼 뽀족하여 필봉이라고 하며, 이러한 형태의 산은 학문, 귀, 관운에 관여하는 것으로 여긴다.

(1) 월암종택의 비보 형태

　월암종택에서는 뚜렷한 백호가 없는 형국을 보완하기 위해 월암종택
의 백호측에 대나무를 많이 심었던 것으로 보여지나, 도시의 개발이 진
행되고 건물이 들어서면서 대나무는 없어지고 〈그림 14〉와 같이 현무봉
에서 내려오는 내룡맥과 논, 그리고 농로의 경계선에 흔적만 남아 있다.

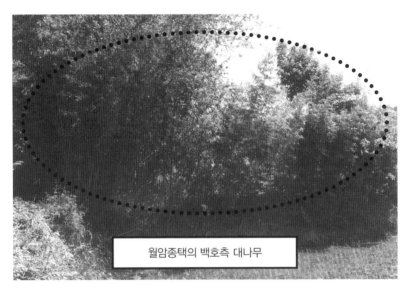

월암종택의 백호측 대나무

〈그림 14〉 월암종택의 백호측 대나무

(3) 무의공파종택의 비보 형태

　무의공파종택의 뒤편에는 〈그림 15〉와 같이 다섯 그루의 소나무가 심
어져 있으나 현재 소나무를 심은 이유를 알고 있는 사람은 없고, 풍수지
리적 입장에서 이유를 분석하면 배산이 되지 않는 단점을 보완하기 위
해 종택의 뒤편에 소나무를 심었던 것으로 추정된다.

무의공파종택 뒤편의 소나무

〈그림 15〉 무의공파종택 뒤편의 소나무

⑷ 영덕 충효당의 비보 형태

영덕 충효당의 백호는 125m의 높이로 335m의 거리에 있고, 내청룡은 낮고 청룡은 95m의 높이로 830m의 거리에 위치하고 있어 청룡측이 멀어 보이는 단점이 있다. 이를 보완하기 위해 영덕 충효당에서는 청룡측에 소나무를 심은 것으로 추정되며 현재는 〈그림 16〉과 같이 세 그루가 남아 있다.

영덕 충효당의 청룡측 소나무

〈그림 16〉 영덕 충효당의 청룡측 소나무

(5) 해월종택의 비보 형태

해월종택에서는 입수맥과 청룡 사이의 골에서 내려오는 물줄기가 종택 뒤의 연못과 사당 쪽으로 쏟아져 내려오는 것을 막기 위해 〈그림 17〉과 같이 배수로를 조성하였는데 1차 공사에서는 사당 옆에서부터 대문 앞까지 조성하였고, 2차 공사에서는 연못에서부터 사당 옆까지 배수로를 조성하였다.

〈그림 17〉 해월종택의 청룡측 배수로

(6) 사우정고택의 비보 형태

사우정고택이 있는 오덕리에는 〈그림 18〉과 같이 포항 12경[31]의 하나인 덕동 숲을 조성하였는데, 이 숲은 풍수지리적인 약점인 수구(水口)[32]를

---

31 포항12경 : 호미곶 일출, 내연산 12폭포 비경, 운제산 오어사, 포스코 야경, 덕동문화마을 숲, 죽장 하옥계곡의 여름, 경상북도 수목원의 사계, 호미곶~임곡간의 해경, 장기읍성의 일월맞이, 환호공원 주변관광, 중앙상가 실개천 야경, 사방기념공원 주변 풍경

32 혈장에서 보아 물이 최종적으로 빠져나가는 지점을 가리킨다.

넉동숲

호산지당

〈그림 18〉 덕동숲과 호산지당

보완하기 위해 조성한 숲으로 송계, 정계, 도송 등 세 곳에서 수백 년 동안 소나무들이 자라고 있으며, 조성된 숲은 물이 빠져나가는 것이 보이지 않게 수구막이 역할을 하고 있다.[33]

　그리고 이 마을의 산세는 강하나 물이 적어 인물이 배출되지 않는다고 전해오며 이에 대한 대책으로 용계정 앞에 물을 가두어 경관을 살리면서 후세에 많은 인물이 나도록 〈그림 18〉과 같이 생태연못을 조성하여 그 이름을 '호산지당(護山池塘)'이라 하였다.[34] 그러나 호산지당의 내용은 풍수이론 중 산은 인물을 관장하고 물은 재물을 관장한다[35]는 내용과는 다소 차이가 있으며, 이곳의 형국이 마을 쪽으로 물길이 치고 들어오

33　경상북도 · 경북대영남문화연구원, 『경상북도 종가문화 연구』(도서출판 동방, 2010), 127-128쪽.
34　경상북도 · 경북대영남문화연구원, 『경상북도 종가문화 연구』(도서출판 동방, 2010), 133쪽.
35　『重訂地理人子須知』: "山管人丁, 水管財誠."

는 곳이므로 이 연못은 기계천의 유속을 조절하여 토지의 침식을 방어하기 위한 역할도 하는 것으로 보여진다.

경북 해안지방 전통주택에서 풍수지리적으로 부족한 부분에 대해 보완한 형태를 정리하면 〈표 2〉와 같다.

〈표 2〉 경북 해안지방 전통주택에서 조성된 비보의 형태

전통주택명	풍수지리적으로 부족한 점	비보의 형태
송첨종택	경사진 대지로 인해 건축공간이 부족함	건물사이를 좁히고, 바깥마당을 사당의 앞에 조성함
월암종택	뚜렷한 백호가 없음	대나무를 심음
무의공파종택	배산이 되지 않음	소나무를 심음
영덕 충효당	청룡이 거리가 멈	소나무를 심음
해월종택	물이 연못과 사당쪽으로 직충함	배수로를 조성함
사우정고택	수구가 보임	숲을 조성함
	산강수약의 형국이라 이라 인물이 나지 않음	연못을 조성함

3) 비보의 기능
경북 해안지방 전통주택에서 조성한 비보의 기능은 다음과 같다.

⑴ 송첨종택의 비보 기능
송첨종택에서는 문간채 앞의 경사진 형국을 그대로 두면서 사당 앞에 바깥마당을 조성함으로써 사랑방에서 바깥마당을 통해 마을의 안산인

성주봉을 바라보게 하였으며, 종택의 출입 시 남성들은 자연스럽게 좌측 사당 앞의 바깥마당을 통하여 사랑방으로 갈 수 있도록 하고, 여성들은 문간채에서 곧바로 중문을 통해 안채로 들어갈 수 있도록 하였다.

(2) 월암종택의 비보 기능

월암종택에서는 뚜렷한 백호가 없는 형국을 보완하기 위해 백호측에 대나무를 심었으며, 이를 통해 환경적으로는 백호 쪽에서 불어오는 서북풍을 피하였고, 청룡과 백호가 조화를 이루어 심리적으로 안정감을 주는 기능을 하였을 것으로 추정된다.

(3) 무의공파종택의 비보 기능

무의공파종택에서는 양택의 기본인 배산이 되지 않는 형국을 보완하기 위해 소나무를 심어 배산이 되었다는 상징성을 가지게 된 것으로 추정된다.

(4) 영덕 충효당의 비보 기능

영덕 충효당에서 청룡이 멀어 보이는 형국을 보완하기 위해 상징적인 의미로 심은 소나무는 시각적으로 멀리 있는 청룡보다 먼저 보이므로 심리적으로 안정을 주는 기능을 한 것으로 추정된다.

(5) 해월종택의 비보 기능

해월종택에서는 입수맥과 청룡 사이의 골에서 내려오는 물줄기와 토사가 종택 뒤의 연못과 사당 쪽으로 쏟아져 내려오는 것을 막기 위해 조성한 배수로는 물길을 다른 쪽으로 흐르게 하여 수해를 방어하는 기능을 하고 있다.

⑹ 사우정고택의 비보 기능

사우정고택과 오덕리에서는 용계정 주변에 조성한 3곳의 솔숲은 수구가 보이지 않도록 하고, 불어오는 계곡풍을 막아주는 기능을 한다. 그리고 인물배출을 위해 부족한 물을 가두어 호산지당이라는 생태연못을 조성함으로써 인물배출이라는 심리적 기대감을 얻었을 것으로 추정된다.

이와 같이 경북 해안지방 전통주택에서 풍수적으로 부족하거나 과한 부분에 각 전통주택에서 대처한 비보의 내용과 기능을 정리하면 〈표 3〉과 같다.

〈표 3〉 경북 해안지방 전통주택에서의 비보내용과 기능

전통주택명	비보의 내용	기 능
송첨종택	경사진 대지로 건축공간이 부족하여 건물 간격을 좁히고 바깥마당을 사당 앞에 조성함	형국(形局)보완
월암종택	뚜렷한 백호가 없어 대나무를 심어 보완함	장풍(藏風)보완
무의공파종택	종택이 배산이 되지 않아 소나무를 심음	장풍(藏風)보완
영덕 충효당	청룡이 멀어 소나무를 심음	장풍(藏風)보완
해월종택	청룡측 물이 연못, 사당 쪽으로 흘러와 배수로 조성	수해(水害)방어
사우정고택	수구가 보여 숲을 조성함	수구차폐(水口遮蔽)
	산강수약이라는 형국보완을 위해 연못조성	형국(形局)보완

4. 경북 해안지방 전통주택의 비보 분석

앞에서 필자는 경북 해안지방 전통주택에서의 비보 조성경위와 형태 및 기능을 알아보았으며, 이를 정리하면 다음과 같다.

1) 나무심기 위주의 비보

풍수지리에서 부족하거나 넘치는 부분을 보완해주는 것을 비보(裨補)라 하는데 그 조성형태로는 나무심기, 돌탑, 장승, 입석, 석상, 사탑, 솟대, 돛대, 연못 등의 유형적(有形的)인 형태와 지명, 놀이 등의 무형적(無形的)인 형태가 있다. 영남지방의 전통주택에서 풍수적으로 부족하거나 넘치는 부분에 대해 보완한 비보형태를 다음 〈표 4〉와 같이 분류하였다.

〈표 4〉 경북 해안지방 비보의 조성형태

조성형태	조성개소	비 율
나무심기	4	57.1%
건물이용	1	14.3%
연못조성	1	14.3%
배수로설치	1	14.3%
합 계	7	100.0%

경북 해안지방 전통주택에서 나무를 심어 비보를 조성한 곳이 4개소로 가장 많은 57.1%를 차지하고, 건물이용, 연못 조성, 배수로 설치 등의 형태로 비보한 곳이 각 1개소씩 있었다.

2) 형국보완 위주의 비보

비보의 기능은 수구를 차폐(遮蔽)하거나 보완하는 수구비보, 사신사 중 하나 이상이 결함이 있어 장풍(藏風)을 보완하거나 부족한 형국을 보완하는 형국비보, 흉상(凶相)을 차폐하거나 흉상을 염승(厭勝)하는 흉상비보, 화기(火氣)를 차폐하거나 화기를 염승하는 화기비보, 풍해(風害)를 방어하거나 수해(水害)를 방어하기 위한 풍수해비보 등으로 나눌 수 있다. 경북 해안지방 전통주택에서 조성한 비보의 기능을 〈표 5〉와 같이 정리하였다.

〈표 5〉 경북 해안지방 전통주택에서 조성된 비보의 기능

비보의 기능	조성개소	비 율
수구비보(수구차폐, 수구보완)	1	14.3%
형국비보(장풍보완, 형국보완)	5	71.4%
흉상비보(흉상차폐, 흉상염승)	–	–
화기비보(화기차폐, 화기염승)	–	–
풍수해비보(풍해방어, 수해방어)	1	14.3%
합 계	7	100.0%

경북 해안지방 전통주택에서 풍수적 비보로 조치한 내용들을 기능별로 분류를 한 결과 형국을 보완한 곳이 가장 많다는 특성을 확인할 수 있으며, 이는 전국을 기준으로 비보경관이 있는 마을에서 수구비보 사례가 가장 많았다는 연구결과[36]와 다소 차이가 있어 보인다. 그리고 흉

---

36 박상구, 「한국 전통마을의 비보경관에 관한 연구」(영남대 박사학위논문, 2014), 64쪽.

상비보와 화기비보의 사례지가 없는 것을 보면 택지(宅地)를 선정하는 과정에서부터 흉상이 보이는 곳과 화기가 보이는 곳을 삶터로 선정하지 않은 것으로 추정된다.

5. 나가며

본 연구에서는 경북 동해안 지역에서 문화재로 등록되어 있는 주택들 중 6개소의 주택을 연구대상으로 선정하여 풍수지리적으로 부족한 부분을 보완하는 비보적(裨補的)인 측면에서 조성경위와 비보의 조성형태, 비보의 기능이라는 3개의 분야로 나누어 분석하여 다음과 같은 결론를 도출할 수 있었다.

첫째, 각각의 전통주택에서는 풍수적으로 부족한 부분을 그 상황에서 최선의 방법을 찾아 보완하였으며, 6개 주택에서 조성한 7개소의 비보의 형태 중 나무심기를 통해 비보를 조성한 곳이 4개소로 가장 많았다.

둘째, 풍수적으로 부족한 부분을 보완한 비보의 기능으로는 6개 전통주택에서 조성한 비보의 기능 7개 중 형국을 보완한 곳이 5개소로 가장 많았으며, 삶터에서 흉상이 보이거나 화기가 보이는 곳은 택지(宅地)로 선정하지 않았음을 알 수 있었다.

이와 같이 경북 해안지방의 전통주택의 비보 분석을 통해 우리의 선조들은 지형, 지세 등의 자연환경에 순응하면서 부족한 부분을 보완해 가는 삶을 영위하였음을 알 수 있었다. 이 연구의 결과가 환경보전에 대한 관심이 고조되고 있는 현시점에서 인간과 자연이 조화를 이루는 환경친화적인 주거환경 조성과 전통주택 또는 전통문화 등의 연구에 많은 도움이 될 것이라 생각한다.

그리고 연구대상으로 선정한 6개의 전통주택이 경북 해안지방에 현존하는 모든 전통주택을 대표하기에는 다소 무리가 있는 것으로 생각되어 다른 전통주택을 추가로 조사하고 연구하는 것을 향후의 연구과제로 삼는다.

음양오행설과 명리·풍수의 발전에 관한 연구[1]

김 형 근[2]

1. 들어가는 글

2. 음양(陰陽)과 오행(五行)

   1) 음양의 개념과 의미

   2) 오행의 개념과 의미

3. 음양오행설(陰陽五行說)

   1) 음양오행설의 발전과 천인(天人)관계론

   2) 하낙(河洛)에서 수(數)와 팔괘(八卦) 이론

4. 음양오행과 명리(命理)

   1) 간지(干支)의 운용과 십신(十神) 및 육친(六親)

   2) 사길신(四吉神)과 사흉신(四凶神)

5. 음양오행과 풍수(風水)

   1) 음양오행의 기(氣)와 동기감응(同氣感應)

   2) 기(氣)를 보호하는 사신사(四神砂)와 비보(裨補)

6. 나가는 글

---

1   본 연구 내용 중 일부는 필자의 『정통 명리학 I 개론』, 원각전통문화연구원, 2019와 「영남지방 읍성의 공간구성과 풍수적 특성 연구」, 대구한의대 박사학위논문, 2018 및 「동기감응과 풍수지리」 『디지털 문화콘텐츠』제24권, 대구한의대 디지털콘텐츠개발연구소, 2015와 「풍수이론의 근거로서 동기감응설」, 『디지털 문화콘텐츠』제25권, 대구한의대 디지털콘텐츠개발연구소, 2016에서 발췌하여 수정 보완하였다.

2   원각전통문화연구원 원장, 대구한의대학교 일반대학원 철학박사 졸업.

1. 들어가는 글

현재 널리 사용되고 있는 명리학(命理學)과 풍수지리학(風水地理學)은, 고대(古代) 중국(中國)에서 발생한 음양오행설(陰陽五行說)이 문화가 가장 번창했었던 한대(漢代) 천인감응설(天人感應說)과 발전하면서 나타난 여러 학문들 중 하나이다.

고대 중국³은 요 · 순(堯·舜)시대⁴와 하 · 은 · 주(夏·殷·周)시대를 거쳐, 중국 역사상 가장 혼란했었던 춘추전국(春秋戰國)시대⁵에 접어들게 된다. 주대(周代, B.C.1046~B.C.771)까지는 천자(天子)중심이면서 '예(禮)'를 존중했으나, 주대 말에서⁶ 춘추전국시대에는 제후(諸侯)들의 분권(分權)다툼과 전쟁으로 인한 대혼란의 시기였으며, 백성들도 신(神)[천자(天子)] 중심에서 자기

---

3 필자가 본 책에서 설명하고자 하는 내용대로 중국 역사를 간단하게 정리하면 다음과 같다. 요(堯)→순(舜)→하(夏)→은(殷)→주(周)→춘추(春秋)→전국(戰國)→진(秦)→전한(前漢)→후한(後漢)→위(魏)[삼국시대]→진(晉)→남 · 북조(南 · 北朝)→수(隋)→당(唐)→송(宋)→금(金)→원(元)→명(明)→청(淸)→중화민국(中華民國)→중화인민공화국(中華人民共和國)

4 중국 고대의 요와 순시대를 흔히 태평성세를 표현하는 대명사로 쓰고 있다. 백성은 풍요롭고 여유로워 심지어는 군주의 존재까지도 잊고 격양가를 부르는 세상이었다고 전한다.

5 '춘추(春秋)'는 노(魯)나라 공자의 『춘추』에서 유래되었고, '전국(戰國)'은 한나라 유향(劉向)의 『전국책』에서 유래되었다. 춘추는 제(齊) · 진(晉) · 초(楚) · 오(吳) · 월(越) 등의 나라를 춘추 5패라고 하고, 전국은 진(秦) · 초(楚) · 제(齊) · 한(韓) · 위(魏) · 조(趙) · 연(燕) 등의 나라를 전국 7웅이라고 한다.

6 당시 시대상황을 『맹자(孟子)』에는 다음과 같이 표현 되어있다. "천(天)으로부터 주어진 덕(德)은 인간에게 그저 머무는 것이 아니라 계속적 노력으로 자기완성과 대타[공헌(貢獻)] 완성을 통하여 다시 천으로 귀착되어야 하는 것이다. 천자라도 폭군이 되면 필부(匹夫)가 되며 천명(天命)으로 위(位)에서 내쫓기게 된다"고 하였다.이처럼 당시 천이 곧 천자라고 인식되었던 시대적 상황은 천자라도 폭정을 하게 되면 쫓겨나게 되고, 모든 중심이 신의 중심에서 인간중심으로 변환하는 시기라고 볼 수 있으며, 이 시대의 특성은 제자백가들에 의해 백성들은 스스로의 주체성과 존엄성을 가지게 되었다고 할 수 있다.(『孟子』「梁惠王章句下」: "曰, 賊仁者謂之賊, 賊義者謂之殘, 殘賊之人, 謂之一夫.)

삶을 중심으로 생각하는 계기가 되었다.[7·8] 이는 노자(老子)와 공자(孔子)같은 제자백가(諸子百家)들이 등장하면서부터라고 할 수 있다.

여기에서 제자백가[9] 중 제자는 학자들을 말하는 것이고, 백가는 학파들을 말한다. 춘추전국시대는 수많은 학자와 학파들이 자신들의 사상과 학문을 펼쳤던 시기로, 후한대(後漢代) 『한서(漢書)』 「예문지(藝文志)」에는 유가(儒家)·도가(道家)·음양가(陰陽家)·법가(法家)·명가(名家)·묵가(墨家)·종횡가(縱橫家)·잡가(雜家)·농가(農家) 등 크게 구류(九類)로 분류하였으며, 한대 이후에는 사회·정치사상뿐만 아니라 지리·농업·문학·학술 등 전반에 걸쳐 영향을 끼쳤다. 이처럼 제자백가들에 의해 문자(文字)로 인한 학문이 보급되고, 경제가 급속도로 발전하면서 세상의 중심이 '신과 천자의 중심'에서 '인간중심(人間中心)'으로 발전하게 된 계기가 되고, 개인 사유 재

---

7   "인간의 활동 공간이면서 인류의 생활에 필요한 물질적 조건을 제공해주는 것이 자연이다. 그 자연환경과 인간은 어떠한 관계를 가지고 있을까? 인류가 사유(思惟)하기 시작하면서 부딪치게 되는 가장 근원적인 문제라고 할 수 있다. 바로 인간과 자연의 관계인 것이다. 이 문제는 하늘과 인간이라는 문제로 나타난다. 언제나 천과 인을 연관 지어 생각했으며, 인간은 언제나 자연의 일부라고 생각해 온 것이 주된 경향이었다. 그래서 초기 정착농경사회 시기에 사람들이 느꼈던 하늘은 항상 자신들에게 영향력을 행사하는 생활 속의 신이었다. 이러한 하늘과 인간의 관계에 대한 인식은 은과 주대를 거치면서 점차 주체적인 인간규정의 범위로 확대되기 시작한다. 그러다가 그것이 결정적인 전기를 맞게 되는 것이 서주말, 동주초로 접어 들면서 이다. 당시 정치·사회적 부패로 인해 백성들은 천명에 대해 심하게 회의하기 시작하게 되고, 하늘에 대하여 새로운 해석을 요구하고 논의하게 되었으며, 인간존재에 대한 물음을 심화시켰던 것이다."(河永三, 「甲骨文에 나타난 天人關係」, 『중국어문학』제30집, 1997, 288쪽 및 金元甲, 「孔子의 道에 관한 硏究」, 圓光大 博士學位論文, 2018, 37~38쪽.)

8   주나라가 붕괴되면서 왕실에 있었던 수많은 학자들은 각 지방으로 흩어지게 되고, 왕실에서만 보유되었던 중요한 학문들이 지방으로 보급되기 시작하였다. 각 지방의 제후들은 자신들의 나라를 더욱 부강하게 만들기 위해 흩어져 있던 제자백가를 등재하면서 다시 학문의 부흥이 일어나게 된다.

9   『사기(史記)』를 저술한 사마천(司馬遷)의 아버지 사마담(司馬談)을 제자백가를 맨 처음 분류한 인물로 보고 있으며, 사마천의 『육가요지(六家要旨)』에는 음양가, 유가, 묵가, 명가, 법가, 도덕가의 육가에 대한 특성과 구체적 설명이 나타나 있다.

산에 대한 가족관계의 중심이 두드러지게 나타나게 된다.

명리학과 풍수지리학은 춘추전국시대에 제자백가에 의해 세상의 모든 중심이 '천(天)' 중심에서 '인간중심'의 천 · 지 · 인(天·地·人) 합일(合一) 관계와 농업을 바탕으로 한 가족사회의 시초가 되어, 음양오행설[10] 및 전한대[11] 천인감응설[12]에 의해 발전하게 된다.[13]

제자백가 중 종횡가의 시조이며, 전국시대 정치가로 활동하였던 귀곡자(鬼谷子)[14] 유문(遺文)에서 은대 이전부터 사용되었던 육십갑자(六十甲子)[15]

---

10 음양오행설은 B.C. 4세기경 전국시대, 각기 다른 뜻이었던 음양설과 오행설이 추연에 의해 결합되기 시작하여 여러 가지 현상들을 설명하는 틀로 사용되었고, 전한대이후 유안과 동중서, 유향 등에 의해 하나의 정합적인 이론으로 통합된다.

11 한나라는 기원전 206년 고조 유방이 세운 나라로, 서기 9년에 왕망이 정변을 일으켜 신(新)나라를 건립할 때까지 유지되었다. 그러다가 서기 25년에 한나라 왕조의 후예인 유수가 신나라를 무너뜨리고 다시 한나라를 건립했으니 그가 광무제이다. 통상적으로 전자를 전한(前漢), 후자를 후한(後漢)으로 구분한다. 후한은 서기 220년에 삼국지에 등장하는 조조의 아들 조비의 강압으로 마지막 황제인 헌제가 제위를 물려줌으로써 역사에서 사라지게 된다. 조비는 이후 나라 이름을 위(魏)로 바꾸었다.

12 천인감응설은 전한대 동중서의 이론에 따른 것으로, 그는 유교철학과 음양철학을 통합하였다. 동중서에 의해 중국은 유교를 중국의 국교(國敎)이자 정치 철학의 토대로 삼게 되었다. 동중서의 사상 체계는 음양오행설을 기본 구조로 하고, 그 위에 천을 중심으로 한 천인감응설을 주장하고 있다. 그것은 전통적인 종교 개념과 인문 정신을 그의 독창적인 방식에 의해 결합한 것으로 상고(上古)로 부터 내려온 원시적인 종교관과 인간의 존엄성을 결부시킨 인본주의 정신의 결정체이다. 그는 천을 최고의 주재자로 삼고, 인간을 천과 동등한 수준에서 설정할 수 있다고 함으로써, 인간을 천하에서 가장 귀한 존재로 보고 있다.

13 김형근, 「영남지방 읍성의 공간구성과 풍수적 특성 연구」, 대구한의대 박사학위논문, 2018, 41쪽 참조.

14 귀곡자(B.C.400~B.C.320)는 전국시대의 사상가로, 본명은 왕후(王詡), 호는 현미자(玄微子)이다. 종횡가의 시조이며, 도가와 병가의 사상에도 정통하였고, 양성(養性)[본성을 기르고 수양함]과 사람의 심리에 정통하고 강유(剛柔)의 세(勢)[강약]와 종횡가의 패합술(捭闔術)에 능통했다고 한다. 주양성(周陽城) 청계(淸溪)의 귀곡(鬼穀)에서 은거하였다고 해 귀곡선생으로 불렸다.

15 십천간(十天干)과 십이지지(十二地支)를 결합하여 만든 60개의 간지(干支)를 말한다.

에 납음오행(納音五行)[16]을 창제한 것이 나타난다. 이어 전국시대 말 음양 가의 추연(鄒衍)에 의해 음양오행설이 제창되었으며, 전한대 이후부터 음 양오행설이 천인감응설과 연계되면서 명리학과 풍수지리학의 근간이 되는『회남자』,『춘추번로』,『청오경』,『금낭경』,『백호통』,『오행대의』등 과 같은 수많은 고전들이 나타나게 된다.

명리 및 풍수지리와 관련된 서적을 정리하면 〈표 1〉과 같다.

〈표 1〉 명리학과 풍수지리학의 서적

순번	시 대	년 도	편찬자	제 목 (☆는 풍수관련 전문서적)
1	주대(周代)	B.C.4C	귀곡자(鬼谷子)	납음오행(納音五行) 창제(創製)
2			낙록자(珞碌子)	『삼명소식부(三命消息賦)』
3	전국(戰國)	B.C.305	추연(鄒衍)	음양오행설(陰陽五行說) 제창(提唱)
4	한대(漢代)	B.C.179	유안(劉安)	『회남자(淮南子)』
5		B.C.179	동중서(董仲舒)	『춘추번로(春秋繁露)』
6		?	청오자(靑烏子)	『청오경(靑烏經)』☆
7		276년	곽박(郭璞)	『옥조신응진경(玉照神應眞經)』
8				『금낭경(錦囊經)』☆
9	수대(隋代)	581년	소길(蕭吉)	『오행대의(五行大義)』
10	당대(唐代)	762년	이허중(李虛中)	『이허중명서(李虛中命書)』
11		?	양균송(楊筠松)	☆『청낭경(靑囊經)』,『감용경(撼龍經)』,『의 용경(疑龍經)』,『사대혈법(四大穴法)』,『도장 법(倒杖法)』 등

---

16 납음오행은 당대 이허중(李虛中)의 『이허중명서(李虛中命書)』 서문(序文)에 귀곡자의『귀곡자유 문』9편을 받아 주석한 책으로 소개되어 있으며, 『이허중명서』는 육십갑자납음오행(六十甲子納音 五行)의 해석으로 시작하는 책이다.

12	송대(宋代)	1011	소강절(邵康節)	『방원육십사괘도진(方圓六十四卦圖陳)』☆
13		1130	주자(朱子)	『산릉의장(山陵議狀)』☆
14		10C	서자평(徐子平)	『명통부(明通賦)』
15		1162년	서대승(徐大升)	『연해자평(淵海子平)』
16	명대(明代)	1368년	유백온(劉伯溫)	『적천수(適天髓)』
17		1578년	만민영(萬民英)	『삼명통회(三命通會)』
18		1564년	서선술(徐善述) 서선계(徐善繼)	『지리인자수지(地理人子須知)』☆
19		1609년	장신봉(張神峯)	『명리정종(命理正宗)』
20		?	?	『궁통보감(窮通寶鑑)』
21		?	호순신(胡舜臣)	『지리신법(地理新法)』☆
22		?	채성우(蔡成禹)	『명산론(明山論)』☆
23		?	추정유(鄒廷猷)	『지리대전(地理大典)』☆
24		?	조정동(趙廷棟)	『지리오결(地理五訣)』☆
25	청대(淸代)	1637년	진소암(陳素菴)	『명리약언(命理約言)』
26		1658년		『적천수집요(適天髓輯要)』
27		1739년	심효첨(沈孝瞻)	『자평진전(子平眞詮)』
28		19세기	임철초(任鐵樵)	『적천수천미(適天髓闡微)』
29		1881년	원수산(袁樹珊)	『명리탐원(命理探源)』
30		?	왕도형(王道亨)	『나경투해(羅經透解)』☆
31	중화민국 (中華民國)	1933년	위천리(韋千里)	『정선명리약언(精選命理約言)』
32		1935년	서락오(徐樂吾)	『적천수징의(適天髓徵義)』
33		1936년		『자평진전평주(子平眞詮評註)』
34		1938년		『자평수언(子平粹言)』
45		1946년	위천리(韋千里)	『팔자제요(八字提要)』

한대 유안의 『회남자』와 동중서의 『춘추번로』의 내용에서 음양오행설과 천인감응설이 발전되었고, 이후 청오자의 『청오경』과 곽박의 『금낭경』은 풍수지리의 필독서가 되었다. 당대에는 양균송이 『청낭경』, 『감용경』, 『의용경』, 『사대혈법』, 『도장법』 등을 편찬하면서 풍수지리학이 정립되었다고 할 수 있다.

명리학은 흔히 당대까지를 연주(年柱) 위주의 고법(古法) 명리학이라 칭하고, 송대 서대승(徐大升)의 『연해자평』에서 서자평(徐子平)이 일주(日主)를 기본으로 하다는 내용이 나타남으로써 송대부터 신법 명리학이라 칭하며, 명리학의 전성시대가 오게 된다.

이를 정리하면, 최소한 송대부터는 명리와 풍수지리는 명실공히 완연한 학문으로 자리매김하게 된다.

본 연구에서는 각기 다른 형태였던 음양과 오행이 음양오행사상으로 발전하는 과정과 그로 인해 발전한 명리와 풍수에 대해 고찰하고자 한다.

2. 음양(陰陽)과 오행(五行)

음양에 대한 철학적 사유(思惟)는 제자백가 중 노자(老子, BC.571?~BC.471년?)에서 시작되었다고 본다.

음양과 오행은 원래 서로 상관이 없는 두 개의 개념단어였다. 음양에 대한 사상을 흔히 음양설(陰陽說)이라 하고 오행에 대한 것을 오행설(五行說)이라고 하는데, 그것의 유래와 전개가 서로 상관이 없이 이루어졌음을 의미한다. 뿐만 아니라 음양과 오행의 본래적 의미는 추상적이고 철학적인 것에서 출발하지 않았다. 음과 양이라는 글자의 원형은 '阜(부)'변이 없는 '侌(음)'과 '昜(양)'이었다. 또한 음과 양은 원래 연용되어 한 단어로 사용되지 않았다.[17]

1) 음양의 개념과 의미

음양이란 태초에는 밝음[명(明)]과 어두움[암(暗)]의 변화를 나타내는 두 가지 요소로 인식되었다. 이는 태양(太陽)과 태음(太陰)[달]의 상대성 원리를 말하는 것이기도 하다. 음과 양의 작용에 의해 점차 주야(晝夜)와 춘하추동(春夏秋冬)이 연이어 반복되면서 만물을 생(生)하고 노(老)하게 하고, 병(病)들게 하고 사(死)하게 하는 것이다. 더 크게 말하면 우주 만물의 변화는 음양의 조화이며 생명의 근원이 되며, 신 또는 자연과의 조화를 이루면서 학문적 사상으로 더욱 발전하게 되었다.[18]

양계초(梁啓超, 1873~1929)는 후한대 『설문해자(說文解字)』[19]를 근거하여, "'음'은 구름이 해를 가린다는 뜻이므로, 해를 가린다면 반드시 어둡게[20]되니 해를 등진 땅을 뒷면·뒤쪽·북쪽으로 의미가 확대되었고, '양'은 해가 땅 위에 떠오르면 해의 광채[21]가 나게 되고 지상은 따뜻하여 지므로 해를

---

17 김형근, 「동기감응과 풍수지리」, 『디지털 문화콘텐츠』 제24권, 대구한의대 디지털콘텐츠개발연구소, 2015, 73쪽.

18 김형근, 「영남지방 읍성의 공간구성과 풍수적 특성 연구」, 대구한의대 박사학위논문, 2018, 50쪽 및 노병한, 『음양오행사유체계론』, 안암문화사, 2005, 118~120쪽 참조.

19 『설문해자』는 총 15편으로 되어 있고, 그중 말미의 서(敍) 1편은 진·한(秦·漢) 이래 문자정리의 연혁을 밝힌 것으로 100년에 완성되었다. 그 당시 통용된 모든 한자 9,353자를 540부(部)로 분류하고, 친자(親字)에는 소전(小篆)의 자체(字體)를 싣고, 그 각 글자에 자의(字義)와 자형(字形)을 해석하였다. 소전(小篆)과 자체(字體)가 다른 혹체자(或體字, 고문(古文)·주문(籒文)은 중문(重文)으로서 1,163자를 수록하였다.

20 단옥재, 『설문해자주』 14편 하 「부부」: "음은 어둡다는 의미이다. 물의 남쪽, 산의 북쪽이다. 부(阜)를 좇아 만들어졌고 음성(侌聲)이다"(陰, 闇也, 水之南, 山之北, 从阜侌聲.)

21 단옥재, 『설문해자주』 14편 하 「부부」: "양은 높고 밝다는 의미이다. 부(阜)를 좇아 만들어 졌고 양성(昜聲)이다"(陽, 高明也, 从阜昜聲.) 해의 광채를 태양(太陽), 조일(朝日), 조양(朝陽)이라고 한다. 해가 지상에 떠오르면 지상은 따뜻해지므로 온화한 기운을 양기라고 표현하게 된 것이다.

향한 땅을 표면·양쪽·정면·남쪽으로 의미가 확대되었다"[22]고 하였다.

결국 음양의 최초 형태는 해와 구름을 중심으로 하여, 해가 구름에 가려 빛을 발하지 못할 때와 구름이 없어 사방에 비출 때 나타나는 두 가지 현상을 나타낸 것이었다. 이후 이것을 지상과 연관시켜서, 지형에 따라 해가 비추는 곳도 있고 그늘진 곳도 있음을 보고 각각 '阜(언덕 부)'변을 더하여 해가 비치는 곳을 양으로, 그늘진 곳을 음으로 표현한 것이다. 이것이 의미하는 바는 결국 음·양의 어원은 '태양[日]'과 밀접한 관련을 가지고 있다는 것이다. 다시 말해 음양의 최초 의미는 다만 햇볕과 연관된 자연현상을 지칭할 뿐이었다. 이렇듯 문자학적 방면에서의 음양의 본래 의미는 단순하였던 것인데, 나중에 음양이 연용되어 한 단어로 사용되면서 남과 북, 겉과 속, 앞과 뒤 등의 상대적 관계를 의미하게 되었다.[23]

중국의 최초 고전 중 춘추시대(B.C.770~B.C.403) 이전의 것을 공자가 엮은 것으로 알려져 있는 삼경(三經), 즉 『시경』·『서경』·『역경』에서 음양의 개념은, 양과 음은 해와 관련한 일상적 의미를 가지고 있으며, 단지 어두움·그늘·덮어 가리다·북쪽과 밝고·맑고·햇빛·남쪽 등의 생활적 해석으로만 나타나 있다.[24]

춘추시대 노자의 『도덕경(道德經)』[25]에는 우주만물의 근원을 형이상학적으로 '도(道)'라고 하였다. 〈도는〉 만물이 혼돈의 상태일 때 하늘과 땅보다

---

22 양계초, 「음양오행지래역」, 『음빙실문집』 36권, 중화서국, 1960, 50쪽 참조.

23 김형근, 「동기감응과 풍수지리」 『디지털 문화콘텐츠』 제24권, 대구한의대 디지털콘텐츠개발연구소, 2015, 73쪽.

24 김형근, 『정통 명리학 I 개론』, 명성출판사, 2019, 27~30쪽 참조.

25 『도덕경』은 노자가 주나라가 쇠약해지는 것을 알고 세상과 등지려고 떠나려는 것을 윤희(尹喜)가 청하여 글을 달라고 하여 받은 것이, 상편 37장[도경]과 하편 44장[덕경]으로 되어있다(총 81장, 약 5000字)고 알려져 있다.

먼저 생겨났다. 고요하고 조용하며, 홀로 있어 바뀌는 일이 없고, 두루 행하여 위태로움이 없으니 천하의 어머니이다. 나는 그 이름을 알지 못한다. 그 자(字)를 지어 '도'라 하고, 억지로 이름 지어 '대(大)[무한히 큰 것]'라고 한다.[26] 도는 태초의 시작인 천지보다 먼저 생겨난 것이라고 하였고, "만물은 도에 의지하여 생성되는 것이며,"[27] "도는 하나를 낳고, 하나는 둘을 낳고, 둘은 셋을 낳는다. 셋은 만물을 낳고, 만물은 음을 짊어지고, 양을 안고 있으며, 충기(沖氣)를 통하여 조화를 이루고 있다"[28]고 하였다. 여기에서 노자가 말하는 음양은 만물을 생성하는 도에 의해 생성되어 졌으며, 충기를 통하여 무한한 변화를 일으킨다는 것의 의미를 가진다.

이처럼 음양에 대해 춘추전국시대 이전에는 하나의 햇볕과 연관된 자연현상으로 인식되어 오다가, 춘추시대 노자의 도에서 음양의 철학적 사유가 시작된 것을 알 수 있으며, 이후 전국시대 『장자(莊子)』와 굴원(屈原)의 『초사(楚辭)』, 『주역』 전문[역전] 등에서는 음양의 기로써 우주만물이 형성되고 근본적 요소로 운영되었다고 본다.[29] 이어 전한대 『예기(禮記)』와 『회남자』에서는 음양에 대한 개념이 드디어 일반적인 자연현상[30]을 넘어 우주만물과 연관되는 보편적인 질서[31]로 인식하게 되고, 음양오행

---

26 『道德經』「제25장」: "有物混成, 先天地生, 寂兮寥兮, 獨立不改, 周行而不殆, 可以爲天下母, 吾不知其名, 字之曰道, 强爲之名曰大."

27 『道德經』「제34장」: "萬物恃之而生."

28 『道德經』「제42장」: "道生一, 一生二, 二生三, 三生萬物, 萬物負陰而抱陽, 沖氣以爲和."

29 김형근, 『정통 명리학 Ⅰ 개론』, 명성출판사, 2019, 31-33쪽 참조.

30 『淮南子』「天文訓」: "天之偏氣, 怒者爲風, 地之含氣, 和者爲雨, 陰陽相薄, 感而爲雷, 激而爲霆, 亂而爲霧, 陽氣勝則散而爲雨露, 陰氣盛則凝而爲霜雪." 참조.

31 『淮南子』「天文訓」: "天地之偏氣, 怒者爲風, 天地之合氣, 和者爲雨, 陰陽相薄, 感而爲雷, 激而爲霧, 陽氣勝則散而爲雨露, 陰氣勝則凝而爲露雪." 참조.

설로 발전하면서 명리학과 풍수지리학에서 사용하는 음양의 개념이 성립하게 된다.

2) 오행의 개념과 의미

동양철학에서 인식하고 있는 오행은 우주만물을 형성하는 木·火·土·金·水를 말하고 있다. 오행의 기는 우주만물의 존재와 작용 등을 설명하는데 사용되고 있고, 음양과는 별도로 전국(B.C.403~B.C.221)시대부터 오행을 계절과 연계하여 사용하였으며, 이후 시대의 변화에 따라 다양한 의미가 함축되면서 발전하였다.

『서경』「감서」에 "유호씨는 오행을 업신여기고, 삼정(三正)을 문란하게 했다"[32]라고 표현 되어있는데, 여기에서 오행은 계절의 개념으로 인식할 수 있다.[33·34] 「대우모」에는 "정치를 잘하기 위해서는 오로지 덕이 있어야 하고, 정치의 관건은 백성을 잘 기르는데 있다. 水·火·木·金·土로 곡식을 잘 다스린다"[35]고 하여, 역시 오행이 계절과의 연관성으로 나타나고 있다. 좀 더 나아가 「홍범」에는 "그 하나는 오행인데, …, 오행은 첫째 水, 둘

---

32 『書經』「甘誓」: "有扈氏, 滅侮五行, 怠棄三正."

33 이기동, 『서경강설』, 성균관대출판부, 2011, 191쪽에 의하면, "『여씨춘추』에 유호씨와 하는 동성(同姓)이며, 하(夏)나라의 한 제후국이든지 아니면 하나라 주변에 있던 어떤 나라였을 것으로 보고 있으며, 또한 水·火·木·金·土 오행에 맞추어 행동하는 것이 당시의 과학적 행동이었으며, 천명에 순응하는 인간의 도리로 보았고, 삼정은 달력을 바로 세우는 세 방법인 건자(建子)·건축(建丑)·건인(建寅)으로 보았다"라는 입장을 취하고 있다.

34 양계초(김홍경 옮김), 「음양오행설의 역사」,『음양오행설의 연구』, 신지서원, 1993, 38쪽에 의하면, "子·丑·寅 삼건(三建)[삼정(三正)]은 하·은·주에 해당한다고 하더라도 「감서」는 「하서」에 속하고 당시에는 丑과 寅의 이건(二建)은 존재하지도 않았을 텐데 어떻게 삼정(三正)을 말할 수 있으며, 또 金·木·水·火·土 오행은 어떻게 업신여긴다 말할 수 있으며, 어떤 방법으로 업신여길 수 있는가?"라는 입장을 취하고 있어 역시 오행설과는 구별하고 있다.

35 『書經』「大禹謨」: "德惟善政, 政在養民, 水火金木土穀惟修."

째 火, 셋째 木, 넷째 金, 다섯째 土이다. 水는 윤하(潤下), 火는 염상(炎上), 木은 곡직(曲直), 金은 종혁(從革), 土는 가색(稼穡)이다. 윤하〈水〉는 짠맛을 내고, 염상〈火〉는 쓴맛을 내고, 곡직〈木〉은 신맛을 내고, 종혁〈金〉은 매운맛을 내며, 가색〈土〉는 단맛을 낸다"[36]고 하였다. 여기에서는 오행인 木 · 火 · 土 · 金 · 水의 생성 순서 · 성질 · 역할과 그 오미에 대해 순차적으로 적용하였는데, 오행의 관념이 나타나고 있다. 이러한 내용들은 자연, 즉 천과 인간생활에 있어 서로의 연관성으로 나타나고 있다.

춘추시대『춘추좌씨전』에는 오재(五材)와 오행이 자주 등장한다. "오행을 담당하는 관리가 있었으니 이것을 오관이라 한다"[37]고 한 것처럼, 당시 오행을 담당하는 관리까지 있었음을 알 수 있다. 양공(襄公) 27년(B.C. 546)에 "하늘은 金 · 木 · 水 · 火 · 土의 오재를 낳고, 백성들은 이것들을 사용하니, 이것들 중에서 하나라도 없앨 수가 없는 것이다."[38] 소공(昭公) 25년(B.C. 517)에는 오행을 이용한 육기(六氣)에 대한 내용[39], 소공 32년(B.C. 510)에는 하늘에는 삼진(해·달·별)과 땅에서는 오행으로 보는 등[40]의 다양한 의미로 발전되었다고 할 수 있다. 결론적으로『춘추좌씨전』을 통해 나타난 춘추시대의 이른바 오행은 모두 생활에 필수불가결한 다섯 가지 실용적인 생활 자료를 가리키는 것이다.[41]

---

36 『書經』「洪範」: "初一, 曰五行, …, 五行, 一曰水, 二曰火, 三曰木, 四曰金, 五曰土, 水曰潤下, 火曰炎上, 木曰曲直, 金曰從革, 土爰稼穡, 潤下作鹹, 炎上作苦, 曲直作酸, 從革作辛, 稼穡作甘."

37 『春秋左氏傳』「昭公」29年: "故有五行之官, 是謂五官."

38 『春秋左氏傳』「襄公」27年: "天生五材, 民竝用之, 廢一不可." 참조.

39 『春秋左氏傳』「昭公」25年: "則天之明, 因地之性, 生其六氣, 用其五行, 氣爲五味, 發爲五色, 章爲五聲, 淫則昏亂, 民失其性, …, 民有好惡喜怒哀樂, 生于六氣." 참조.

40 『春秋左氏傳』「昭公」32年: "故天有三辰, 地有五行." 참조.

41 서복관(김홍경 옮김), 「음양오행설과 관련 문헌의 연구」, 『음양오행설 연구』, 신지서원, 1993, 75쪽 참조.

3. 음양오행설

이렇게 각기 다르게 사용되던 음양과 오행은 전국시대 말 추연에 의해 음양오행설로 확립되고, 전한대 유안의 『회남자』에는 음양설이 천인[42]합일로 발전하였고, 간지(干支)[十干과 十二支]는 음양으로 구분되면서 오행과 결부되었다. 이어 음양오행설은 동중서 등의 천인감응설과 함께 음양오행사상으로 더욱 체계화된다.

사마천의 『사기』에는 추연을 소개하면서[43], '천지'와 '오덕의 전이'[44] 즉, 그의 천인감응설과 오행 상생에 대해서도 구체적으로 표현되어 있다. 추연은 오행을 오덕으로 나타냈으며, 오덕의 상극원리와 왕조의 흥기를 대응시킨 '오행상승설'에 근거한 '오덕종시설'을 주장하여 오행설을 정치

---

42 천인관계에 대해, 춘추시대 공자의 『논어』를 보면, "15세에 학문에 뜻을 두고, 30세에는 기초를 세웠으며, 40세에는 판단에 혼란이 없었고, 50세가 되자 천명(天命)을 알았다"고 하였고, "명(命)을 모르면 군자가 될 수 없다"고 하였다. 또한 "죽음과 삶에는 명이 있고, 부귀는 천에 달려 있다"고 하였으며, "군자가 세 가지 두려워할 것이 있는데, 그 중의 하나가 천명이다"라고 하였다. 그러나 여기에서 나타나는 천인관계는, 천에 대한 성인의 깨달음과 천인의 종속적 관계가 나타나는데, 천을 절대적 관념으로 보았다고 할 수 있다.(『爲政』: "吾十有五而志于學, 三十而立, 四十而不惑, 五十而知天命.", 『堯曰』: "不知命, 無以爲君子也.", 『顏淵』: "死生有命, 富貴在天.", 『季氏』: "君子有三畏, 畏天命.")

43 사마천의 『사기』에는 "우선 반드시 조그만 사물을 조사해 본 다음 그것을 크게 미루어서 무한에까지 이르게 한다"고 하여 추연의 학문방법에 대해 구체적으로 표현하였다. "그는 음양의 소멸과 성장, 변화하는 이치와 기이한 변화를 깊이 관찰하여 『종시』와 『대성』편 등 십여 만 자를 지었다. …, 그는 중국의 명산, 큰 하천과 깊은 계곡과 그 속에 사는 금수와 식물과 진기한 산물을 먼저 열거한 다음 이로부터 해외에 이르러 사람들이 볼 수 없는 것까지 추리하였다. …, 그는 천지[음양]가 나누어진 이래 오덕(五德)이 전이(轉移)[회전]하고 움직이며 이동하여 그때그때의 통치가 각각 마땅하고 이와 같이 하늘의 명령에 반응하게 된다"고 하였다. 여기에서 추연에 대한 지식과 그의 역사관이 나타나 있다.(『史記』, 「孟子荀卿列傳」: "乃深觀陰陽消息而作怪迂之變, 終始, 大聖之篇十餘萬言, …, 先列中國名山大川, 通谷禽獸, 水土所殖, 物類所珍, 因而推之及海外, 人之所不能睹, …, 稱引天地剖判以來, 五德轉移, 治各有宜, 而符應若茲.")

44 『사기』 「역서」에 "(추연은) 오행이 전이[회전]하는 이치에 밝아 음양이 소식[변화]하는 법을 널리 전파하여 제후들 사이에서 이름이 높았다"라고 했는데, 오행으로 인해 음양이 변화하는 것을 오행과 음양의 결합으로 나타내고 있다.("明於五德之傳, 而散消息之分, 以顯諸侯.")

적 학설로 만들었다.

1) 음양오행설의 발전과 천인(天人)관계론

음양과 오행은 점차 계절과 자연의 이치 및 방위를 비롯한 사람의 생활에까지 융합되어 발전하게 되고, 전국시대 말 제나라의 추연과 도가·유가·음양가의 사상 등을 흡수하여 일어난, 제나라의 직하(稷下) 유생[45]들에 의해 음양과 우주만물을 형성하는 오행의 변화로 설명하는 음양오행설로 발전하게 된다.

음양오행설이 바탕이 된 천인감응설은 중국에서 가장 오래된 의학서 『황제내경(黃帝內經)』과 『관자(管子)』, 『여씨춘추(呂氏春秋)』 등에 잘 나타나 있다. 『황제내경』 「사객」을 보면, "하늘은 둥글고 땅은 네모나며, 사람의 머리는 둥글고 발은 평평하여 이에 응한다. …, 이것이 사람이 천지와 더불어 서로 응하는 것이다."[46] 여기에서 천원지방(天圓地方), 즉 하늘은 둥글고 땅은 네모나며 사람 또한 이에 응한다고 한 것으로 천인합일의 관점으로 이해할 수 있다. 그리고 사람은 사계(四季)[춘·하·추·동]에 응하고[47], 사람과 천지는 태양과 달에 상응하고[48], 천지변화는 사람의

---

45 "'직하(稷下)'란 본래 '직문(稷門)의 서쪽'이라는 뜻으로, 제나라 수도 임치(臨菑)의 성문 중 하나인 직문 서쪽에 학술을 토론하기 위해 학궁이 세워지면서 생긴 말이다. 제나라 군주들은 이 학궁을 근거로 뛰어난 학자들을 초빙하여, '상대부(上大夫)'의 칭호와 넓고 큰 집을 내려주고 존대하고 아꼈다. 이때 직하 학궁을 중심으로 모여든 수많은 학자들을 '직하학파'라고 한다." 전국시대 말에 형성된 유가, 도가, 음양가, 법가, 묵가 등 수 많은 학파들은 이 직하를 통해 체계화되었으며, 이러한 학술 활동은 제나라의 경제적 기반이 되었다. 이 학파들의 수많은 책들은 『한서』 「예문지」에 기록되어 있다.(劉蔚華外(곽신환 옮김), 『稷下哲學』, 철학과 현실사, 1995, 17~18쪽.)

46 『黃帝內經』 「邪客」; "天圓地方, 人頭圓足方以應之, …, 此人與天地相應者也"

47 『黃帝內經』 「邪客」; "春生, 夏長, 秋收, 冬藏, 是氣之常也, 人亦應之." 참조.

48 『黃帝內經』 「順氣一日分爲四時」; "人與天地相參也, 與日月相應也." 참조.

기와 상응하며[49], 하늘과 사람은 같이 검증할 수 있다[50]고 하였다. 『관자』「내업」에는 사람의 생명은 천지의 정기와 형체가 합한 것이다[51]고 하였고, 『관자』의 영향을 받은 『여씨춘추』에는 자연의 변화와 사람과의 관계[52], 천지와 천하를 다스리는 자와의 관계[53]를 나타내면서 사람과 자연이 서로 감응하고, 음양론에 근거한 우주론을 사람과의 이해관계로 인식하고 있다.

한대 『회남자』와 『춘추번로』에는 음양오행설이 우주와 인간의 통합 및 모든 자연법칙에 적용된다. 『회남자』에서는 음양오행을 근원으로 하여 천지와 만물이 형성되었으며, 음양오행을 통하여 운행된다고 보았다. 「천문훈」에 "천지가 정기를 모으니 음과 양이 되었다. 음과 양이 정기를 모으니 사시[춘·하·추·동]가 되고, 사시가 정기를 모으니 만물이 되었다."[54] "천지가 베풀어지면 음양이 나누어지는데, 양은 음에서 생기고, 음은 양에서 생긴다. 음양이 서로 섞이니 사시가 유통하게 된다."[55]

"甲·乙·寅·卯는 木이고, 丙·丁·巳·午는 火이며, 戊·己·辰·戌·丑·未는 土이다. 庚·辛·申·酉는 金이며, 壬·癸·亥·子는 水이다"[56]에서 나타나는 것처럼, 음양에 의해 계절과 만물이 생성되었다고

---

49 『黃帝內經』「歲露論」: "天地之大紀, 人神之通應也." 참조.

50 『黃帝內經』「至眞要大論」: "善言天者, 必有驗於人." 참조.

51 『管子』「內業」: "凡人之生也, 天出其精, 地出其形, 合此以爲人, 和乃生, 不和不生."

52 『呂氏春秋』: "天生陰陽寒暑燥濕四時之化萬物之變, 莫不爲利, 莫不爲害."

53 『呂氏春秋』: "天地不能兩, 而況於人類乎, 人與天地也同, 萬物之形雖異, 其情一體也, 故古之治身與天下者, 必法天地也."

54 『淮南子』「天文訓」: "天地之襲精, 爲陰陽, 陰陽之傳精, 爲四時, 四時之散精, 爲萬物."

55 『淮南子』「天文訓」: "天地以設, 分而爲陰陽, 陰生於陽, 陽生於陰, 陰陽相錯, 四時乃通."

56 『淮南子』「天文訓」: "甲乙寅卯, 木也, 丙丁巳午, 火也, 戊己四季, 土也, 庚辛申酉, 金也, 壬癸亥子, 水也."

보고 있고, 음과 양이 서로 생성하는 관계와 천간(天干)과 지지(地支)를 오행으로 구분하였음을 알 수 있다. 그리고 "무릇 일진(日辰)에서 甲은 강하고 乙은 부드럽고, 丙은 강하고 丁은 부드럽고, 이렇게 하여 癸에 이른다"[57]고 하여, 오행으로 구분된 천간을 다시 음과 양으로 구분하였으며, 양간과 음간의 성질까지 설명하고 있다.

이처럼 『회남자』에서는 명리학과 풍수지리학에서 기본적으로 사용하는 간지가 음양과 오행으로 각각 구체적으로 나누어짐을 알 수 있다.

다음 동중서[58]의 『춘추번로』「음양의」에는 "같은 종류로서 합치되니 천과 인은 하나이다"[59]라고 하여, 천인관계가 우주의 순환질서 내에서 하나의 구성요소로 나타난다고 할 수 있다. 또, 「오행상생」에 하늘과 땅의 기는 합해지면 하나가 되고, 나누어지면 음과 양이 되고, 다시 나누면 사시가 되고, 나열하면 오행이 된다[60]고 하여, 천지에서 음양, 음양에서 사계절과 오행이 된다고 하였다. 「오행지의」에서는 '천의 오행인 木·火·土·金·水를 순서대로 나타내었고,[61] '木을 오행의 시작이라 하였으며, 水를 오행의 끝, 土를 오행의 가운데'라고 하였다.[62] 「오행대」에 "봄은 탄생을 주관하고, 여름은 성장을 주관하고, 늦여름은 양육을 주관하고, 가을은 수확

---

57 『淮南子』「天文訓」: "凡日甲剛乙柔, 丙剛丁柔, 以至于癸."
58 전한대 유안은 진대 진시황이 받아들인 법가사상과 노자의 도가사상이 융합된 황로(黃老)사상을 대표하는 인물이고, 동중서는 한무제가 왕권강화를 위해 받아들인 유가사상을 대표하는 인물이다.
59 『春秋繁露』「陰陽義」: "以類合之, 天人一也."
60 『春秋繁露』「五行相生」: "天地之氣, 合而爲一分爲陰陽判, 爲四時, 列爲五行, 行者行也, 其行不同, 故謂之五行, 五行者, 五官也, 比相生而間相勝也, 故爲治, 逆之則亂, 順之則治."
61 『春秋繁露』「五行之義」: "天有五行, 一曰木, 二曰火, 三曰土, 四曰金, 五曰水." 참조.
62 『春秋繁露』「五行之義」: "木五行之始也, 水五行之終也, 土五行之中也." 참조.

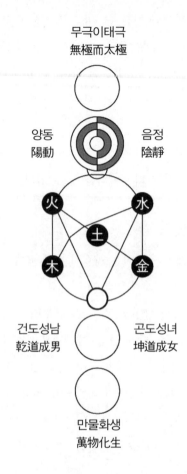

무극이태극
無極而太極

양동
陽動

음정
陰靜

火　水
土
木　金

건도성남
乾道成男

곤도성녀
坤道成女

만물화생
萬物化生

〈그림 1〉 주돈이의 『태극도설』, 필자 작도

으로 주관하고, 겨울은 저장을 주관한다"[63]고 하였다.

동중서의 오행우주론은[64] 『회남자』와 함께 음양오행설의 직접적인 결합이 나타나고, 그의 천인감응 더 나아가 천인합일사상은 후에 송대 주희의 주자학에서 음양과 오행이 완전하게 결합하게 된다. 비슷한 시기 주돈이(周敦頤)의 『태극도설(太極圖說)』에서는 드디어 "무극(無極)이면서 태극(太極)이다. 태극이 음양을 낳고, 음양이 오행을 낳는다"[65]고 하여, 음양오행에 의해 만물이 형성되는 우주도식이 〈그림 1〉과 같이 전개하게 됨으로 인해 음양오행사상으로 거듭 발전하게 되며, 명리학과 풍수지리학은 송대에 들어 음양오행을 기초로 한 하나의 큰 학문으로 거

---

63 『春秋繁露』「五行對」: "春主生, 夏主長, 季夏主養, 秋主收, 冬主藏."

64 동중서의 오행우주론은 완전히 정치사상과 사회제도의 측면에서 착안된 것이기도 하다.(이택후 (김홍경 옮김), 「진한사상과 음양오행설」『음양오행설 연구』, 신지서원, 1993, 329-331쪽 참조.)

65 『太極圖說』: "無極而太極, 太極動而生陽, 靜而生陰, …, 陽變陰合而生水火木金土."

듭나게 된다.

2) 하낙(河洛)에서 수(數)와 팔괘(八卦)이론

음양과 오행이 계절과 방위 등을 흡수한 음양오행설로 확립되면서, 간지 및 더 나아가 수(數)의 배합과 팔괘 이론까지 이루어지게 되는데, 이를 하도(河圖)와 낙서(洛書)에서 찾을 수 있다.

춘추시대 공자의 주요 저서『서경』[66],『논어』[67],『주역』[68]에서 하낙에 대한 내용이 나오고 있고, 그의 11대손 전한대 공안국(孔安國)은 하낙을 복희와 우임금과의 관계[69]로 나타내었다.

이후 송대 주자는 하낙을『주역본의(周易本義)』와『역학계몽(易學啓蒙)』의 첫머리에 배치함으로써『주역』의 근원임을 나타내려 한 것으로 보인다.[70] 그는 하낙을 만물의 관계로 확장하면서 우주의 기와 수가 상(象)을[71] 본받은 과정을 정립하였다.

---

66 『書經』「顧命」: "太玉, 夷玉, 天球, 河圖, 在東序." 참조.

67 『論語』「子罕」: "鳳鳥不至, 河不出圖, 吾已矣夫." 참조.

68 『周易』「繫辭傳」: "河出圖, 洛出書, 聖人則之." 참조.

69 『周易傳義大全』「卷首」: "河圖者, 伏羲氏王天下, 龍馬河出, 遂則其文, 以畵八卦, 洛書者, 禹治水時, 神龜負文, 而列於背, 有數至九, 禹遂因而策之, 以成九類." 참조.

70 朱熹(김상섭 옮김),『周易啓蒙』, 예문서원, 1994, 37쪽 참조.

71 주자는 음양오행설과 하낙을 도서상수론(圖書象數論)으로 정립하였다. 신영대,「『周易』의 應用易學研究」, 부산대 박사학위논문, 2012, 250쪽에 의하면, "도서상수론은 하늘과 사람 사이, 곧 자연현상과 인사(人事)사이에 인과관계가 존재한다고 주장하는 학설이다. 중국 한대에 동중서에 의해 크게 성행하였고, 군주는 하늘이 내린 것이며, 정치를 잘못했을 때는 천재지변의 현상을 내려 인간 산화의 잘못을 꾸짖고 나무란다는 재이설을 바탕으로 한다"고 하였다.

『주역』「계사전」에 "天一, 地二, 天三, 地四, 天五, 地六, 天七, 地八, 天九, 地十이니, 천의 수가 다섯 개이고 지의 수가 다섯 개로, 이 다섯 개가 서로 얻으며, 천수는 25요, 지수는 30이다. 무릇 천지의 수가 55이니, 이것으로써 변화하여 귀신[음양]을 행한다"[72]고 하였다.[73] 『주역』과 주자의 『역학계몽』[74]에 근거하여 하도를 도식하면 〈그림 2〉와 같고, 제

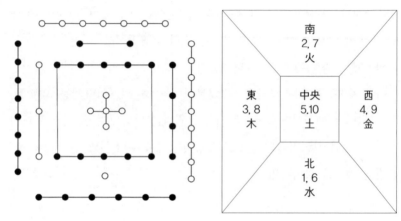

〈그림 2〉 하도, 필자 작도

---

72 『周易』「繫辭傳」: "天一, 地二, 天三, 地四, 天五, 地六, 天七, 地八, 天九, 地十, 天數五, 地數五, 五位相得, 而各有合, 天數二十有五, 地數三十, 凡天地之數, 五十有五, 此所以成變化, 而行鬼神也."

73 후한대 말 정현(鄭玄)은 "天一이 북에서 水를 낳고, 地二가 남에서 火를 낳고, 天三이 동에서 木을 낳고, 地四가 서에서 金을 낳고, 天五가 중에서 土를 낳는다. 양이 짝이 없고, 음이 상대가 없으면 서로를 이룰 수 없다. 그래서 地六은 북서 天一과 함께 水를 이루고, 天七은 남에서 地二와 함께 火를 이루고, 地八은 동에서 天三과 함께 木을 이루고, 天九는 서에서 地四와 함께 金을 이루고, 地十은 중에서 天五와 함께 土를 이룬다"고 역주하였다.(『周易鄭康成註』「繫辭傳」: "天一生水於北, 地二生火於南, 天三生木於東, 地四生金於西, 天五生土於中, 陽無偶陰無配未得相成, 地六成水於北與天一幷, 天七成火於南與地二幷, 地八成木於東與天三幷, 天九成金於西與地四幷, 地十成土於中與天五幷也.")

74 『易學啓蒙』「本圖書第一」: "陽數奇, 故一三五七九皆屬乎天, 所謂天數五也, 陰數偶, 故二四六八十皆屬乎也, 所謂地數五也, 天數地數, 各以類而相求, 所謂五位之相得者然也." 참조.

시하는 해석은 오른쪽 표와 같다. "하도의 도식 안에 나타나는 1에서 5까지의 수는 사물의 발생을 나타내므로 생수(生數)라고 하고, 도식 바깥 테두리 쪽으로 있는 6에서 10까지의 수는 사물의 형상을 상징하여 성수(成數)라고 한다"[75] 하였다. 위 그림은 1・6-水-북(北), 2・7-火-남(南), 3・8-木-동(東), 4・9-金-서(西), 5・10-土-중앙(中央)으로 나타낼 수 있다.

결국 주자가 주장한 '五位相得而各有合(오위상득이각유합)' 즉 5위가 서로 얻으며 각각 합이 있다고 한 것처럼, 하도는 중앙에 있는 수 '5'[76]를 통해 음양의 조합이 만들어 진다. '5'는 천지의 수로 오행과 방위가 나타남을 알 수 있고, 만물을 생성하는 수로 인식하게 된다.

하도에서의 역의 발생은 태극에 있으며, 태극에서 양의가 나오고, 양의에서 사상이 나왔으며, 사상에서 팔괘로 전개된다.[77] 주자가 나타낸 하도의 팔괘 구성[78]을 나타내면 〈그림 3〉 선천팔괘(先天八卦)가 된다.

〈그림 3〉 선천팔괘. 필자 작도

---

75 『易學啓蒙』「本圖書第一」: "其生數之在內者, …, 其成數之在外者." 참조.

76 『주역』「설괘전」에는 '5'에 대해, "중간의 수 '5'는 삼천양지로 표현되는 천을 뜻하는 수 '3'과 지를 뜻하는 수 '2'의 조합으로 성인이 역을 만들 때 사용한 수이다"라고 하였다.("昔者聖人之作易也, 幽贊於神明而生蓍, 三天兩地而倚數.")

77 『周易』「卦辭傳」: "易有太極, 是生兩儀, 兩儀生四象, 四象生八卦." 참조.

78 『易學啓蒙』「本圖書第一」: "河圖之虛五與十者, 太極也, 奇數二十, 偶數二十者, 兩儀也, 以一二三四爲六七八九者, 四象也, 析四方之合, 以爲乾坤離坎, 補四隅之空, 以爲兌震巽艮者, 八卦也." 참조.

다음으로, 낙서는 하도와 달리 수 '10'이 없고, 그 수는 아홉 개이다. 낙서에 대해 주자의 『역학계몽』[79·80]을 근거하여 도식[81]하면 〈그림 4〉와 같고, 표로 나타내면 오른쪽[82]과 같이 나타낼 수 있다.

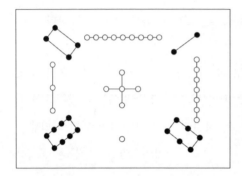

東南 4 陰木	南 9 陰火	西南 2 陰土
東 3 陽木	中央 5	西 7 陰金
東北 8 陽土	北 1 陽水	西北 6 陽金

〈그림 4〉 낙서, 필자 작도

"낙서는 하도와 약간 다르지만 모두 수 5가 가운데 있어, 가운데를 비우고 나면 둘은 음양의 수 20으로 갈라져서 한쪽으로 치우침이 없다. 따라서 낙서의 수 구조에서 볼 때 가운데 5를 비우면 역시 태극이 된다.

---

79 『易學啟蒙』「本圖書第一」: "洛書以五奇數統四偶數, 而各居其所, 蓋主於陽以統陰." 참조.

80 『易學啟蒙』「本圖書第一」: "洛書以五奇數統四偶數, 以各居其所, 蓋主於陽以統陰."

81 이를 부연하면, 『진서』「천문지」에 "낙서는 기수[홀수]를 양으로 하여 천도좌선의 규율을 상징하고, 우수[짝수]를 음으로 하여 지도우선을 상징한다. 따라서 천도와 지도는 회전하는 방향이 상반된다." 다시 말해, 기수[홀수]는 천도운행으로 북쪽[1]에서 좌선으로 돌아 동쪽[3]을 지나 남쪽[9]에 이른 후에 극에 이르고, 이어 서쪽[7]으로 돌아 점점 약해진다. 우수[짝수]는 지도운행으로 서남쪽[2]에서 우선으로 돌아 동남쪽[4]을 이어 돌면서 점점 증가하여 동북쪽[8]에서는 극에 이르고, 이어 서북쪽[6]으로 돌아 점점 약해진다.("天勞轉如推磨而左行, 日月右行, 隨天左轉, 故日月實東行, 而天牽之以西沒.")

82 『周易』「說卦傳」: "萬物出乎震, 震東方也, …, 離也者, 明也, 萬物皆相見, 南方之卦也, …, 兌正秋也, …, 坎者水也, 正北方之卦也, …, 齊乎巽, 巽東南也, …, 乾西北之卦也, 言陰陽相薄也, …, 艮東北之卦也." 참조.

〈그림 5〉 후천팔괘. 필자 작도

기수[홀수]와 우수[짝수]가 각각 20이 되니 또한 양의[음양]이다. 1·2·3·4가 9·8·7·6을 포함하여 가로와 세로가 각각 15가 되니, 7·8·9·6 또한 사상이다. 사방의 자리를 건곤이감(乾坤離坎)이라 하고, 사우[네 귀퉁이]의 치우친 자리를 태진손간(兌震巽艮)이라 하니 또한 팔괘가 된다"[83]고 하였으니, 이것이 〈그림 5〉와 같은 후천팔괘(後天八卦)이다.

결국 주자가 말하는 하낙은 오행의 상생과 상극을 나타내면서 태극에서 뜻하는 '5'를 중점하여 태극 → 음양 → 사상 → 팔괘로 전개되는 것을 밝혀 하낙이 서로 체와 용의 관계[84]임을 말하고 있는 것이다.

---

83 『易學啓蒙』「本圖書第一」: "洛書而虛其中, 則亦太極也, 奇偶各居二十, 則兩儀也, 一二三四而合九八七六, 縱橫十五而互爲七八九六, 則亦四象也, 四方之正, 以爲乾坤離坎, 四隅之偏, 以爲兌震巽艮, 則亦八卦也."

84 『易學啓蒙』「本圖書第一」: "河圖, …, 蓋揭其前以示人, 而道其常, 數之體也, 洛書, …, 蓋主於陽以統陰, 而肇其變, 數之用也." 참조.

4. 음양오행과 명리(命理)

간지는 원래 음양오행설이 확립되기 이전부터 사용되다가[85] 음양오행설이 심화·발전되면서 명리학에서는 포괄적 의미로 사용된다. 전한대 『회남자』「천문훈」에 음양과 오행이 상응된 간지를 앞서 밝혔고[86], 『사기』「율서」에는 천간을 자연변화에 근거하여 표현하였으며,[87] 후한대 『백호통』「성명」에는 "甲과 乙은 간(幹)이고, 子와 丑은 지(枝)이다"[88]라고 하였다.

지지는 본래 오행의 의미가 없었다가, 『회남자』「천문훈」에서 土를 "戊와 己와 계절의 끝[四季]은 土이다"[89]라고 하여 한대에 들어 각 계절의 말미에 배속[90]시켰다. 『사기』「율서」에는 지지를 음양의 기운이 변화하는 모습과 관련하여 설명하고 있고,[91] 지지가 음양오행설과 결합하여 각 계

---

85 '간지'란 용어는 『주례』「춘관」과 『사기』「율서」에 나타나고 있다. 『周禮』「春官」: "馮相氏, 掌十有二歲, 十有二月, 十有二辰, 十日, 二十有八星之位, 辨其敍事以會天位." 참조.(풍상씨가 십이세(十二歲), 십이월(十二月), 십이진(十二辰), 십일(十日), 이십팔성(二十八星)을 관장하여, 그 하늘에서 만나는 천위(天位)를 관측하였다.) 여기에서 나타나는 十日은 천간을 의미하고, 十二辰은 지지를 의미한다. 『史記』「律書」: "黃鐘者, 陽氣踏黃泉而出也, 其於十二子爲子, 子者, 滋也, 同聲相應, …, 其於十母爲壬癸, 壬之爲言, 任也." 참조.

86 『淮南子』「天文訓」: "甲乙寅卯, 木也, 丙丁巳午, 火也, 戊己四季, 土也, 庚辛申酉, 金也, 壬癸亥子, 水也." 참조.

87 『史記』「律書」: "甲者, 言萬物剖符甲而出也, 乙者, 言萬物生軋軋也, 丙者, 言陽道著明, 丁者, 言萬物之丁壯也, 庚者, 言陰氣庚萬物, 辛者, 言萬物之辛生, 壬之爲言任也, 言陽氣任養萬物於下也, 癸之爲言揆也, 言萬物可揆度.")

88 『白虎通』「姓名」: "甲乙者幹也, 子丑者枝也."

89 『淮南子』「天文訓」: "戊己, 四季, 土也."

90 전한대에 土를 계절의 끝에 배속시켜 활용한 구체적 내용은, 후한대 『백호통』「오행」에 나타나 있다.("木, 王所以七十二日何, 土, 王四季, 各十八日, 合九十日爲一時, 王九十日.")

91 『史記』「律書」: "子者, 滋也滋者言萬物滋於下也, 丑者, 紐也言陽氣在上未降萬物厄紐未敢出也, 寅者, 言萬物始生蟶然也故曰寅, 卯者, 之冒言茂也言萬物茂也, 辰者, 言萬物之蜄也, 巳者, 言陽氣之已盡也, 午者, 陰陽交故曰午, 未者, 言萬物皆成有滋味也, 申者, 言陰用事申賊萬物故曰申, 酉者, 萬物之老也故曰酉, 戌者, 言萬物盡滅故曰戌, 亥者, 該也言陽氣藏於下故該也." 참조.

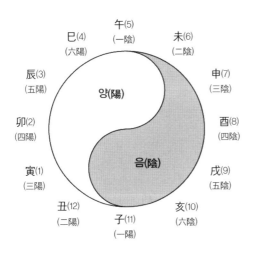

〈그림 6〉 계절의 음양. 필자 작도

절의 기운과 해당하는 월(月)의 의미를 가지게 된 것은 한대로 본다.

지지는 계절의 변화이기 때문에 양과 음의 변화가 극에 달하는 계절에는 체(體)와 용(用)이 바뀌게 된다. 계절의 음양은 水[子]·火[午]를 기준으로 각각 시작하는데, 水[겨울]·火[여름]가 각각 극에 이르게 되는 시기인 亥月과 子月, 巳月과 午月는 각각 체용이 바뀌어, 巳[음]와 亥[음]는 양이 되고, 子[양]와 午과[양]는 음으로 바뀌게 된다. 계절의 음양을 그림으로 나타내면 〈그림 6〉과 같다.

결론적으로 음이 생하면 양은 죽게 되고[陰生陽死], 양이 생하면 음이 죽게 되는 바[陽生陰死] 내외의 체용이 서로 바뀌게 된다는 것이다. 따라서 명리학에서는 십신(十神)과 육친(六親)의 관계에서 체용이 바뀐 水·火를 사용하는 것이다.

1) 간지(干支)의 운용과 십신(十神) 및 육친(六親)

청대『적천수천미』[92]에는 천간과 지지와 장간(藏干)을 삼원(三元)이라 하고, 이 이치를 벗어나지 않는 것을 만법의 종(宗)이라[93] 하였다. 즉 〈명리학에서〉 삼원을 정확히 알고자 하면, 천간과 그 속에 실려 있는 것과 지지의 공력을 보고, …, 명(命)에서 천·지·인 삼원의 이치를 모두 근본으로 삼아야 한다.[94] 여기에서 삼원은 천인감응설과 관련되어 있고, 천원은 천간, 지원은 지지, 인원은 장간[95]을 일컫는다. 천간은 명의 근간이 되고, 춘하추동[지지 월령(月令)]의 때와 장간에 따라 다양한 변화가 생기게 된다.

명대이전까지의 명리학 서적을 집대성한 만민영의『삼명통회』와 청대『적천수천미』에서 나타난 천간[96]을 음양오행을 포함하여 현대적 의미로

---

92 『적천수천미』의 원문은 경도(京圖)가 저술한 『적천수집요(滴天髓輯要)』이며, 유성의(劉誠意)가 주석한 것을 청나라 진소암(陳素庵)이 순치 15년(1658)에 편찬하였다. 『적천수천미』는 경도가 저술한 원문, 유성의(劉誠意))가 주석한 원주, 임철초(任鐵樵)가 새롭게 주석한 증주로 이루어져 있다. 1933년 원수산(袁樹珊) 등이 간행하면서 『천미(闡微)』라는 제목이 붙었다.

93 任鐵樵,『適天髓闡微』: "干爲天元, 支爲地元, 支中所藏爲人元, 人之稟命, 萬有不齊, 總不越此三元之理, 所謂萬法宗也." 참조.

94 任鐵樵,『適天髓闡微』: "欲識三元萬法宗, 先觀帝載與神功, …, 命中, 天地人三元之理, 悉本於此."

95 장간은 지지장간(地支藏干) 또는 지장간(地藏干)이라고도 한다. 사주의 구성 중 지지 내에 암장되어 있는 기운을 말하고, 천간에 의해 그 힘이 나타나거나 그 해당하는 운이 오게 되면 작용의 변화가 나타난다.

96 명의 근간이 되는 천간에 대해 명대『삼명통회』에는 다음과 같이 나타나 있다. 萬民英,『三命通會』「論天干陰陽生死」: "甲木, …, 在天爲雷爲龍, 在地爲梁爲棟, …, 謂之死木, 死木者, 剛木也, 須仗斧斤斫削方成其器, 乙木, …, 在天爲風, 在地爲樹, 謂之陰木, …, 根深枝茂, 謂之活木, 活木者, 柔木也, 丙火, …, 在天爲日, 爲電, 在地爲爐, …, 爐冶之火, 謂之死火, 死火者, 剛火也, 丁火, …, 在天爲列星, 在地爲燈火, …, 乙爲活木, 丁爲活火, 活火者, 柔火也, 戊土, …, 在天爲霧, 在地爲山, 己土, …, 乃天之元氣, 地之真土, 庚金, …, 在天爲風霜, 在地爲金鐵, 辛金, …, 在天爲日月, 乃太陰之精, 在地爲金, 金乃山石之礦, 壬水, …, 在天爲雲, 在地爲澤, 癸水, …, 在天爲雨露, 在地爲泉脈, …, 癸爲活水, 活水者, 柔水也." 참조. 또 청대『적천수천미』에는 다음과 같이 나타나 있다. 任鐵樵,『適天髓闡微』: "竟以甲木爲棟樑, 乙木爲花果, 丙作太陽, 丁作燈燭, 戊作城牆, 己作田園, 庚爲頑鐵, 辛作珠玉." 참조.

정리하면 〈표 2〉와 같이 나타낼 수 있다.

〈표 2〉 천간과 그에 해당하는 물상(物像)

오행		木		火		土		金		水	
음양		양	음	양	음	양	음	양	음	양	음
천간		甲	乙	丙	丁	戊	己	庚	辛	壬	癸
물상(物象)	지상 (地象)	거목 동량 사목	화초 등목 지엽 생목	용광 로 번개 사화	등화 용접 불 형광 등 활화	제방 [둑] 고산 황야	전원 옥토 언덕 야산	강철 무쇠 바위 광석	주옥 황금 보석 기물 바늘 칼 낫 과실	강하 사수	지하 수 시냇 물 활수
	천상 (天象)	우레 천둥 용	바람	태양	별	노을 안개	구름	달	서리	눈 우박	비 이슬

다음 지원인 지지[97]는 사계의 변화와 해당하는 일, 해당하는 시, 해당하는 년, 잉태한 월(月)을 의미하고, 그 기운에 따라 다양한 변화로 사용되고 있으며, 지지와 해당하는 계절을 나타내면 〈그림 7〉과 같다.

마지막 인원인 장간이 『낙록자삼명소식부주』[98]에 장간의 초기 이론 단계라고 할 수 있는, 즉 土에 암장된 천간에 대한 내용이 나타난다.[99] 전

---

97 명대 『삼명통회』에는 지지에 대해 다음과 같이 나타내고 있다. 萬民英, 『三命通會』「論地支屬相」: "故子屬鼠, 醜屬牛, 寅屬虎, 卯屬兔, 辰屬龍, 巳屬蛇, 午屬馬, 未屬羊, 申屬猴, 酉屬雞, 戌屬犬, 亥屬豬, 此十二屬相亦有奇偶之分, 盛衰之用." 참조.

98 『낙록자삼명소식부주(珞琭子三命消息賦注)』는 원래 전국시대 낙록자가 만든 『낙록자부(珞琭子賦)』를 송대 서자평(徐子平)이 주석한 것으로 알려져 있다.

99 『珞琭子三命消息賦注』: "辰中有乙, 是春木之餘氣, 未中有丁, 是夏火之餘氣, 戌內有辛, 是秋金之餘氣, 丑中有癸, 是冬水之餘氣."

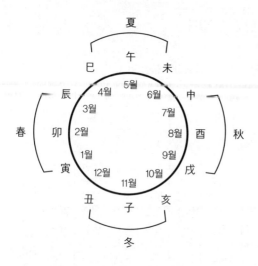

〈그림 7〉 지지와 해당하는 계절, 필자 작도

한대 『회남자』「천문훈」에는 장간의 시원이 될 만한 내용[100]이 나타나고, 여기에서 같은 오행이 아님에도 亥 내에 甲, 卯 내에 乙, 未 내에 乙과 같이, 같은 木으로 인식하는 것 등은 명리학에서 중요하게 사용하는 삼합국(三合局), 즉 亥卯未 · 寅午戌 · 巳酉丑 · 申子辰과 관련된 내용들이다. 송대 『연해자평』에서는 장간을 인원으로 사용한 것으로 보아, 현재 활용되고 있는 장간은 송대부터 집중적으로 사용[101]된 것으로 본다.

『연해자평』에는 장간을 구성요소와 월률분야로 크게 나누어 설명하고 있다. 월률분야에 사람이 태어난 일간을 기본으로 하여, 월지를 여기, 중기, 정기로 구분하여 인원용사의 기준으로 삼아야 한다고 나타나 있

100 『淮南子』「天文訓」: "木生于亥, 壯于卯, 死于未, 三辰皆木也, 火生于寅, 壯于午, 死于戌, 三辰皆火也, 土生于午, 壯于戌, 死于寅, 三辰皆土也, 金生于巳, 壯于酉, 死于丑, 三辰皆金也, 水生于申, 壯于子, 死于辰, 三辰皆水也." 참조.

101 송대 『연해자평』에서는 지지 내 숨어져 있는 천간을 육친으로 삼아 길흉을 정한 것으로 보아, 송대 이전에는 장간의 언급이 일부 나타나고 있으나 삼원 중 인원을 납음(納音)으로 사용하였고, 송대와 명대에 걸쳐 장간을 인원으로 사용한 것으로 보이기 때문에, 현재 활용되고 있는 장간은 송대부터 집중적으로 사용된 것으로 본다.

다.[102] 다시 말해, 일간을 위주로 월지의 절기를 기준, 어느 일에 태어나는가에 따라 장간의 활용을 본다는 것이다.

『연해자평』을 기준으로 하여, 월별 장간(藏干)과 관장일수(管掌日數) 및 인원용사를 정리하면 〈표3〉과 같다. 이처럼 장간을 구성요소와 월률분야로 나눠 추명하여야 한다.

〈표 3〉 월률분야와 관장일수 및 인원용사, 출처: 『연해자평』 참조

장간 \ 월		장간 관장일수			인원용사[103]	
		여기(餘氣)	중기(中氣)	정기(正氣)		
양의계절	춘(春)	寅(1월)	戊 (七日)	丙 (七日)	甲 (十六日)	寅	戊丙甲
		卯(2월)	甲 (十日)		乙 (二十日)	卯	乙
		辰(3월)	乙 (九日)	癸 (三日)	戊 (十八日)	辰	乙癸戊
	하(夏)	巳(4월)	戊 (五日)	庚 (九日)	丙 (十六日)	巳	戊庚丙
		午(5월)	丙 (十日)	己 (十日)	丁 (十日)	午	己丁
		未(6월)	丁 (九日)	乙 (三日)	己 (十八日)	未	丁乙己

---

102 "월령 중 지지 가운데 소장하고 있는 것이 월률분야지도이다. 간지는 일로써 주를 삼는다. 월지 金·木·水·火·土를 용신으로 한다. 그 중 왕쇠를 취한다. 가령 자궁(子宮)은 癸水를 많이 취한다. 어느 날에 태어났는지를 보는 것이 중요하다. 만일 자궁의 경우 초일일(初一日)부터 초십일(初十日)까지 태어난 사람은 마땅히 壬水를 취한다. 십일일(十一日)부터 삼십일(三十日) 사이에 태어난 사람은 바야흐로 癸水를 취한다. 이로써 영신(令神)의 용사를 판단한다. 하나의 예를 취하는 것은 불가하다. 그렇지 않으면 추명하여도 기준에 부합하지 않는다. 이것은 하나의 예를 든 것이다. 그 나머지는 이와 같다."(徐大升, 『淵海子平評註』, 武陸出版有限公司, 2009, 36쪽.)

103 徐大升, 『淵海子平』 「又地支藏遁歌」: "子宮癸水在其中, 丑癸辛金己土同, 寅宮甲木兼丙戊, 卯宮乙木獨相逢, 辰藏乙戊三分癸, 巳中庚金丙戊叢, 午位丁火幷己土, 未宮乙己丁其宗, 申位庚金壬水戊, 酉宮辛字獨豐隆, 戌宮辛金乃丁戊, 亥藏壬甲是眞蹤." 및 徐大升(沈載烈 옮김), 『淵海子平精解』, 明文堂, 1994, 94-95쪽 참조.

음의 계절						
추 (秋)	申(7월)	己 (七日) 戊 (三日)	壬 (三日)	庚 (十七日)	申	戊庚丙
	酉(8월)	庚 (十日)		辛 (二十日)	酉	辛
	戌(9월)	辛 (九日)	丁 (三日)	戊 (十八日)	戌	辛丁戊
동 (冬)	亥(10월)	戊 (七日)	甲 (五日)	壬 (十八日)	亥	甲壬
	子(11월)	壬 (十日)		癸 (二十日)	子	癸
	丑(12월)	癸 (九日)	辛 (三日)	己 (十八日)	丑	癸辛己

　　우리나라는 『조선왕조실록』, 서거정(徐居正)[104]의 『필원잡기(筆苑雜記)』에 세조가 녹명서(祿命書)[명리학]를 숭상(崇尙)한다는 내용[105]과 『사가문집(四佳文集)』, 김종직(金宗直)[106]의 『매월당집(梅月堂集)』, 김홍도(金弘道)[107]의 『과로도기도(果老倒騎圖)』 시문(詩文)에 『명리정종』을 가지고 말년 운세를 묻는다'는 내용, 조선 말 『선택기요(選擇紀要)』와 『선택요략(選擇要略)』에서의 택일

---

104 서거정(1420~1488)은 세조의 총애를 받아 승승장구하면서 성종대까지 국가의 편찬 사업에 주도적으로 참여하였다. 오랜 기간 대제학을 지냈으며, 『경국대전』, 『삼국사절요』, 『동문선』 등 주요 책의 서문을 작성한 '서문 전문가'였다. 그의 명문들은 『사가집』을 통해 전해지고 있다. 조선 초기 최고의 문장가로 일컬어진다.

105 徐居正, 『筆苑雜記』: "世祖於陰陽地理之書, 無不淹貫, 洞見是非而睿斷之, 嘗謂臣居正曰, 祿命之書, 儒者窮理之一事, 汝知之乎, 臣對曰粗嘗涉獵, 上曰汝作假令一書, 臣退而裒集諸書, 撮其大要, 分門類聚, 先之以凡例, 次之以吉凶神殺, 終之以吉凶論斷, 以進, 上曰予非崇信祿命之書, 欲作假令使宮中之人不煩指授, 開卷自明耳, 且謂臣曰, 卿意謂祿命何如, 臣對曰, 甲己之年正月丙寅, 甲巳之日生時甲子, 以六十位類推之, 其數極於七百二十而盡, 以七百二十之年, 加七百二十之日時, 則命之四柱極於五十一萬八千四百, 而無復加矣." 참조.

106 김종직(1431~1492)은 경상남도 밀양 출신으로, 호는 점필재이다. 아버지는 김숙자이고, 정몽주와 길재의 학통을 계승하여 김굉필과 조광조로 이어지는 조선시대 도학 정통의 중추적 역할을 하였다. 생전에 지은 『조의제문』은 무오사화가 일어나는 원인이 되었다.

107 김홍도(1745~1806)는 영조와 정조 시대부터 순조 연간 초기에 활동한 화가이다. 어린 시절 강세황의 지도를 받아 그림을 그렸고, 그의 추천으로 도화서 화원이 되어 정조의 신임 속에 당대 최고의 화가로 자리 잡았다. 특히 산수화와 풍속화에서 뛰어난 작품을 남겼다.

법 등에서 명리학과 관련된 직접적 내용들이 나타나고, 최소한 조선 초에는 왕가 및 사대부들까지 명리학에 깊은 연구가 있었다고 본다.[108]

이 중 『필원잡기』에는 조선 초 문신이었던 문성공 정인지(鄭麟趾)와 송대 탁월한 문장가인 소동파(蘇東坡)의 본명사주가 서로 비슷하여 문장과 명망도 또한 서로 비슷하다는 내용과 사주와 그 조화도 소동파와 서로 같다'[109]라는 내용이 나타나고, 그 사주는 다음과 같다.

시주	일주	월주	년주		시주	일주	월주	년주	
乙	戊	辛	丙	정인지	乙	戊	辛	丙	소동파
卯	戌	丑	子		卯	午	丑	子	
	辛	癸					癸		
	丁	辛				己	辛		
乙	戊	己	癸		乙	丁	己	癸	

이처럼 조선 초 최고의 문장가로 알려진 서거정이, 정인지와 소동파의 사주를 비교하면서 '사주가 비슷하여 문장과 명망, 그 조화도 서로 비슷하다'라고 한 것에서, 당시 사대부들의 사주에 대한 사상을 짐작 할 수 있다.

한편, 십신은 일간(日干)을 기준으로 하여, 다른 간지와의 상생과 상극 법칙에서 나타난 명칭이다. 즉, 사주를 세우게 되면 그 일간이 정해지

---

108 김형근, 『정통 명리학 Ⅰ 개론』, 명성출판사, 2019, 135-142쪽 참조.
109 徐居正, 『筆苑雜記』: "鄭文成公麟趾本命四柱曰, 丙子辛丑戊戌乙卯, 蘇東坡四柱曰, 丙子辛丑戊午乙卯, 其命畧同, 而文章聞望, 亦畧相同, 居正嘗撰文成碑, 造化四柱與蘇內翰相同之語, 或有笑者曰, 撰碑宜述 道德, 不宜論卜命." 참조.

고, 그 일간을 기준으로 다른 간지들과의 상생과 상극의 관계의 법칙인 비견(比肩), 겁재(劫財), 식신(食神), 상관(傷官), 정재(正財), 편재(偏財), 정관(正官), 편관(偏官), 정인(正印), 편인(偏印)을 십신 또는 십성이라고 한다. 십신에 대해 진대(晉代) 곽박의 『옥조신응진경』과 당대 원천강의 『원천강오성삼명지남』에 관성의 개념이 나타나고[110], 『연해자평』에서 현재 사용되는 십신에 대해 구체적이고 정확하게 나타나 있다. "일간을 극하는 것은 정관과 편관이고, 일간을 생하는 것은 정인과 편인이고, 일간이 극하는 것은 정재와 편재이며, 일간이 생하는 것은 상관과 식신이며, 일간과 어깨를 나란히 하는 것은 겁재와 패재이다."[111]

일간 위주의 상생상극에서 나타난 십신은, 더 나아가 일간의 육친으로 나타나고 있다. 『연해자평』에는 "육친이란 부, 모, 형제, 처와 재물, 자(子), 손(孫)이다. 일간을 위주로 하여 정인은 친모이고, 편인은 편모이거나 조부이다. 편재는 부이고, 모의 부성(夫星)이고 또한 첩이다. 정재는 처가 되고, 편재는 첩이 되고, 부가 된다. 비견은 형제, 자매이다. 칠살[112]은 자식이며, 정관은 여식이다. 식신은 손자이고, 상관은 손녀이며 조모이다."[113] "부인명(婦人命)은 육친을 취함에 남명(男命)과 서로 같지 않다. 관성을 취하여 부성(夫星)을 삼고 칠살은 편부(偏夫)이다. 식신은 자식이고, 상

---

110 김형근, 『정통 명리학 ㅣ 개론』, 명성출판사, 2019, 220~221쪽 참조.

111 徐大升, 『淵海子平』 「五行発用定例」: "我剋者爲正官偏官, 生我者爲正印偏印, 我剋者爲正財偏財, 我生者爲傷官食神, 比肩者爲劫財敗財."

112 칠살은 곧 편관을 말하는 것으로, 일간에게 길신의 역할을 하면[극제(剋制)가 되면] 편관이라 하고, 흉신의 역할을 하면 칠살이라고 한다.(徐大升, 『淵海子平』 「論偏官」: "有制伏則爲偏官, 無制伏則爲七殺.")

113 徐大升, 『淵海子平』 「六親總論」: "夫六親者, 父, 母, 兄弟, 妻財, 子, 孫是也, 用日干爲主, 正印正母, 偏印偏母及祖父也, 偏財是父, 乃母之夫星也, 亦爲偏妻, 正財爲妻, 偏財爲妾, 爲父是也, 比肩爲兄弟姐妹也, 七殺是男, 正官是女, 食神是男孫, 傷官是女孫及祖母也."

관은 여식이다. 경에 이르기를, 남자는 일간을 극하는 자로 후사[자식]로 삼고, 여자는 일간이 생하는 자로 자식과 노비를 삼는다"[114]고 하였다.

십신과 육친을 『삼명통회』에서는 식·재·관·인으로 나누어 그 특성에 대해 구체적으로 나타내기도 하였다. 인성에 대해 "일간을 생함은 부모가 있다는 뜻이므로 인수(印綬)라 하고, 인이란 음덕 등의 뜻이고, 수란 받다의 뜻이다. 비유컨대 부모는 은덕이 있어서 이를 내려 자손을 감싸 안고 자손은 이어받으니 그것이 복이 된다. 조정에서 관직을 내릴 때도 인장을 사용하여 관직을 부여하는데 인장이 없으면 어떻게 사람을 증거하며, 또한 부모 없는 자식을 어떻게 믿을 것인가? 하는 이치와 같다."[115] 식신에 대해서, "'一'이 없으면 '二'가 없는 것처럼 생아자(生我者)와 아생자(我生者)가 있으니, 일간이 생함은 자손이 있다는 뜻으로 식신이라 한다. 식(食)이란 충(蟲)[벌레]이 물건을 먹어서 상하게 하는 이치와 같다. 충이 물(物)을 먹으면 포만감을 얻고 사람이 먹으면 물을 더 얻어 이익이 되는데, 먹히는 것은 손해다. 자식을 완성시키고 조화를 이룸은 양육함을 의미한다. 즉 사람은 자식을 양육함이 부모의 도리를 다하는 것이다. 이에 식신이라 한다."[116] 관성에 대해, "일간을 극함은 '내가 제압을 받는다'는 뜻으로 이를 관살이라고 한다. 관은 관(棺)[시관(屍官)]이며 살은 해를 뜻한다. 사람이 조정의 관직에 들어가면 시키는 대로 말(馬)을 돌보거

---

114 徐大升, 『淵海子平』 「六親總論」: "婦人命取六親, 與男命不同, 取官星爲夫星, 七殺是偏夫, 食神是男, 傷官是女, 經云, 男取剋干爲嗣, 女取干生爲子息及奴婢也."

115 萬民英, 『三命通會』 「論古人立印食官財名義」: "生我者有父母之義, 故立名印綬, 印蔭也, 綬受也, 譬父母有恩德, 蔭庇子孫, 子孫得受其福, 朝廷設官分職, 畀以印綬, 使之掌管, 官而無印, 何所憑據, 人無父母, 何所怙恃."

116 萬民英, 『三命通會』 「論古人立印食官財名義」: "其理通一無二, 故曰印綬, 我牛者有子孫之義, 故立名食子致養父母之道也, 故曰神."

나 물을 끓여야 한다. 만약 그 일을 감당하지 못하거나 위반이 있을 때는 관(棺) 속에 들어가야 하는 것이니 관(官)은 해로운 것이다. 사람은 보통 관(棺)을 꿈꾸면 관(官)을 얻는다는 뜻이 있으므로 관살이라고 한다."[117] 재성에 대해서, "일간이 극함은 나의 극제를 받는 사람이라는 뜻이므로 처재(妻財)를 말한다. 사람이 처에게 장가들면 처는 예쁘게 단장도 하고, 전토(田土)도 돌보며, 종신토록 배반 없이 나를 위해 일해 주고, 곤궁하지 않게 도와주며, 자식을 낳아 가정을 이루고 내조를 한다하여 처재라 한다."[118] 하였다.

2) 사길신(四吉神)과 사흉신(四凶神)

흔히 십신을 사길신과 사흉신으로 나누어 간명한다. 사길신은 식재관인(식신, 정재, 정관, 정인)을 말하고, 사흉신은 살상효인(칠살, 상관, 편인, 양인[겁재])을 말한다. 사길신은 일간에게 긍정적인 작용을 하고, 사흉신은 일간에게 부정적인 작용을 한다. 그러나 식재관인이 극제(剋制)를 당하게 되면 길신이 아니라 오히려 더 큰 흉신이 되고, 살상효인이 제어를 당하게 되면 흉신이 길신으로 바뀌게 된다.

『연해자평』에는 "인수는 주로 지혜가 많고, 신체는 넉넉하며, 마음은 편안하고 인자하다."[119] 효인이 당권하면, 마음에 계략이 있고, 처음에는 부지런하나 나중에는 게으르다. 학문과 예능을 좋아하여 많이 배우기는

---

117 萬民英, 『三命通會』「論古人立印食官財名義」: "剋我者, 我受制於人之義, 故立名官煞, 官者棺也, 煞者害也, 朝廷以官與人, 此身屬之公家, 任其驅使, 赴湯蹈火, 不敢有違, 至於蓋棺而後已, 是官害之也, 凡人夢棺則得官, 亦是此義, 故曰官煞."

118 萬民英, 『三命通會』「論古人立印食官財名義」: "我剋者是人受制於我之義, 故立名妻財, 如人娶妻, 而妻有妝奩田土, 齎以事我, 終身無違, 我得自然亨用, 不致困乏, 況人成家立産, 須得妻室內助, 故曰妻財."

119 徐大升, 『淵海子平』「相心賦」: "印綬主多智慧豊身, 自在心慈."

하나 성취는 적다. 편인과 겁재·양인은 고향을 떠나고 가족과 이별한다. 외관으로 보는 상은 겸손하고 온화하며, 의리를 숭상하는 것처럼 보이나 내심의 실제는 사납고 독함이 있다. 각박한 뜻은 있으나 자애의 마음은 없다.[120] 식신은 음식을 잘 먹고, 신체는 풍후하고 노래 부르는 것을 좋아 한다.[121] 상관이 역할을 다하면 예술계통과 다재다능하다. 마음에 계략이 있고 남을 업신여기며 기세가 높다. 거짓과 속임수가 많고 사람에게 모욕을 주며 뜻만 크다.[122]관성은 편안하고 공손하며, 귀기가 드높고, 성품은 유유자적하며, 인자하고 관대하다. 가슴에 품은 생각은 활발하고, 목소리는 화창하다. 넉넉한 자태는 아름답고 수려하며, 성격은 민첩하고 총명하다.[123] 관성의 부정적인 부분의 칠살에 대해서 "권세가 삼공을 압도하고, 주색을 좋아하며 쟁투하기를 좋아한다. 위풍당당한 것을 좋아하며, 약한 사람을 좋아하고 강한 사람은 업신여긴다. 성정은 호랑이같이 사납고, 바람같이 조급하다."[124] 편정재가 노출되면 재물을 가볍게 여기고, 정의를 좋아한다. 다른 사람을 사랑하여 추종하고, 받들어 주는 것을 좋아하며, 시시비비를 따지고, 술을 좋아하고, 색을 탐하는 것도 있으며, 또한 이와 관계된다.[125] 정인과 식신과 정관에 대해서는 긍정적 내용이 나타나 있다. 정재는 편재와 혼잡되면 부정적 이미지가 나

120 徐大升, 『淵海子平』 「相心賦」: "梟印當權, 使心機而始勤終惰, 好學藝而多學少成, 偏印劫刃, 出祖離家, 外象謙和尙義, 內實狠毒無知, 有刻剝之意, 無慈惠之心."

121 徐大升, 『淵海子平』 「相心賦」: "食神善能飮食, 體厚而喜謳歌."

122 徐大升, 『淵海子平』 「相心賦」: "傷官傷盡, 多藝多能, 使心機而傲物氣高, 多譎詐而侮人志大."

123 徐大升, 『淵海子平』 「相心賦」: "官星愷悌, 貴氣軒昂, 性優游而仁慈寬大, 懷豁達而和暢聲音, 豊姿美而秀麗, 性格敏而聰明."

124 徐大升, 『淵海子平』 「相心賦」: "偏官七殺, 勢壓三公, 喜酒色而偏爭好鬪, 愛軒昂而扶弱欺强, 情性如虎急躁如風."

125 徐大升, 『淵海子平』 「相心賦」: "偏正財露, 輕財好義, 愛人趨奉, 好設是非, 嗜酒貪花, 亦係如此."

타남을 말하고 있다. 편인과 겁재 및 상관과 칠살은 부정적 내용이 나타
나고 있다. 그러나 앞서 언급한 바와 같이 길신과 흉신은 그 기능이 극
제되면 오히려 길신은 흉신이 되고, 흉신은 길신이 되어 원래 가지고 있
는 성향의 반대되는 성정이 나타남을 꼭 주지하여야 한다.

『자평진전』에서도 사길신과 사흉신을 다음과 같이 지적하고 있다. "재
관인식은 사길신이다. 그러나 그것을 씀이 마땅하지 않으면 〈성격(成格)
된〉 격(格)을 파괴할 수 있다."[126] "살상효인은 사흉신이다. 그러나 그것을
실행함이 마땅함을 얻으면 〈길 한〉 격을 이룰 수 있다"[127]고 하였다.

앞서 설명한 삼원과 『자평진전』에 근거하여 격과 길·흉신을 간단하
게 추명하면 다음과 같다.

시주	일주	월주	년주	乾命
庚	癸	庚	癸	○
申	卯	申	卯	○ ○ ○
戊		戊		
壬		壬		
庚	乙	庚	乙	

시주	일주	월주	년주	乾命
壬	戊	戊	庚	○
子	申	寅	戌	○ ○ ○
	戊	戊	辛	
	壬	丙	丁	
癸	庚	甲	戊	

좌측의 명주는 癸水가 申月에 생하고, 월령 申에서 투출된 庚金을 인
성으로 하여 인성격으로 성격되었다. 인용식상(印用食傷)에 해당하여, 식
신을 상신(相神)으로 한다. 대형 로펌에서 변호사로 근무하면서 언변이
좋은 명이다. 강한 인성을 설기시켜주는 癸水 비견 또한 용신으로 볼 수

126 沈孝瞻, 『子平眞詮』 「論四吉神能破格」: "財官印食, 四吉神也, 然用之不當, 亦能破格."
127 沈孝瞻, 『子平眞詮』 「論四凶神能成格」: "殺傷梟刃, 四凶神也, 然施之得宜, 亦能成格."

있으니, 개인 변호사가 아닌 로펌에서 근무하는 것이다. 金의 계절에 금왕(金旺)으로 木이 약하여, 간과 담[쓸개], 그리고 목[경동맥 포함]에 무리가 생겨 많은 고생을 하고 있다. 성격은 인성이 있으나 금왕으로 냉정하고, 결론을 중시하는 성향이다.

우측의 명주는 戊土가 寅月에 생하고, 월령 寅에서 투출된 戊土를 비견으로 하여 비견격의 변격(變格)으로 성격되었다. 寅月은 수사(囚死)에 해당하니 비견을 상신으로 활용할 수 있고, 식신 庚金과 재성 壬水도 각각 근기(根氣)를 가지고 있다. 비견을 상신으로 하여 개인이 아닌 법인을 설립하였고, 식신생재(食神生財)를 잘 활용해 국제적인 회사를 만들게 된다. 비견이 상신으로 작용하기 때문에 주위사람들을 잘 챙겨줄 뿐 아니라 주위의 도움을 받으며, 식신이 金으로 활용되어 냉정하게 보이지만 의리가 있고 배려심과 덕이 많다. 그러나 丙火 대운에 효신이 등극하여 편인도식(偏印倒食)되어 식신생재가 파하니 모든 것을 놓아야 하는 상황에 이르고, 건강은 대장암으로 고생하게 된다.

5. 음양오행과 풍수(風水)

풍수지리학에서 말하는 명당은 양택(陽宅)과 음택(陰宅)으로 구분되어지는 데, 양택은 살아있는 사람이 받는 기를 중요한 기준으로 삼아 주거용 집을 선택하는 것이기 때문에 천기(天氣)와 지기(地氣)와 인기(人氣)를 중요시 한다. 이에 반해, 음택은 죽은 사람이 받는 지기를 명당의 중요한 기준으로 삼는다. 음택은 동기감응(同氣感應)을 토대로 땅의 성격을 파악하여 좋은 터전을 찾는 것이다.[128]

---

128 김형근, 「동기감응과 풍수지리」 『디지털 문화콘텐츠』 제24권, 대구한의대 디지털콘텐츠개발연구소, 2015, 71쪽.

동기감응이란 '같은 기는 서로 느껴 작용한다'는 말인데, 풍수에서 말하는 기(氣)를 한대 『청오경』에서 살펴보면, "태고에는 혼돈하였는데, 기운이 싹터 커다란 나무껍질 상태로 있다가 음으로 나뉘고 양으로 나뉘며 맑음이 되고 흐림이 되었다. 생로병사는 누가 실제로 주관하는 것일까? 〈처음에는〉 그 시작이 없었으니 그 의론함도 없었으나, 〈나중에〉 없을 수 없게 되자 길흉이 드러나게 되었다"[129]는 내용이 나타난다. 또한 우주의 모든 기운은 음양의 조화이다는 입장에서 『주역』에서는 "우주 생명의 원리는 태극이며, 태극이 음과 양을 낳고 다시 음과 양에서 하늘과 땅이 생겨났으며, 그 속에서 만물이 생겨 삼라만상이 나타난다"[130]라고 하였다.

이러한 맥락의 연장 선상에서 풍수에서 산은 정(靜)하여 움직이지 않으므로 음이라 하고, 물은 동(動)하여 움직이므로 양이라 한다. 또한 내룡(來龍)에서 높은 용맥을 음맥이라 하고 낮은 용맥을 양맥이라 하는데, 양래음수(陽來陰受)와 음래양수(陰來陽受)는 서로 짝이 된다. 살아 있는 사람이 거주하는 공간을 양택이라 하며, 죽은 사람의 공간을 음택이라 하는 이유도 여기에 있는 것이다.[131]

이처럼 풍수에서의 기는 삼라만상의 근원적인 기이며, 음양오행에 의해 만들어지는 생기(生氣)로, 모든 만물의 기본 구성과 만물형성의 근원이 된다.

---

129 『靑烏經』: "盤古渾淪, 氣萌大朴, 分陰分陽, 爲淸爲濁. 生老病死, 誰實主之 無其始也, 無有議焉, 不能無也, 吉凶形焉." 따라서 우주본원의 기는 음양의 동정(動靜)에 의해 생기고, 음양이 지극(至極)하고 동정하여 사상(태양·소양·태음·소음)이 이루어지고, 사상에서 동정하니 팔괘(乾·巽·艮·坤·坎·離·震·兌)를 이루어 역의 기본이 된다. 그러므로 음양이 변화하면서 기가 생성되고 길흉작용인 동기감응이 일어난다.
130 『周易』「繫辭上傳」: "是故易有太極 時生兩儀 兩儀生四象 四象生八卦."
131 소재학, 『음양오행의 원리와 이해』, 하원정, 2009, 37-38쪽 참조.

1) 음양오행의 기(氣)와 동기감응

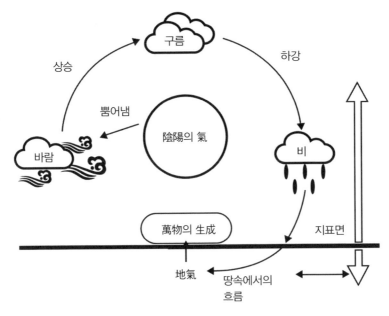

〈그림 8〉『금낭경』기 순환 이론. 필자 작도

모든 풍수지리학설은 천·지·인의 상호관계에 의해 기가 발응하고, 이 기는 조상과 나의 기에 감응할 수 있기 때문에 동기감응을 할 수 있다는 입장을 취하고 있다.

이런 내용을 한대『청오경』과『금낭경』통해 살펴보자. 〈그림 8〉기 순환이론을『금낭경』에서 보면, "무릇 음양의 기는 내뿜으면 바람이 되고, 오르면 구름이 되고, 내려오면서 비가 되며, 땅속에 흐르면서 생기가 된다"[132]고 하였으며, 이 생기는 땅속에서 만물을 생성한다. "만물은 기로

---

132 『錦囊經』: "夫陰陽之氣 噫而爲風, 升而爲雲, 降而爲雨, 行乎地中, 則爲生氣."

써 서로 감응치 않는 것이 없고, 역시 기로써 화복과 길흉이 되지 않는 것이 없다." 하였다.[133] 또한 이 "기는 돌아다녀야 만물에 유래함이 있어 그로써 생이 있게 되는 것이라 이것이 자연의 이치이다."[134] 이러한 입장에서 기를 '오기(五氣)'[135]라고 말하기도 하는데, 『청오경』에서는 "음양이 꼭 맞게 되면 천지가 서로 통하게 되어서 안의 기운은 〈만물을〉 싹터 살게 하고 바깥 기운은 모양을 이루게 하니, 안과 밖이 상승작용을 하면 풍수가 저절로 이루어진다"[136]라고 하였다.

『금낭경』은 여기서 더 나아가 "그러므로 구리광산이 서쪽에서 무너졌는데, 신령스러운 종이 동쪽에서 울리는 것이다"[137]라고 했을 뿐 아니라, "나무가 봄에 꽃이 피면, 밤송이도 방안에서 싹을 틔운다"[138]라고 설명하고 있다. 이러한 입장을 만물의 영장인 사람에 대입시키면서 "대개 생이란 기의 모임인데, 기가 응결하면 골(骨)[뼈]을 이룬다. 뼈는 사람의 생기

---

133 『錦囊經』: "萬物, 無不以氣相應, 亦無不以氣爲禍福吉凶."
134 『錦囊經』: "氣之所行, 物之所由, 以生, 此自然之理也."
135. "오기란 오행의 기인데, 오행의 기는 땅속에 돌아다니며 팔방에 두루 퍼져있다."(『錦囊經』: 五氣, 則五行之氣, 謂五行之氣, 行乎地中, 周乎八方.)
136 『靑烏經』: "陰陽符合, 天地交通, 內氣萌生, 外氣成形, 內外相乘, 風水自成." 여기서 말하는 내외는 음양, 천지, 혈(穴)과 사신사와 같다.
137 『錦囊經』: "是以銅山西崩, 靈鐘東應." 『금낭경』에서는 기에 의한 작용에 대해 종이 이유 없이 반응하는 것은 모체인 구리광산이 무너졌기 때문이라 설명하였다.
138 『錦囊經』: "木華於春, 栗芽於室." 이 구문에 대해 장설은 "또한 기운은 감응하는 것이다. 농부들이 밤을 갈무리함에 봄에는 밤과 나무가 함께 화려해지는 것이니 집안의 밤의 열매도 또한 싹이 나는 것이다. 열매는 나무를 떠나 온지 이미 오래되었지만 나무가 화려해지면 밤도 싹이 나는 것이다. 대개 본성으로서 그 근원이 기운을 얻게 되면 서로 감응하게 되는 것이다. 즉 부모의 뼈골을 장사지내고 생기를 얻게 되면 자손도 복이 왕성해 지는 것이다"(亦言氣之相感也. 野人藏栗, 春栗木華, 而家栗之實, 亦芽實之去木. 已久, 而彼華此芽. 盖以本性元在得氣, 則相感而應, 如父母之骨, 葬得生氣, 則子孫福旺也.)라고 주석하면서 밤나무에 꽃이 피니까 방에 있던 밤송이도 꽃이 피는 것과 같이 부모의 유골에 의해 생기가 작용함을 나타내고 있다.

로서 죽으면 뼈만 홀로 남는다. 따라서 장사(葬事)를 지낸다는 것은 기를 되돌려 유골에 들임으로써 살아있는 사람 즉 후손에게 음덕을 입히는 술법인 것이다"[139]라고 하였다.

명대 호순신의 『지리신법』에서는 기의 작용에 대해 "무릇 그 땅에 집을 세우고 뼈를 묻게 될 때, 그것들이 받는 것은 땅의 기운이다. 땅의 기운에 있어 아름답고 그렇지 않음의 차이가 이와 같은 즉, 사람은 그 기를 받아 태어나기 마련인데, 어찌 그 사람됨의 맑음과 탁함, 총명함과 어리석음, 선함과 악함, 부귀와 빈천, 상수와 요설의 차이가 없겠는가"[140]라고 하면서, 땅의 기운과 길흉과의 관계를 설명하고 있다.

이상명은 동기감응과 관련된 실험을 1996년 『신동아』 12월호에 소개하였다. 성인 남성 3명의 채취된 정액을 각각 3개의 시험관에 넣고 각기 다른 방에서 본인들에게 일정한 교차를 두고 전류를 보냈더니, 동일한 시간에 정액이 각각 반응을 일으켰다. 이에 대해 그는 성인 남성에서 채취된 정자는 그 대상자들과 동일한 전자 스핀(spin)을 갖고 양자역학의 관계가 있다고 해석하였다.[141]

만물의 근원인 기는 결국 죽은 조상과 살아 있는 후손 사이를 연결시켜 주는 연결망인 것이다. 조상에 제사를 정성스럽게 지내는 것은 조상이 자신의 근본임을 알기 때문이다.[142] 이처럼 풍수에서는 음양과 오행에 의해 기가 발생하고, 이 기는 조상과 자손의 기에 의한 동기감응 할 수 있다.

---

139 『錦囊經』: "蓋生者, 氣之聚; 凝結者, 成骨; 骨者, 人之生氣, 死而獨留. 故葬者, 反氣納骨, 以蔭所生之法也." 조상의 유택을 좋은 기운의 장소에 모시게 되면 좋은 기가 흘러 후손에게 좋은 기운이 흐르고, 유택이 흉한 기운의 장소이면 후손에게 나쁜 기운이 흘러 화가 될 것이라는 뜻이다.

140 『地理新法』「宅地論」: "夫旣於其地, 立家植骨, 則所受者, 地之氣. 地之氣, 佳否之異如此, 則人受其氣以生, 亦豈能無淸濁 · 賢愚 · 善惡 · 貴賤貧富 · 壽夭之異乎?"

141 1996년 『신동아 12월호』 참조.

142 김혜정, 『중국고전의 풍수지리사상』, 한국학술정보, 2008, 75-76쪽 참조.

2) 기(氣)를 보호하는 사신사(四神砂)와 비보(裨補)

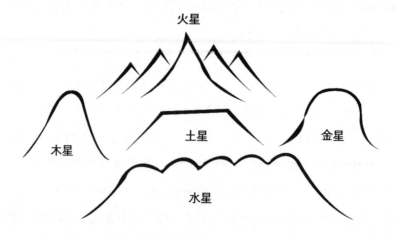

〈그림 9〉 산의 오행도, 필자 작도

풍수지리학은 땅의 생기를 받아야 복을 받는다는 대전제 아래 생기가 모여 있는 곳, 즉 혈처(穴處)를 찾는 학문이다. 따라서 땅의 생기를 사방에서 보호하는 사신사[청룡·백호·주작·현무]가 있다는 입장에서 후룡(後龍)에 의해 산천정기가 이루어진 후, 그 산천정기가 혈에 의해 공급처가 되며, 사(砂)로 하여 기의 근원인 혈을 보호하며, 수(水)에 의해 그 기운이 운용된다.[143]

산에서도 오행의 기운이 있으니 오성(五星)이라 하고, 이를 나타내면 〈그림 9〉와 같다. 산형(山形)을 구별할 때는 오성의 기운으로 나눌 수 있으며, 상대적 방위로 각 오행의 산형으로 오성으로 표현한 것이다. 이 산형들이 파손(破損)되거나 공결(空缺)이 있게 되면 완연한 장풍(藏風)을 할

---

143 김형근, 「동기감응과 풍수지리」 『디지털 문화콘텐츠』 제24권, 대구한의대 디지털콘텐츠개발연구소, 2015, 74쪽.

窩穴(와혈)　　　鉗穴(겸혈)　　　乳穴(유혈)　　　突穴(돌혈)

〈그림 10〉 혈의 사상. 필자 작도

수 없어 그 기가 탁해지는 것이다.[144]

　우리나라 모든 산의 근원은 백두산에서 발원하여 각 정맥으로 나눠지고, 각 정맥으로 처음 분벽하는 태산을 태조산[145]으로 하기도 한다. 이 태조산은 중조산을 거쳐 여러 차례 기세를 기복(起復)하여 정제(淨濟)[146·147]시킨 후, 혈을 맺기 위해 단정하면서도 수려한 봉우리를 일으키면서 용세[148]를 가지게 된다.

　이 용세의 내룡이 내려와 물을 만나 보국을 이루면 혈처가 있는데 혈처가 있는 곳을 혈장(穴場)이라 하고, 혈장은 〈그림 10〉과 같이 사상(四象)

144　김형근, 「동기감응과 풍수지리」, 『디지털 문화콘텐츠』 제24권, 대구한의대 디지털콘텐츠개발연구소, 2015, 78쪽.

145　"용의 근원인 태조산은 반드시 높고 크고 멀고 특이하며, 혹 주(州)를 넘고 군(郡)에 연(延)하여 수 백리를 뻗어 큰 것은 명산오악이 되고, 작은 것이라도 읍(邑)이나 그 지방에서 으뜸가는 것이 이른바 태조산이 되는 것이다."(徐善述·徐善繼(김동규 옮김), 『人子須知』前. 명문당, 2008, 307쪽.)

146　"용과 산은 비단 외형에서뿐만 아니라 본질적으로도 동일한 점이 많은데, 양자 모두 오행을 갖추고 있고 양기를 만나면 변화하며 물을 좋아하고 바람을 타고 올라가는 본성이 있으며 무리 짓고 모이는 습성 등이 동일하다는 것이다. 이러한 내외재적인 동질성으로 인해 풍수가들은 산을 용이라 지칭했으며, 산을 용의 몸으로 간주하여 용신의 모양과 기세, 부위 등의 조건에 따라 인간에게 미칠 길흉을 점친다."(장정해, 「龍 神話와 風水 論理」, 『中國語文學誌』, 중국어문학회, 1999년, 6쪽.)

147　용은 수려하고 단정함을 원칙으로 하되 태조산이 내룡맥의 근원이 되면서 중조산, 소조산을 거쳐 현무까지 내려오면서 박환과 기복을 거치게 되고 많은 변화를 거듭하면서 반드시 정제되어야 한다.

148　용세라는 것은 태조산에서 발원하여 입수(入首) 직전까지의 입수맥을 일으키는 용맥 세력의 힘을 말한다.

의 혈이 있다. 『인자수지』에서는 "혈의 형체는 변태만상(變態萬狀)으로 한결같지 않으나 실은 음양 두 글자를 벗어나지 않는 것이다. 음으로 오면 양으로 받고 양으로 오면 음으로 받는 것 외에는 아무것도 없는 것이다. 이를 형(形)으로 비유하면 요철(凹凸)이 그것이다. 음 중에는 양이 포함되어 있고 양 중에는 음이 함께 있는 것이므로 태양소양(太陽少陽)과 태음소음(太陰少陰)으로 구분한다. 그것을 형으로는 곧 와겸유돌인 것이다. 각각 생기를 득하여 이루어진 형태라야 진(眞)이 될 것이니, 한마디로 말하면 '葬乘生氣(장승생기)'인 것이다. 대개 생기라는 것은 태극이요 요철은 양의 [음양]이며 와겸유돌은 사상이니, 이것이 진실한 만고불변의 정전(正傳)이요, 혈법(穴法)의 정론(政論)인 것이다"[149]라고 하였다. 혈장이 응결(凝結)하기 위해서는 혈장을 사방에서 보호하는 사신사가 필요하다. 사신사[150]는 주산, 좌청룡, 우백호, 조안(朝案)이 필요하고, 여기에서 주산이 임금이라면 조산(朝山)은 신하와 같다.

『금낭경』에 "기는 수(水)의 근본이다. 기가 있다는 것은 물이 있다는 것이다."[151] "물이라는 것은 오행의 근본으로서, 음양의 기는 내려와서 오

---

149 徐善述·徐善繼(김동규 옮김), 『人子須知 前』, 명문당, 2008, 680~681쪽.

150 『금낭경』에서는 용호에 대해 다음과 같이 설명하였다. "혈장의 좌산인 청용은 꿈틀거리며 명당을 돌아들 듯 감싸 안아야 하고, 혈장의 우산인 백호는 걸터앉아 서로 영접하듯이 해야 한다."("謂左山, 欲如龍之蜿蜒, 而回抱之也, 謂右山, 欲如虎之蹲踞, 而相迎之也.") 안산에 대해서는, "주작[안산]이란 혈장 앞의 조산이 소응함이 그 본분인 것인데, 水가 가까이 있으면 먼저 水를 안산으로 써야한다"("張曰, 朱雀前朝所應是也, 水近則先用水爲安, 所謂外氣橫形者是也.")라고 하여 평지나 안산이 없는 곳에서는 水를 안산으로 쓸 수도 있다고 하였고, 『인자수지』에서는 "안산은 꼭 어느 형상에만 맞아야 할 필요가 없고, 다만 단정원교하고 수미광채하며 평정제정하고 회포유정한 것을 길하다 하고, 물을 따라 비주하거나 혈을 향하여 첨사하거나 옹종추대하거나 파쇄참암하거나 추악주찬하거나 반배무정한 것은 흉한 것이다"라고 하였다.(徐善述·徐善繼(김동규 옮김), 『人子須知 後』, 명문당, 2008, 53쪽.)

151 『錦囊經』: "五氣行乎之中 發而生乎萬物." 기는 오르면 구름이 되고 내려오면 비가 된다. 따라서 기는 물의 근본이 되는 것이다. 살아있는 물은 그침이 없다.("氣烝則爲雲, 墜則爲雨, 故氣爲水之母, 生水而不息也.")

행을 생한다. 오행은 물로써 근본을 삼으니, 곧 기는 물의 모체가 된다. 무릇 기는 생(生)할 수는 없는 것이고, 기로 인해서야 생(生)할 수 있다"[152]라고 하여, 물도 기와의 관련됨을 말하고 있다. 또 "사방의 산들이 서로 모여 있고 바람이 없으면 생기가 뭉치고, 무릇 물이 서로 회합하여 흐르면 수의 경계가 되어 〈기가〉 멈추니, 이러한 것을 풍수라 한다"[153]라고 하였다.

따라서 물은 음양오행의 근본으로 기의 모체가 되며, 산은 물에 의해 경계가 정해지고 기가 멈춘다는 것이다.

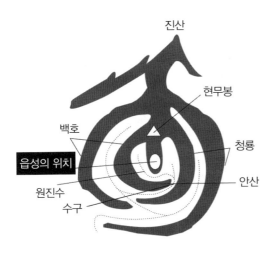

〈그림 11〉 조선시대 지방도시[읍치]의 입지도, 필자 작도

〈그림 11〉은 조선시대 도읍[서울]과 지방도시[읍치]들의 입지도를 나타낸 것이고, 〈그림 12〉는 지방도시들의 산줄기와 물줄기 및 비보를 나타낸 것이다. 산의 근원인 태조산이 소조산[진산(鎭山)[154]]을 거쳐 현무에 이르기

---

152 『錦囊經』: "水者五行之本, 陰陽二氣, 降生五行, 五行以水爲本, 則氣者水之母也, 夫水不能自生, 因氣而生, 故爲之母, 張言是也."

153 『錦囊經』: "四山朝集, 無風則集, 衆流交會, 界水則止, 是以謂之風水."

154 진산은 양기를 진호하는 산이란 뜻이며, 이 진산을 정해서 읍(邑)을 정하고, 풍수의 주안은 생기가 흘러 들어오는 땅을 구하는데 있다. 그 생기가 흘러들어오는 것은 산맥이다. 이 산맥을 내룡이라고 한다. 따라서 풍수적으로 길지라면 이 내룡의 산이 있는 곳이다. 이 내룡이 바로 진산이다.(木山智順(최길성 옮김), 『朝鮮의 風水』, 민음사, 1990, 616~617쪽.)

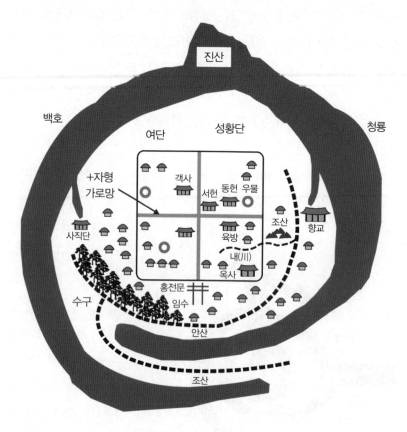

〈그림 12〉 조선시대 지방도시[읍치] 산줄기와 물줄기 및 비보, 필자 작도

까지의 기의 변화와 현무를 거쳐 기의 정점인 혈을 완성하는 그림이며, 혈의 기를 보호하고 빠져나가지 않는 좋은 형국의 사신사와 수구(水口)의 그림이다. 수구비보 및 풍수해비보는 임수(林藪)[마을 숲] 또는 조산(造山) 등의 형태로 한 것을 알 수 있다.

자연과 더불어 살아가려는 "인간은 자연경관이 수려하고 형국이 잘 갖추어진 땅에 터전을 잡아 삶을 영위하려 했고 정착을 하였으며, 자연경관의 모자람을 충족시키기 위하여 수구비보, 형국비보, 흉상비보, 화기비보, 풍수해비보 등 여러 가지 형태의 비보경관을 만들어 마을의 좋은 기운을 인위적으로 바꾸어 나갔다."[155] 이것은 마을의 기를 보호하고 도와주는 인위적인 방법으로 비보를 뜻한다.

수구(水口)비보는 물이 넓고 급하게 빠져나가는 것을 비보하였는데, 기는 수의 근본이기 때문에 숲을 조성하여 보이지 않게 하거나, 인위적으로 좁게 만들고 돌탑을 조성하여 기[물]의 흐름을 안전하게 하였다. 형국(形局)비보 중 봉황형국은 봉황을 체류토록 조산(造山)[죽방산 등]을 하거나 죽림(竹林)을 만들었고, 와우산(臥牛山)형국에는 소죽통의 연못이나 초전(草田) 등의 지명을 조성하고, 거북형국에 역시 연못을 만들어 주는 등의 비보를 하였다. 흉상(凶相)비보는 산이 마을을 제압하는 형국(뱀 머리·호랑이 머리 등)이거나 기의 흐름을 흉하게 하는 작용을 하는 것을 차폐(遮蔽)하는 숲을 만들었다. 날카로운 돌이나 흉산이 있으면 사찰과 숲을 조성하거나 지명으로 비보하기도 하였고, 싫어하는 염승물(厭勝物)을 설치하기도 하였다. 화기(火氣)비보는 안산이나 조산이 강한 불의 기운일 때 연못으로 그 기운을 극하거나 숲을 만들어 보이지 않게 하였고, 화기(火氣)를 제압하는 것으로 작명하여 현판을 만들기도 하였다. 풍수해(風水害)비보는 장풍하기 위해 청룡·백호를 인공적으로 연장하여 조산하거나 보토(補土)를 하기도 하였고, 골이 깊은 곳은 남근석으로 대체하기도 했다. 임수(林藪)를 만들어 식용할 수 있는 나무로 대체하기도 했으며, 이 임수는 아군이 보이지 않게 하거나 급습하여 적에게 위압감과 피해를 주는 군사림(軍士林)을 겸하기도 하였다.

---

155 박상구, 『한국 전통마을의 비보경관에 관한 연구』, 영남대 박사학위논문, 2014, 2쪽.

지금까지 살펴본 바와 같이 풍수에서는 궁극적으로 음양오행의 기를 보호하는 개념이며, 이를 보강하기 위해 많은 비보를 활용하였다. 결국 풍수는 기이 흐름에 따라 활용하되 자연적인 요소와 방어적인 요소, 주거공간, 휴식공간 등을 인간생활에 가미하는 학문이며, 그 이유는 기의 흐름을 원활히 하여 삶을 윤택하게 하는 데 있다.

〈그림 13〉 좋은 기의 흐름에 의한 황골

　풍수에서 기의 흐름이 좋은 예와 나쁜 예를 그림으로 나타내 보았다.

　〈그림 13〉은 조선시대 말 이조좌랑(吏曹佐郎)을 지낸 묘소로, 현재 250년이 넘었지만 기의 흐름이 좋은 곳에 안치되어 있어 황골(黃骨)임을 알 수 있고, 실제 후손들의 발복이 좋았다고 할 수 있다. 그러나 〈그림 14〉와 〈그림 15〉는 각각 기의 흐름이 좋지

〈그림 14〉 광(壙) 내 수국

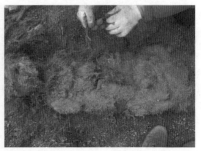

〈그림 15〉 목염(木厭)

않은 곳에 안치되어 있다 보니, 30년도 안 되었는데 수국(水局)으로 광(壙)에 물이 가득하였고, 20여 년 만에 목염(木厭)으로 나뭇가지가 얽혀 있었으며, 실제 후손들은 각종 질병으로 고생을 하고 있었다.

6. 나가는 글

현재 널리 사용되고 있는 명리학과 풍수지리학은 고대 중국에서 발생한 음양오행설이 한대 천인감응설과 발전하면서 나타난 여러 학문들 중 하나임을 알 수 있다. 음양오행설은 음과 양의 변화에서 오행이 성립되고, 모든 만물은 음양오행에 의해 구조화되고 변화되어 만물의 근원이 된다고 나타나고 있으며, 최소한 송대부터는 명리와 풍수지리가 명실공히 완연한 학문으로 자리매김하게 되었다고 본다.

이처럼 명리학과 풍수지리학은 학술적 연구 대상임을 알 수 있고, 본 연구는 각기 다른 형태였던 음양과 오행이 음양오행설을 거쳐 음양오행 사상, 더 나아가 천인감응설과의 접목으로 인해 발전된 명리와 풍수에 대해서도 알아보았다. 결국 명리학과 풍수지리학은 음양과 오행을 기초로 하여 이루어진 학문이다.

풍수형국론적 관점에서 본
예천 전통마을의 지명유래 일고찰[1]

김 종 대

1. 들어가는 글

2. 풍수 형국 중 해당 유형

　　1) 금형(禽形) 중 봉황형(鳳凰形)

　　2) 금형(禽形) 중 계형(鷄形)[닭형]

　　3) 수형(獸形) 중 서우망월형(犀牛望月形)[코뿔소형]

3. 예천 전통 마을의 풍수경관

　　1) 예천읍 노상리 마을의 풍수경관

　　2) 감천면 유동 마을의 풍수경관

　　3) 풍양면 우망리 마을의 풍수경관

4. 예천 전통 마을의 형국 분석

　　1) 예천읍 노상리 마을 봉황형국

　　2) 감천면 유동 마을 금계포란형국

　　3) 풍양면 우망리 마을 서우망월형국

5. 나가는 글

1　본 글은 필자의 「풍수형국론적 관점에서 본 마을 지명에 대한 고찰」, 영남대 석사학위논문, 2018
　　의 일부를 발췌하여 수정 보완하였다.

1. 들어가는 글

우리나라는 지명에 담긴 이야기가 그대로 설화 문학의 모태가 되기도 하며, 설화 자체만으로도 자신이 태어나고 자란 고향의 정신적 향수가 되고 있다. 한 나라의 영토가 국민의 생활 무대라면, 지명은 그 생활 무대에 붙여진 향토 문화유산의 종합체이고 고유지명만이 가지고 있는 향취와 멋이라고도 하겠다.

역사적으로도 한 고장의 생활상을 나타내는 특징이나 지리적, 역사적, 민속학적 특성에 의해 명명되어 왔기 때문에 오랜 역사의 흔적이 그대로 반영되어 있고, 지질과 산업, 풍수지리에 이르기까지 지리학적 특성은 물론 유물이나 유적, 제도와 인물 등 지명에 얽힌 전설과 함께 한 시대의 역사가 숨 쉬고 있으며, 사라진 풍속이나 생활 습관도 살필 수가 있다.[2]

문화적으로도 인간과 자연의 조화와 균형이 정립된 공간이라고 할 수 있다. 지명에 땅의 모양과 장소적 성격이 반영되어 있고, 지명형성 당시 사람들의 지리적인 사고(思考)가 담겨 있기 때문이다. 지명이란 인간들의 정착지에 대한 공동적 땅이름으로써 지구 위에 있는 어느 한 지점 혹은 지역을 지칭하는 고유 명사이지만[3], 지명 속 자연관을 비롯한 정서나 사고방식은 물론 그 지역의 방언과 역사, 시대별, 문화별, 발전과정, 지형지세, 형국의 표현, 신앙, 풍속, 민속, 전설, 방향, 방위, 산물 등을 품고 있으며, 그 명칭이 생성된 유래나 정신까지 포함하고 있다. 따라서 지명연구는 이 땅에 살던 선인들의 언어는 물론 풍속이나 생활습관, 의식구조나 정서에 이르기까지 그야말로 문화 전반을 더듬는 작업이 되는 것이다.[4]

---

2   이은식, 『지명이 품은 한국사』, 2010, 표지 글.
3   도수회, 「지명연구의 새로운 인식」, 『새 국어생활』, 4권 1호 국립국어연구원, 1994, p.3.
4   천소영, 『한국 지명어 연구』, 이회문화사, 2003, p.17.

우리나라는 많은 지명들이 그 지역의 풍수 형국론과 연관되어 있다. 이러한 것들은 살아온 지역에 선조들의 의식이 특정한 대상에 투영된 것이라 말할 수 있다. 산천의 모양이 동물, 식물, 사람, 사물, 문자 등과 비슷하여 자연스럽게 지명이 명명되기도 했을 것이고, 풍수지리라는 선통 문화적 요인이 자연스럽게 지명형성에 영향을 미치기도 했을 것이다. 형국론이 근·현대까지 한국사회에 널리 영향을 미쳤다는 점에는 누구도 부정할 수 없다. 좋은 형국의 공간이나 마을에 거주하면 그 지덕(地德)의 영향으로 훌륭한 감응(感應)이 있게 된다는 풍수적 기대심리가 깔려있기 때문이다.[5] 큰 부자가 될 땅은 안산이나 조산이 둥그스름한 봉우리가 금궤처럼 생겼고, 빈천한 땅은 주변 형국이 난잡함이 마치 개미떼가 흩어지는 것과 같다[6]라고 말하는 것은 이러한 한국인의 심리적 정서를 반영하고 있는 것이다.

본 고찰은 이러한 의미에서 예천지역 전통마을 중 노상리·유동·우망리 마을의 전해져오는 유래를 조사하여 지명 형성이 풍수 형국론에 어떠한 영향을 받았는지를 규명하고자 한다.

2. 풍수 형국 중 해당 유형

1) 금형(禽形) 중 봉황형(鳳凰形)

금형 중 봉황형의 봉황(鳳凰)은 고대 중국에서 용, 거북, 기린과 더불

---

5 『청오경(靑烏經)』, 최창조 역주 『청오경, 금남경』, 1993, 민음사 p.13. 이 책에서—음과 양이 서로 합해지고, 하늘과 땅이 서로 통하면, 내기는 생명을 이루고, 외기는 그 형체를 이룬다. 내기와 외기가 서로 의지하는 곳에는 풍수는 절로 이루어진다.("险閭符合, 地交通, 內氣萌—.")라는 문장에서 풍수가 처음 나타난다.

6 『靑烏經』: "大富之地, 圓峯金櫃, 貧賤之地, 亂如散蟻."

어 4가지 신령스러운 동물[四靈]로 믿어 왔는데 우리나라에도 용과 함께 널리 알려져 있다. 이렇게 상상 속의 신령스러운 새이다 보니 그 모습 또한 온갖 고전에 다양하게 등장한다.[7] 봉황에서 봉은 수컷이고, 황은 암컷이다. 그 모습의 앞은 기러기, 뒤는 기린의 모습을 하고, 목은 뱀, 꼬리는 물고기, 거북이와 같은 몸에 용의 무늬, 그리고 제비 턱에 닭부리 모습을 하고 있다.[8] 전체 모습은 닭과 비슷하게 생겼고 오색의 무늬가 있으며 머리는 덕(德), 날개는 의(義), 등은 예(禮), 가슴은 인(仁), 배는 신(信)을 뜻한다.[9]

봉황형으로는 비봉귀소형(飛鳳歸巢形)—봉황이 둥지에 돌아오는 형상, 비봉조가형(飛鳳躁架形)—봉황이 힘껏 활기차게 날아오르는 형상, 비봉투림형(飛鳳投林形)—봉황이 숲에서 잠든 형상, 비봉포란형(飛鳳抱卵形)—봉황이 알을 품고 있는 형상, 비봉형(飛鳳形)—봉황이 하늘로 날아오르는 형상, 봉명조양형(鳳鳴朝陽形)—봉황이 아침에 우는 형상, 오동봉서형(梧桐鳳棲形)—봉황이 오동나무에 깃든 형상, 금봉포란형(金鳳抱卵形)—봉황이 알을 품은 형상, 단봉함서형(丹鳳含書形)—봉황이 편지를 문 형상, 무봉형(舞鳳形)—봉황이 춤추는 형 등[10]이 있다.

2) 금형(禽形) 중 계형(鷄形)[닭형]

금형 중 계형(鷄形)[닭형]은 닭 벼슬이 불꽃 모양이므로 화형산(火形山)[11]이 주산

---

7 『시경』 「집전」: "鳳皇鳴矣, 于彼高岡, 梧桐生矣, 于彼朝陽." 봉황은 『서경』, 『예기』, 『산해경』, 『논어』, 『장자』, 『한시외전』외 후대의 고전에 다양한 모습으로 등장한다.

8 우리나라는 1967년부터 대통령 표장에 봉황을 사용하고 있는데 때로는 공작새 모습을 연상케 한다.

9 전한대 편찬된 중국 고대 지리서이자 신화집인 『산해경』과 위나라 때 장읍이 편찬한 『광아』에 자세히 나와 있다.

10 장원기, 『옥수진경』, 양림출판사, 20018, 책 앞.

11 산 모양이 불꽃같이 뾰족뾰족하고 바위가 많아 험한 산을 말한다.

(主山)으로 요구되며, 좌우의 청룡, 백호가 날개가 된다. 달걀을 상징하는 알 모양의 작은 산이 안산(案山)으로 있는 것을 이상적으로 여긴다. 닭은 새벽을 알리는 짐승으로 새로운 세상이 나올 바른 질서를 나타내기도 한다. 또, 닭 머리의 볏은 관(冠)을 나타내므로 조선시대에는 학문과 벼슬에 뜻을 둔 사람은 서재에 닭 그림을 걸어 두었다고 한다. 입신출세와 부귀공명의 상징이며 다산과 풍요를 상징하기도 한다. 닭은 캄캄한 어둠 속에서 여명(黎明)을 알리는 상서롭고 신통력을 지닌 서조(瑞鳥)로 여겨져 왔다. 새벽을 알리는 우렁찬 닭의 울음소리. 그것은 한 시대의 시작을 상징하는 서곡(序曲)으로 받아들여졌다. 닭이 주력(呪力)을 갖는다는 전통적 신앙도 그 여명을 하는 주력 때문일 것이다. 닭의 울음은 때를 알려주는 시보의 역할을 하면서 앞으로 다가올 일을 미리 알려주는 예지의 능력이 있기도 하다. 장닭이 홰를 길게 세 번 이상 치고 꼬리를 흔들면 산에서 내려왔던 맹수들이 되돌아가고, 잡귀들의 모습을 감춘다고 믿어 왔다.

계형(鷄形)으로는 양계쟁소형(兩鷄爭巢形)-두 마리 닭이 둥지 하나를 놓고 다투는 형상, 금계보효형(金鷄報效形)-닭이 홰를 치며 새벽이 왔음을 알리는 형상, 금계상투형(金鷄相鬪形)-닭 두 마리가 마주 보고 싸우는 형상, 금계포란형(金鷄抱卵形)-알을 품은 금닭 형상[12] 등이 있다.

3) 수형(獸形) 중 서우망월형(犀牛望月形)[코뿔소형]

수형 중 우형(牛形)은 소가 풀밭에 누워서 한가롭게 되새김질을 하는 모습은 평화와 태평, 풍요를 한껏 느끼게 해준다. 마을이나 집터 형국

---

12 장원기, 『옥수진경』, 양림출판사, 20018, 책 앞.

가운데 누운 소 형국 와우형(臥牛形)은 앞에 안산으로 먹이를 쌓아 놓은 형태의 사(砂)[산]가 있어야 한다. 이른바 이게 적초안(積草案)이다. 소는 먹이를 위에 넣고 엎드려 편안하게 되새김질하면서 소화하기도 한다. 여기에다 충분한 먹이까지 잔뜩 쌓아 놓고 있다. 등이 따스하고 배도 부른데 무엇이 부족하랴. 이 같은 상황이라면 자손 대대로 편안하게 먹고 사는 풍요가 어떻게 끊이게 되겠는가. 아울러 소의 큰 덩치답게 대인(大人)이 난다. 하지만 부족한 점으로는 소가 새끼를 많이 낳지 않는 특성이 꼽힌다. 그래서 자손은 그리 번창하지는 않는다고 본다.

와우형 형세의 마을에서는 마을 앞에 구유를 상징하는 연못을 조성하여 소가 배불리 먹을 수 있도록 하고, 소를 매는 쇠말뚝에 해당하는 나무를 심기도 한다.

우형으로는 갈우음수형(渴牛飮水形)-목마른 소가 물 마시는 형상, 와우형(臥牛形)-누운 소 형상, 우무형(牛舞形)-춤추는 소 형상, 복우형(伏牛形)-엎드린 소 형상, 치독고모형(雉犢顧母形)-어미를 돌아보는 송아지 형상, 서우망월형(犀牛望月形)-코뿔소가 서쪽 달을 바라보는 형상, 신구도미형(神駒掉尾形)-신령스러운 망아지가 꼬리를 흔드는 형상[13] 등이 있다.

3. 예천 전통 마을의 풍수경관

1) 예천읍 노상리 마을의 풍수경관

(1) 마을의 용맥과 형세

예천읍은 백두대간에서 남으로 뻗어 내린 산들이 읍기의 삼면을 둘러

---

13 장원기, 『옥수진경』, 양림출판사 20018, 책 앞.

싸고 있다. 서북쪽에는 봉덕산(373m), 봉화산과 백마산(388m), 북쪽에는 옥녀봉(263m), 동쪽에는 냉정산(191m)이 솟아 읍기의 삼면이 병풍처럼 둘러쳐 있다. 한천이 북에서 서남으로 흐르며 읍기 중심부를 통과한다. 봉덕산이 예천읍의 주산이고, 남쪽에 있는 남산이 안산이 된다. 예전읍 노상리 현무봉인 흑응산 산세가 봉황이 날개를 펼친 형국이다. 그리하여 예로부터 전해진 읍기형국은 봉황형국으로 더욱 알려졌다.

1750년대에『해동지도(海東地圖)』에 이미 봉란이 그려진 것이 보인다. "예천읍 서쪽에 있는 봉덕산이 비봉형이라서 읍기 수구 쪽에 봉란을 만들어 비보하였다."『경상북도읍지』에도 봉란산은 읍의 동쪽 동정가에 있다고 하고 있다. 옛사람들은 봉황을 위해 갖가지 비보를 해 두었다. 봉덕산 봉황이 알을 품고 날아가지 말라고 봉란을 만들고, 봉황이 단물을 마신다는 '예천(醴泉)'으로 이름을 짓고, 봉황을 기쁘게 하기 위한 연빈루(燕賓樓)를 건축하여 비보 하였다. 1960년대 초까지만 하여도 지금의 파라다이스 호텔 근처 구룡 나무에 조그만 조봉란이 있었으나 도시개발 과정에서 사라져 버렸다.

첫째, 현무의 분석이다. 풍수지리 경관 중 현무를 조사하기 위해서 현무수두(玄武垂頭)의 조건에 부합하는지를 면밀하게 살펴보았다.『금낭경(錦囊經)』에 따르면, 현무는 머리를 드리워 머물 곳을 정하여야 하는데, 노상리 마을이 있는 곳의 현무는 머리를 마을 쪽으로 드리우는 땅의 조건을 갖추었는지를 조사하였다.

풍수는 입지를 선정함에 있어서 우선적으로 주산을 살펴보아야 하는데 주산은 혈을 뒤에서 든든히 받쳐주고 혈의 형상을 결정한다. 주산[진산(鎭山)]이라 함은 수도나 고을의 치소(治所)에 뒤에 있는 큰 산으로 이 산

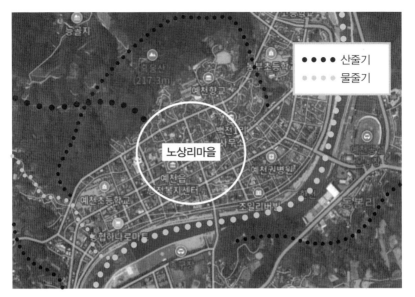

〈그림 1〉 노상리 마을 산줄기와 물줄기

의 땅 기운이 고을과 백성을 지켜준다고 믿어온 신성한 산이다. 주산은
혈의 결지 여부를 판단하는 기준이 되고, 혈을 찾는 심혈법과 혈을 입증
하는 증혈론의 가장 우선순위에 해당하며, 형국론의 관점에서도 주산의
형상을 기준으로 논의된다. 이와 같이 주산은 우뚝 솟아야 하고 잘 생겨
야 하는데 노상리 마을의 주봉인 현무은 멀리서 바라보면 한천 뒤 덕봉
산이 병풍처럼 둘러쳐 높이 서 있다. 백두대간이 소백산으로 한 줄기 내
려와 굽이굽이 뻗어 한천을 앞에 두고 우뚝 멈춰선 곳이 바로 마을의 진
산 덕봉산이다.

그리고 동서 양쪽으로 작은 산줄기가 팔을 벌려 남으로 고을을 감싸
안은 듯해서 마치 거대한 새가 날개를 펴고 있는 듯하다. 이 산꼭대기에
는 장군바위가 있는데 그 위치가 봉황새의 벼슬[볏]과 같은 곳에 있다.
조선 중기『여지도서』「안동진관예천군」산천조에 덕봉산의 유래를 자세히 밝히고 있다. 마을 뒤 현무봉은 둥글게 금성체를 이루고 있으며 현무봉을 세운 뒤 주 용맥이 옛 군청 쪽으로 내려왔으며, 또 다른 맥은 노상리 마을 양쪽으로 내려와서 넓게 개장하여 노상리 마을을 만들었다고 볼 수 있다.

따라서 노상리 마을이 있는 땅은 현무가 머리를 내려 드리우는 현무수두의 조건을 갖추었다.

둘째, 안산의 분석이다. 풍수지리 경관 중 안산을 조사하기 위해서 주작상무(朱雀翔舞)의 조건에 부합하는지를 면밀하게 살펴보았다. 『금낭경』에 따르면, 혈장 앞의 안산과 조산은 명당을 향하여 그 형세가 춤을 추듯 부드러워야 한다고 정의하고 있으므로 노상리 마을 안산과 조산은 마을을 향하여 춤을 추듯 부드러운 땅의 조건을 갖추었는지를 조사하였다. 안산도 주산만큼 중요한 의미를 갖게 되는데 『의룡경(疑龍經)』에는 무릇 주산이 있으면 반드시 마주하여 안산이 있기 마련이라고 하였다. 이와 같이 안산은 전면의 공간을 구성하는 중요한 구성요소일 뿐만 아니라 좌향을 결정하는 중요 요인으로 작용한다. 또한, 항상 앞에 보이기 때문에 전면의 시각적인 효과를 지배한다.[14]

마을 앞 하천 건너 동북방에 있는 냉정산에서 내려온 남산이 안산을 이루고 있다. 따라서 안산과 조산은 노상리 마을을 향하여 그 형세가 춤을 추듯 부드러운 주작상무의 조건을 갖추었다.

셋째, 청룡의 분석이다. 풍수지리 경관 중 청룡을 조사하기 위해서 청룡완연(靑龍蜿蜒)의 조건에 부합하는지를 면밀하게 살펴보았다. 『금낭경』에 따르면, 혈장의 왼편을 감싸는 청룡은 바람을 감추고 살아 있는 듯

---

14   박정해, 「부석사 입지의 풍수환경과 좌향에 관한연구」, 한서대 동양고전연구소, 2014, p.140.

꿈틀거려야 한다고 정의하고 있으므로 노상리 마을이 있는 땅의 청룡은 마을을 향하여 바람을 감추고 살아 꿈틀거리는 땅의 조건을 갖추었는지를 조사하였다. 주봉인 봉덕산에서 위이(緯移) 굴곡(屈曲)하여 내려오다가 현무봉을 기봉(起峯) 하였으며 현무를 기봉 한 이후 또다시 봉우리를 형성하면서 동부초등학교 쪽으로 내려와 마을을 감싸고 있다. 청룡은 북쪽의 한천 물위로 세차게 몰아치는 북동풍을 막아 주고 있어, 장풍 역할을 잘하고 있다고 할 수 있다.

따라서 노상마을이 있는 청룡은 마을을 향하여 바람을 감추고 살아 꿈틀거리는 청룡완연의 조건을 갖추었다.

넷째, 백호의 분석이다. 풍수지리 경관 중 백호를 조사하기 위해서 백호준거(白虎蹲踞)의 조건에 부합하는지를 면밀하게 살펴보았다. 『금낭경』에 따르면, 혈장의 오른편을 감싸는 백호는 바람을 감추고 호랑이가 웅크리듯 순하게 걸터앉아야 한다고 정의하고 있으므로 노상리 마을이 있는 지형의 백호는 마을을 향하여 바람을 감추고 호랑이가 웅크리듯 순하게 걸터앉은 땅의 조건을 갖추었는지를 조사하였다. 봉덕산에서 위이 굴곡하여 에천문화회관 쪽으로 내려와서 노상리 마을의 백호를 이루었다.

따라서 백호는 마을을 향하여 바람을 감추고 호랑이가 웅크리듯 순하게 걸터앉은 백호준거의 조건을 갖췄다.

(2) 마을의 수세

풍수지리 경관 중 수세를 조사하기 위해서 산래수회(山來水回)의 조건에 부합하는지를 면밀히 살펴보았다. 『금낭경』에 따르면, 주산은 마치 말이 솟구쳐 달려 내려오는 듯해야 하고, 물은 주산을 돌아보는 듯 흘러가야 하며, 반드시 산과 물의 음양 조화가 되어야 부귀와 수복을 누린다고 하므로, 노상리 마을의 수세는 어떠한 환경조건을 갖추고 있는지, 흐르는 물과는 어떠한 상관성을 가졌으며 산과 물이 음양조화를 이루었는지를 살펴보았다. 청룡의 바깥을 감아 돌아 흐르던 물이 안산인 남산에 부딪히게 되고, 이 물은 다시 튕겨 나와 예천초등학교와 예천농협 방향으로 흘러가다가 다시 예천문화회관 뒷산에 부딪혀 멀리 경도대학 쪽을 향해 흘러간다. 수구가 너무 넓어 허함의 극치를 이루는 듯 보이지만, 실은 안산인 남산이 가로막아 물길을 다시 혈처 근처로 끌어들이고 있다. 이것이 예천 읍기를 이룩하는 원동력이 된다. 그러나 아무리 그러하더라도 수구가 넓은 것은 사실이다. 이 때문에 "삼태기를 까불어 곡식을 퍼 내므로 삼대 이상 가는 부자가 없다."라는 속설을 낳게 하였다. 건너편 안산은 보성산이라 불리는 산이다. 예천 읍기는 비록 넓은 시가지이나 채혈과 안산을 기준하고 물길의 흐름을 제분하여 분석하다 보면 풍수적 역할이 그 중 어디가 귀지(貴地)이며 어디가 흉지 인지 쉽게 구별할 수 있다. 따라서 산과 물의 흐름을 관찰함으로써 양택의 좌향과 순역(順逆)을 알 수 있다.[15]

따라서 노상리 마을의 수세는 주산을 돌아보는 듯 환포하며 흘러가고, 산과 물의 음양 조화가 이루어지므로 산래수회의 조건을 갖추었다.

2) 감천면 유동 마을의 풍수경관

(1) 마을의 용맥과 형세

유동 마을은 소백산을 지난 백두대간이 담양의 묘적봉에서 자구지맥을 분기시키고 다시 예천을 가운데 두고 한천과 내성천의 분수령이 되

---

15 김병덕 · 권근호 『영남 택리지』, 대보사, 2012, pp.73~734.

어 남진한 곳에 위치한다. 자구지맥의 옥녀봉에서 동쪽으로 뻗어 나간 기맥은 영주에서 용암산으로 솟고, 재차 남진해 주마산을 거쳐 봉우재로 이어지는 산맥을 형성한다.

주마산에서 동진한 용맥이 영주와 예천의 경계를 이루며 흐르다 235m 봉에서 갑자기 북진으로 틀어 포물선 같은 지형을 이룬다. 이 지맥은 차례로 남진과 남동진을 하면서 전진하게 되는데, 마을의 뒤쪽을 지나면서 양팔을 벌리듯 활처럼 굽은 야산을 만들어 주산(162m)이 되었다. 마을 가옥들은 이러한 야산을 등지고 산기슭의 경사 변환점 아래의 평탄한 지형에 터를 잡았는데, 주산에서 마을 또는 마을회관으로 입수한 지맥은 뚜렷하지 못하고, 다만 대부분의 가옥들이 북서방에서 남동방으로 뻗은 지축에 순응해 자리를 잡고 있다. 한편 북서방에서 흘러든 개천이 주산에서 입수한 행룡(行龍)을 멈추고 기를 응집시키는 역할을 하고 있었다. 그 결과 전술했던 것처럼 마을로 입수된 내룡의 형세가 미약한 단점을 개천이 보완하고 있었고, 게다가 몸을 땅속으로 감춘 평지룡이 개천을 만나 지기를 응집한 형상까지 보이는바 지기가 큰 것으로 감별된다.

따라서 주산의 상황을 떠나, 마을 전체에 지기가 고르게 분포돼 안정되고 편안한 터에 자리 잡았다고 할 수 있다.

〈그림 2〉 유동 마을

첫째, 현무의 분석이다. 주산은 우뚝 솟아야 하고 잘 생겨야 하는데 마을의 소조산은 주마산(508m)이나 마을에서 멀리 떨어져 있어 실질적 주산은 마을 뒤쪽에 솟은 해발 162m의 평탄한 산으로 볼 수 있고, 마을 양쪽으로 내려와서 넓게 개장하여 마을을 만들었다고 볼 수 있다. 주봉은 둥글게 금성체를 이루고 있으며, 현무봉을 세운 뒤 양쪽으로 넓게 개장하여 마을을 만들었다고 볼 수 있다.

따라서 마을이 있는 지형은 현무가 머리를 내려 드리우는 현무수두의 조건을 갖췄다.

둘째, 안산의 분석이다. 주산인 주마산의 줄기가 내려와 마을 앞 개천 너머에 있는 해발 150m의 안산은 남서방의 바나리골에서 발생한 곡살(谷殺)이 사수(射水)가 되어 마을로 불어오는 것을 막아 주는 역할을 하고 있었다.

따라서 안산과 조산은 마을을 향하여 그 형세가 춤을 추듯 부드러운 주작상무의 조건을 갖추었다.

셋째, 청룡의 분석이다. 주산인 주마산에서 위이 굴곡하여 내려오다가 북동방에 작은 동산으로 솟은 청룡봉(150m) 역시 바람을 막는 역할을 하는 것으로 판단된다. 청룡방의 장풍을 잘 관쇄하여 주고 있다고 할 수 있다.

따라서 청룡은 마을을 향하여 바람을 감추고 살아 꿈틀거리는 청룡완연의 조건을 갖추었다.

넷째, 백호의 분석이다. 백호 또한 주산인 주마산에서 위이 굴곡하여 내려와서 서쪽으로 뻗은 산줄기가 낮은 과협을 이룬 뒤 150m의 동산으로 솟아난 흐름을 갖는데, 과협처인 북서방이 낮게 함몰되어 그곳을 통해 찬바람이 마을로 불어오고 있었다. 그러므로 백호가 장풍에 문제가 있는 것으로 판단되지만, 끝머리를 남쪽으로 돌려 마을을 감싸 보호하는 형세만큼은 유정하다고 할 것이다.

따라서 마을에 있는 백호는 마을을 향하여 바람을 감추고 호랑이가 웅크리듯 순하게 걸터앉은 백호준거의 조건을 갖췄다.

⑵ 마을의 수세

풍수의 이치는 득수가 으뜸이요 장풍이 그 다음이다. 득수는 혈 핵에 수기 에너지를 공급하며 본신룡과 혈장을 조윤하게 하며 감싸서 흐르는 물이다. 물이 직래(直來)할 경우 수세의 모습이 외관으로 드러나게 흘러나가는 것은 수기를 득하지 못하여 혈장 에너지와 국 에너지를 산란 누설케 하는 매우 흉한 에너지장의 수세구조라 할 수 있다. 길(吉)한 수세가 되기 위해서는 득수 한 연후에 고요하게 그 모습을 감추고 나가는 것을 가장 길한 수세 에너지장으로 판단한다.[16] 물이 흐르는 방향은 산이 높고 낮음과 직접 연관된다. 산이 높은 곳에서 낮은 곳으로 경사를 이루듯이 물의 흐름도 산의 경사도와 일치하게 마련이다. 산의 경사도와 물의 경사도가 같은 방향을 이루는 것을 산수동거라 한다. 이러한 곳에서는 결코 명당이 이루어지지 않는다. 물이 산의 경사와 반대로 흐르는 경우를 역수라고 하며 이런 경우에 명당이 생긴다.[17] 마을에 영향을 미치는 수세는 주산과 백호 사이의 계곡에서 발원해 마을 내를 관통하는 물과 북쪽의 물능넘어골에서 흘러 마을을 북서방에서 남동방으로 환포하는 개천 두 가지이다.

---

16 황영웅, 『풍수 원리 강론』, 동국비전, 2002, p.663.
17 박시익, 『풍수지리와 건축』, 도서출판 일빛, 1999, p.96.

〈그림 3〉 유동 마을 산줄기와 물줄기

　마을 안쪽의 물은 미미한 상태이고, 실질적 명당수는 북서방에서 도래한 개천으로 판단된다. 이 개천은 마을 남쪽에서 옥계천에 합수된 뒤 다시 내성천에 흘러들어, 마을의 남서쪽을 환포해 주산에서 마을로 입수한 평지룡의 전진을 막아 기를 응집하기에 충분하다고 본다. 그리고 마을 앞을 금성수로 둥글게 흘러가는 형상이므로 재물이 쌓이도록 기를 북돋우는 상으로 볼 수 있다. 하지만 이 개천은 상당히 넓은 수구를 통해 남동방으로 소수(消水)하고 있는데, 들어오는 물은 짧고 흘러가는 물은 멀리 보이니 마을 내에 생기가 쌓일 여건이 부족하게 보아 마을 앞 28번 국도가 확장하면서 높은 언덕으로 수구막이 역할을 하여 누수 될 염려가 줄어들었다.

　한편, 외당수는 북쪽에서 개천을 따라 흘러와 백호 끝에서 상당(相當)하는 수구이고, 수구는 명당수 개천과 청룡 너머의 톳골 못에서 남진한 개천이 만나 합수하는 위치이다. 내당 득수 중 백호 중간의 낮은 과협처의 곡풍은 건수(乾水, 320°)이고, 주맥과 주산 사이의 곡풍은 임수(壬水, 355°)로 감별되었다. 수구는 남쪽의 합수처로써 손파(巽破, 135°)로 격정(格定)되는데, 수구는 수세가 혈장을 환포한 우득좌파(右得左破)의 상황이며, 양기가 음기를 환포하니 탄생과 결실의 기운이 큰 것으로 파악된다.

3) 풍양면 우망리 마을의 풍수경관

(1) 마을의 용맥과 형세

백두대간 두타산 덕함산을 지나 낙동정맥으로 힘차게 뻗어 오다가 무포산을 거쳐 보현지맥으로 향하면서 석심산에 이르러 팔공지맥을 갈라주고 낙동강 건너에 연화산이 보이는 곳까지 와 비봉산을 만난다. 여기에서 팔공지맥 끝자락을 향하는 용맥을 하나 밀어주고 또 하나는 건지산으로 향하고 또 하나의 용맥이 서우망월형의 초생달 쪽과 서우망월형 쪽으로 용맥을 각각 밀어준다. 머리 앞쪽 부분에 우망리 마을이 형성하고 있다.

첫째, 현무의 분석이다. 주산은 우뚝 솟아야 하고 잘 생겨야 하는데, 서우망월형인 몸에서 어깨 쪽으로 흘러가서 형성된 봉우리를 보아야 하고 주용맥으로도 볼 수 없다.

따라서 마을이 있는 땅은 현무가 머리를 내려 드리우는 현무수두의 조건을 갖췄다고 볼 수 없다.

둘째, 안산의 분석이다. 안산은 우망리 마을 앞쪽에 길게 뻗은 언덕을 안산으로 볼 수 있다. 조산은 청곡마을 언덕이라고 할 수 있다.

따라서 안산과 조산은 마을을 향하여 그 형세가 춤을 추듯 부드러운 주작상무의 조건을 갖추었다고 볼 수 있다.

 내용에 포함된 라벨: 우밍리마을, 낙동강, 대흥, 나부산

〈그림 4〉 우망리 마을 사격도

  셋째, 청룡의 분석이다. 청룡은 마을을 감싸고 있는 산맥이 없고 낙동강
이 청룡 쪽에서 흘러들어오고 있어, 강 건너에 있는 산을 청룡으로 보아
야 한다. 아무리 산세가 좋고 웅장하여도 강 쪽에서 불어오는 바람을 막
아 주는 역할을 할 수 없어 우망리 마을의 청룡은 그 역할을 할 수 없다.

  따라서 청룡은 마을을 향하여 바람을 감추고 살아 꿈틀거리는 청룡완
연의 조건을 갖추었다고는 볼 수 없다.

  넷째, 백호의 분석이다. 백호는 작은 산들이 멀리서 들판을 지나 큰
봉우리를 형성한 백호 쪽은 본신룡이다. 큰 봉우리에서 작은 용맥이 겹
겹이 나와 마을을 보호해 주는 역할을 하고 있어, 마을을 향하여 바람을

감추고 호랑이가 웅크리듯 순하게 걸터앉은 백호준거의 조건을 갖췄다.

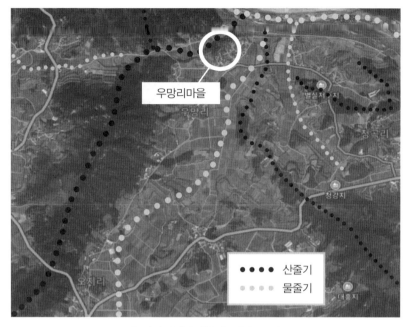

〈그림 5〉 우망리 마을 산줄기와 물줄기

(2) 마을의 수세

마을의 수세는 백호 방향인 오지리 쪽에서 흘러와 마을 앞쪽에서 마을을 감싸듯 낙동강으로 흘러간다. 마을을 지나 흘러간 물의 기운을 낙동강의 흐름 방향이 마을 쪽 방향으로 밀어주어 마을에 미치는 수세의 기운은 매우 큰 것으로 파악된다.

4. 예천 전통마을의 형국 분석

1) 예천읍 노상리 마을의 봉황형국 분석

〈그림 6〉 노상리 마을

봉황형국인 산의 모양이 바로 봉황이 나래를 펴고 있는 모습이라 하여 고장의 선인들은 믿고 의지하던 진산을 덕봉산(德鳳山)이라는 상서로운 이름을 붙인 것이다. 오늘에 사는 우리들은 이 산의 이름을 통하여 선인들의 생각을 들여다볼 수 있다. 봉황은 오동나무에 깃들고 예천의 물을 마시며 대나무 열매(竹實)를 먹고 산다.[18] 암수가 한 쌍으로 만나면 금실이 매우 좋다고 한다. 성군(聖君)이 출현하거나 세상이 태평성대일 때 나타난다.

예천의 덕봉산은 그 모습이 봉황이 날개를 펴고 있는 모습이니 일견 날아가는 형상이다. 이 상서로운 봉황이 예천 땅을 떠나면 아니 되니, 비보를 통해서 그 허실을 막아보고자 봉황이 깃들라고 조선 전기 때 봉

---

18 『장자』 「추수편」: "非醴不飮."

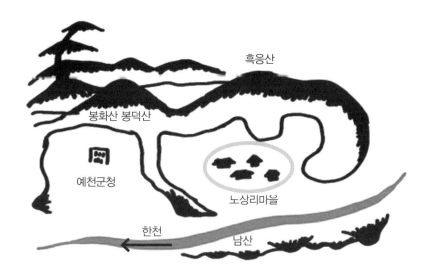

〈그림 7〉 노상리 마을 사격도

서루(鳳棲樓)를 세웠다.[19] 이 무렵 덕봉산 아래 노하동, 옛 한천가에 있었던 자그마한 언덕을 봉황이 알을 품는 자리라고 상정(想定)하여 알처럼 둥근 언덕으로 만들고 봉란부(鳳卵阜)라고 이름을 지었다.[20] 또 덕봉산 주변에 봉황이 깃들고 먹으라고 오동나무와 대나무를 심었다. 그리고 봉황이 먹는 물이라는 '예천'이 고을 이름으로 자리 잡고 있으니 이른바 비봉포란형(飛鳳抱卵形)의 풍수형국을 인위적으로 완성해 두었다.

---

19 『신증동국여지승람』(1530) 예천군 누정조에 보인다.

20 봉란은 1730년경에 제작된 해동지도에 등장한다. 그리고 1934년 동아일보 기사에서 보듯이 수백 년 된 고목나무가 있던 고개였는데 사람들이 알처럼 둥근 언덕을 만들었다. 영주 옛 순흥 치소에 가면 봉서루가 있고 사람들이 만든 봉란이 현존한다. 이런 신령스러운 봉황이 세상에 출현한 기록이 당나라 때 보인다. 당나라 지덕연간 (756–758)에 부풍군에서 봉새가 하늘을 날아올랐다고 하였다. 『唐書 · 地理志』"扶風郡至德年更曰鳳翔"

이렇게 봉황이 날아가지 않고 머물도록 하기 위해 지명과 정자를 만들어 둔 것은 다음과 같다. 특히 '봉란(봉황의 알)'은 신성하게 생각하여 1894년 갑오 동학농민혁명 때 보수집강소 지휘자들이 주변의 산에 올라 천지신명에게 제사를 지낼 때 이 봉란 언덕에서도 제사를 지냈다. 다음은 1894년 음력 9월 28일 일기의 일부이다.

봉란부(鳳卵阜 : 부중에 만들어 놓은 둥근 언덕이다. 대대로 전하기를 본 읍의 주산은 덕봉산이며, 읍의 터는 날아가는 봉이 알을 품고 있는 형상이다. 이곳이 봉란이다.)와 남산(부의 남쪽 1리 지점에 성황단이 있다.)에 제사를 지냈다. 봉란부에 지낸 제사 축문에, "인모(蚓母:지렁이)는 〈땅의〉 정기를 지니고 봉새는 아름다움을 품고 있습니다. 이곳은 원기가 모이는 곳이며 덕은 중황과 합치됩니다. 1000년 동안 응결되어 이 지역을 안정시켰습니다." 이처럼 고을에 무슨 일이라도 생기면 수령과 백성들은 덕봉산을 비롯한 다섯개의 산에 올라서 하늘에 제사 지내고 봉황의 덕을 칭송하면서 군민의 안녕과 무사태평을 빌었다. 특히 가뭄이 심하면 덕봉산 장군바위에서 기우제를 지내곤 하였다.

이처럼 봉황은 먹고 마시고 깃드는 일을 모두 가려서 하니 세상에서 가장 상서로운 일은 봉황에 비유하고 있다고 해도 과언이 아니다. 이렇게 모두가 상서로우니 사람으로 치면 봉황은 성인군자를 상징한다고 하겠다. 위에서 보는 것처럼 봉황 모양의 산이나 고을에 상징성을 부여함으로써 풍수에서 봉황형국은 대대로 고귀한 인물이 배출되는 땅으로 인식되고 있어 고귀한 인물로 인해 태평성대가 올 것으로 기대하고 있다.

2) 감천면 유동 마을 금계포란형국 분석

주마산에서 출맥한 용맥은 우곡천을 따라 남동진하여 옥계천의 지류를 만나 전진을 멈추고 지기를 응집하게 되는데 유동 마을은 바로 여기에 위치한다. 따라서 마을을 이룬 지형의 조종산인 태백산이 태조산이고, 묘적봉이 중조산이며, 주마산이 소조산이라 할 수 있다. 유동은 주마산의 산줄기가 내성천의 지류인 옥계천을 만나 전진을 멈추고 지기를 응집한 터에 마을이 자리 잡고 있다.

유동 마을은 삼면을 구릉성 지형이 감싼 전형적인 평지형 산지마을로서, 마을을 에워싼 산세가 마치 닭이 알을 품은 금계포란형의 형국이라 유동이란 이름이 붙여졌다. 이와 관련하여 마을 한복판에는 계란암으로 불리는 큰 바위가 있다. 예전에는 달걀처럼 생겼다고 한다.

금계포란형국에서 금계는 천계(天鷄)인데, 이 천계가 한밤중에 우선 새벽을 알린 후에 지상의 닭이 따라서 운다. 고로 이 금계형은 상길(上吉), 닭은 한 번 알을 품으면 이십여 마리의 병아리를 부화시키기 때문에 이 지형의 소응은 무리를 이끄는 위대한 호걸과 대대로 많은 자손을 번식시킨다. 또한 선비나 학자를 배출할 수 있는 고귀한 기를 머금고 있는 터다. 이곳의 지세는 현무봉이 금형체를 이루고 좌우의 산줄기가 뻗어 내려 중명당을 포근히 감싸고 있는 형국인데, 중심공간에 터 잡이가 이루어져야 발복을 제대로 받을 수 있다. 만약 좌우 측면으로 뻗어 내린 산세를 의지하는 터이거나 중명당에 내수(內水)가 흐르지 않는다면 발복의 역량이 제대로 받을 수 없는 입지가 된다. 유동 마을은 백두대간의 연봉들이 북서쪽을 병풍 치듯 뻗어 가는 첩첩산중에 위치하고 있으며, 가파른 산기슭인 135m~162m까지 나무숲을 볼 수 있다. 경사 변환점 아래의 평탄한 지형에는 가옥과 논들이 옹기종기 자리 잡고 있다.

3) 풍양면 우망리 마을의 서우망월형국 분석

태백에서 발원한 낙동강이 봉화, 안동을 거쳐 남으로 향하다가 안동호에서 숨을 고른 뒤 남서쪽으로 향한다. 물길은 비봉산 북쪽 예천 지보에서 방향을 틀어 다시 북쪽 삼강으로 올라간다. 낙동강이 남류 하다가 지보에서 출발해 유일하게 거꾸로 올라가다 삼강의 물길에 못 미친 곳에 자리 잡은 우망리 마을. 강물이 서북쪽으로 솟구치다 내성천과 금천의 물길을 합하는 삼강나루를 불과 수 km 앞둔 지점이다. 예천군 풍양면 우망리 마을은 예천 풍양면과 지보면 사이를 가르는 낙동강의 남쪽 일대에 평야지대를 형성한 마을이다.

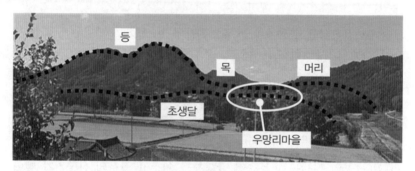

〈그림 8〉 우망리 마을

옛날 용궁현 낙동강 포구 안쪽에 자리 잡았다고 '용궁포내'로 불리다 일제강점기인 1914년 행정구역 개편 때 '우망(牛望)'으로 이름이 바뀌었다.

소가 누워서 낙동강 위에 있는 달을 바라보고 있는 형상이라는 '서우망월형'이라 한다. 여기에서 우망은 마을에서 많은 인재를 배출하고, 넓은 평야에서 풍요로운 수확을 거두면서 '근심을 잊고 살 만한 마을'을 뜻하는 '우망(憂忘)'으로 전화됐다. 마을에 처음 정착한 삼수정, 정귀령을 비롯해 동래정씨 후손들이 숱한 인재를 배출해 이를 모시는 정자와 재실 등 문화재가 많다.

낙동강과 구일봉, 청룡, 백호가 어우러진 천혜의 자연환경을 갖춘 곳이기도 하다. 풍양면 흔효리 효자동에서 들을 지나 북으로 향하면 마을이 나온다. 우망은 동래정씨 동성마을로 반촌으로 알려졌다. 마을 남쪽 강변에는 입향조 정귀령이 지은 삼수정(경상북도 문화재 486호)과 동래정씨 문중의 자랑인 쌍절각이 있다. 세태는 변했지만, 세상 사람들이 '우망'을 양반 동네로 부르는 이유는 무엇일까? 예부터 관리와 학자를 많이 배출했기 때문일 것이다. 우망은 소가 누워 달을 보는 형국으로, 여기에서 우망이 나왔다.

마을은 서우망월형인 머리 쪽 앞부분에 위치하고 있으며 서우망월형의 소의 어깨에서 뻗어간 용맥이 마을 뒤쪽 낙동강 끝자락에 형성된 봉우리를 현무봉으로 보아야 하고, 소의 몸에서 내려온 작은 용맥이 다리를 청룡이 되고, 낙동강 건너에 이는 산이 백호 역할을 하여야 한다. 안산과 조산은 앞쪽 서우망형에서 초생달인 외가리 서식지인 언덕과 삼수정이 있는 봉우리라고 할 수 있다.

5. 나가는 글

지금까지 예천지역 전통마을 3곳이 형국론점 관점에서 어떠한 연관성이 있는가를 조사하고 고찰한 내용을 정리하면 다음과 같다.

예천 덕봉산은 노상리 마을 뒷산으로 그 모습이 봉황이 날개를 펴 날고 있는 모습이다. 상서로운 봉황이 예천 땅을 떠나지 않도록 비보를 통해서 그 허실을 막아보고자 조선 전기 때 봉황이 깃드는 봉서루를 세웠고, 옛 한천가 덕봉산 아래 자그마한 언덕을 봉황이 알을 품는 자리라고 상정(想定)하여 알처럼 둥근 언덕을 만들어 봉란부라고 이름을 지었다.

덕봉산 주변에 오동나무를 심어 봉황의 잠자리로 제공하고, 대나무를 심어 죽실을 따먹도록 비보 환경을 조성하였다. 그리고 봉황이 먹는 물이라는 '예천' 지명이 자리 잡으니, 이른바 비봉포란형의 형국을 인위적으로 완성해 두었다. 이렇듯 봉황을 머물도록 하여 봉황의 상서로운 기운이 예천에 상존하도록 비보 지명과 비보 누각 등을 만들었다.

유동 마을은 주마산에서 이어진 산줄기가 내성천의 지류인 옥계천을 만나 전진을 멈추고 지기를 응집한 터에 자리 잡고 있다. 이 마을은 삼면을 구릉성 지형이 감싼 전형적인 평지형 산간마을로, 마을을 에워싼 산세가 마치 닭이 알을 품은 금계포란형의 형국이라 유동이란 이름이 붙여졌다. 이와 관련하여 마을 한복판에 둥근 바위를 계란 바위라 명명하였다.

우망리 마을은 예천 풍양면과 지보면 사이를 가르는 낙동강의 남쪽 일대에 평야지대를 형성한 마을로서 코뿔소가 강가에 누워 휘영청 밝은 달을 바라본다는 서우망월형의 명당이라 하여 마을 이름을 우망(牛望)으로 불렀다. 조선 고종 때 음이 같은 글자를 따 근심을 잊고 사는 마을이라는 뜻에서 우망(憂忘)이라 고쳐 지금에 이르고 있다.

본 고찰은 지역의 지명이 풍수형국과 관련이 있다는 것을 규명하게 되었다는 것에 대하여 의의가 있다 하겠으며, 좀 더 객관화하기 위해서는 예천지역 전체 지명을 대상으로 비교 검토하는 것을 앞으로의 연구 과제로 삼는다.

II

음택풍수
명당설계를 하다

조선왕실 태실의 풍수적 입지조건과 가치 고찰

박 상 구[1]

---

1   전)대구한의대 동양사상학과 객원교수
    현)영남대 환경보건대학원 환경설계학과(풍수지리 전공) 교수

1. 프롤로그(prologue)

태를 봉안하는 제도가 시작된 시기는 문헌 기록상 가장 이른 시기의 것으로 신라 때 김유신 태실이 있어 적어도 신라 때부터는 태를 봉안하는 습속이 있었던 것으로 보인다. 태를 매장하는 의식은 중국에서 오래 전부터 행해졌다는 기록이 있으나, 우리나라처럼 왕실에서 제도화하여 의식을 가지고 있지는 않아 태봉에 태를 봉안하기 위한 석물구성은 우리만이 가지는 독자적인 문화라 할 수 있다.

조선왕실 태실의 입지조건을 풍수적 관점에서 고찰하려면 먼저 음택과 양택 풍수의 입지선정 조건을 선찰해 볼 필요가 있다.

2. 음택과 양택풍수의 입지선정(立地選定) 조건

풍수지리에서 말하는 음택은 죽은 사람을 위한 공간이고 양택은 산 사람을 위한 공간을 말하는데, 입지선정 조건은 크게 다를 것이 없다. 음택에서 왕릉과 일반 묘는 공간배치가 다소 다를 뿐 입지조건은 같다고 볼 수 있다. 그래서 일부 왕들은 일반 사대부의 묘터를 빼앗아 왕실의 능으로 쓰게 되는데, 덕종의 경릉, 예종 비 장순왕후의 공릉, 세조의 광릉, 세종대왕의 영릉, 성종의 선릉, 고종의 홍릉 등이 대표적인 예이다.[2]

---

2 세조의 큰아들 의경세자의 경릉은 정역(해주 정씨, 태종의 차남 효령대군의 장인) 묘, 예종의 원비 한명회 셋째 딸 장순왕후의 공릉은 진주 강씨 강회백 어머니 묘, 세조의 광릉은 동래 정씨 정창손의 아버지 정흠지 묘, 세종대왕의 영릉은 한산 이씨 이계전의 묘, 성종의 선릉은 세종의 다섯째 아들 광평대군 묘, 고종의 홍릉은 장중응의 선대 묘

〈그림 1〉 숨어있는 봉분–태조의 건원릉 입구인 홍살문에 선 참배자는 정자각에 가린 봉분을 볼 수 없다.

음택의 공간배치를 살펴보면, 일반 묘는 주로 분묘와 상석, 향로석과 비석, 망주석 등이 배치되지만, 왕릉에는 능침 권역 곡장 안에 석호와 석양, 혼유석과 망주석을 구성하고, 강(岡)으로 불리는 언덕 끝자락으로 가면서 장명등과 석마를 대동한 문·무인석을 배치하고 있다. 언덕 아래에는 비각과 정자각, 참도와 수직방, 예감과 망료위, 수라청과 판위, 홍살문과 금천교가 배치되고 있는 것이 왕릉의 일반적인 배치방법이다. 조성 시기에 따라서 정중석과 병풍석이 추가되기도 한다.

조선 왕릉의 제도를 통한 지리적 조건을 살펴보면, 고려 왕릉의 경우와 같이 배산임수로, 북쪽의 주산을 뒤로 업고, 그 중 허리에 봉분을 이룩하며, 좌우에 청룡과 백호의 산세를 이루고, 왕릉 앞쪽으로 물이 흐르며, 남쪽으로 멀리 안산을 바라보는 것이 표준형이다.

■ 왕릉의 80리 거리 제한

또한 왕릉은 일반 묘와 달리 거리 제한을 두고 있다. 조선시대 왕실의 능역은 한양 4대문 10리 밖 80리[3] 안에 조성토록 국법으로 정해두었다. 한양의 궁궐에서 출발한 왕이 참배를 위해 하루에 도착할 수 있는 거리를 기준으로 삼은 것이다. 왕릉을 웅혼하게 조성하고 참배하는 것은 왕조의 유효한 통치 장치였다. 죽은 왕에 대한 숭배뿐 아니라 살아 있는 왕의 권위와 정통성을 세우는 수단으로 작동된 것이다.

왕릉의 80리 거리 제한을 하루 참배 거리라 기록되었는데, 신하들의 입장에서 본다면 왕실에 죽은 사람이 생길 때마다 자신들의 선산이 초토화될까 전전긍긍해야 하니 하루 참배 거리를 빌미로 왕실의 공동묘지 조성을 앞다투어 찬성할 수밖에 없지 않았을까라는 생각도 든다. 왕릉

---

3   현재는 100리(현재 10리 4.0km, 예전 10리 5.2km)

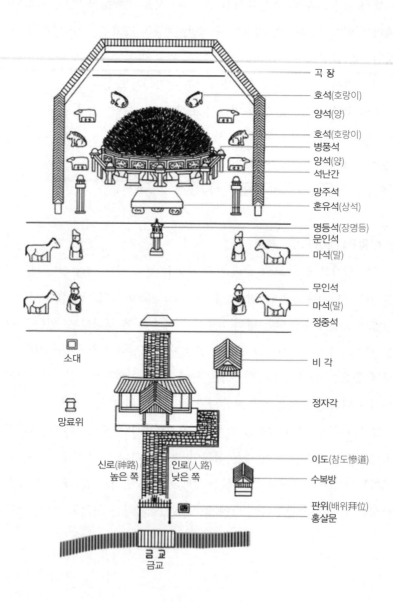

곡 장
호석(호랑이)
양석(양)
호석(호랑이)
병풍석
양석(양)
석난간
망주석
혼유석(상석)
명등석(장명등)
문인석
마석(말)
무인석
마석(말)
정중석
비 각
정자각
소대
망료위
신로(神路)   인로(人路)
높은 쪽   낮은 쪽
이도(참도慘道)
수복방
판위(배위拜位)
홍살문
금 교
금교

〈그림 2〉 조선 왕릉의 공간구조

을 조성하거나 천릉을 할 경우 통상 일반 묘를 750기 정도 파묘한다[4] 하니 그럴 수밖에 없지 않을까 싶다.

- ■ 왕릉의 80리 거리 제한 예외

〈그림 3〉 조선왕릉 중 최초로 하나의 봉분에 왕과 왕비를 합장한 조선 전기
왕릉 배치의 기본이 되는 세종의 영릉(英陵)

한양 4대문 10리 밖 80리의 거리제한 적용을 받지 않는 예외 왕릉도 있다. 세종의 영릉(英陵), 효종의 영릉(寧陵), 사도세자의 융릉(隆陵), 정조의 건릉(健陵), 단종의 장릉(莊陵), 태조 이성계의 원비 신의왕후 한씨의

---

4   주간동아 「신의 정원 조선왕릉 24」, 2010. 9. 20. : 인조의 원비 인렬왕후가 1635년(인조 13) 승하
    하여 파주시 문산읍 운천리에 묘좌유향으로 모시고 장릉(長陵)이라 했는데, 이 곳에 있던 무덤
    756기를 이장하면서 무연고 묘에도 예를 갖췄다 한다. 14년이 지나 1649년(인조 27) 인조가 승하
    하여 장릉 왼쪽에 쌍릉으로 예장했으며, 전갈과 뱀이 나타나 불길하다고 영조 7년에 파주시 탄
    현면 갈현리 교하고을로 옮겼다.

개성 제릉(齊陵), 정종과 정안왕후의 개성 후릉(厚陵) 등 7개소이다.

영릉(英陵)은 경기도 여주 소재인데 조선 제4대 임금 세종과 소헌왕후가 잠들어 있고 조선 왕릉 가운데 최초로 만들어진 합장릉이다. 원래 헌릉(지금의 서울 내곡동) 서쪽에 조성되어 있던 것을 예종 1년(1469년)에 지금의 위치로 옮겼다. 왕릉은 도읍지를 기준으로 하루에 이동이 가능한 80리 이내에 위치하는 것이 원칙이었지만 기존 영릉자리[5]가 물이 나서 불길하다는 주장에 새로운 길지를 찾아 여주에 능침을 정하게 된 것이다. 현재 영릉이 위치한 여주는 도성에서 80리가 넘는 곳이다. 때문에 조정 대신들의 반발도 있었지만 남한강 뱃길을 이용하면 하루에 충분히 도달할 수 있다는 주장에 지금의 영릉이 조성되었다.

주변에는 동구릉의 건원릉으로 들어가는 서남쪽 자리[6]에 있다가 장사 지낸지 채 1년도 되기 전에 지대석(地臺石)을 비롯한 석물에 틈이 생기기 시작하여 여러 차례 보수를 한 끝에 1673년(현종 14) 10월 7일에 효종을 옮겨 모시고 천릉(遷陵)한 또 다른 영릉(寧陵)이 같은 영역에 위치한다.

융릉도 예외에 속한다. 융릉은 남양주에 있던 영조의 아들 사도세자(추존 장조)의 능을 정조가 천장을 했다. 그때 정조는 용(龍)과 혈(穴), 지질, 명당수가 더없이 좋고 아름다울 뿐 아니라 고산 윤선도(尹善道)가 효종(孝宗)의 장지로 추천을 하면서 "천 리를 가도 다시 없는 자리이고, 천 년에 한 번 만날까 말까 한 자리이다."라고 한 말을 인용하면서 수원 화산(花山) 자락에 자리를 정했으며, 그 뒤 헌경왕후를 합봉했다.

이곳은 한양에서 100리에 있는 곳으로 경국대전에 한양 80리 이내에

---

5 현재 순조의 인릉(仁陵, 원비 순원왕후와의 합장릉)
6 현재 영조의 원릉(元陵, 계비 정순왕후와의 쌍릉)

〈그림 4〉 효종(孝宗)의 영릉(寧陵)은 곡장(曲墻)없는 인선왕후릉과 40m 떨어진 동원상하릉(同原上下陵)인데, 왕과 왕비릉을 앞뒤로 나란히 놓았다.

〈그림 5〉 영월의 장릉(莊陵)은 엄흥도(嚴興道)가 단종의 시신을 암장한 곳을 숙종 때 추복(追復)되어 정비했기 때문에 산 정상에 모셔져 있으며, 망주석에 세호가 없다.

능역을 조성하라는 법에 어긋난다며 대신들이 반대하자 '이제부터 수원을 한양에서 80리라 명한다'해서 능이 조성된다. 원래 화산에 수원읍치가 있었는데, 정조가 능을 조성하면서 팔달산 아래로 읍치를 이전하여 수원화성을 조성하게 된다.

〈그림 6〉 옛 향교 터에 남향으로 조성한 정조와 효의왕후의 합장릉 건릉(健陵)

정조는 죽어서도 아버지 곁에 묻히기를 원해 남인의 영수 채제공(1720-1799)이 살아있을 때 "내가 죽거든 아버지 무덤 근처에 묻어주오"하고 부탁하여 융릉 주변에 묻히게 된다. 융릉(隆陵)의 왼쪽(청룡) 언덕 아래 옛 군기고(軍器庫)의 터에 있던 건릉이 사신사가 볼품 없고 물이 달아나며 벌레가 생겨 나쁘다는 이유로 천장하였는데, 광중에 물이 가득 차 있었을 뿐 아니라, 관이 움직여 방향이 틀어져 있을 정도였다 한다. 융릉의 우측(백호) 언덕이기도 한 옛 향교 터에 남향(子坐午向)으로 장지를 조성하여 천릉하여 조성되어 있다.

그 외에도 단종의 장릉(莊陵)이 예외에 해당되며, 단종이 삼촌 수양대군에 의해 강원도 영월에 유배되었다가 죽임을 당해 그곳에 묻히게 되었다. 개성에도 두 개의 왕릉 제릉(齊陵)과 후릉(厚陵)이 있다. 제릉(齊陵)은 태조 이성계의 원비 신의왕후 한씨의 능이며, 한씨는 혼인 후 함흥 문전리에 살다가 조선 건국 전 1391년 죽어서 개성에 묻히고 왕후로 추존되었다. 또한 후릉(厚陵)은 왕의 직무대행 중 방원에게 왕권을 준 정종과 정안왕후의 능이다.

■ 문헌상 명당(明堂)의 조건과 음양(陰陽)의 차이

〈그림 7〉 정조는 사도세자의 묘를 양주 배봉산에서 수원 화산으로 옮기고
현륭원으로 불렀으며, 곤신지(坤申池)는 1790년(정조14) 만든 둥근 원지(圓
池)로서 하늘을 상징하고, 인공 조산은 융릉 반룡농주형(盤龍弄珠形)의 여의
주를 의미한다.

금낭경에는 사방 산줄기의 형국적인 명당 조건을 다음과 같이 제시하
고 있다.

무릇 장사(葬事)를 지내는 데는 좌측은 청룡(靑龍)을 삼고 우측은 백호(
白虎)를 삼으며 앞은 주작(朱雀)으로 삼고 뒤는 현무(玄武)로 삼는다. 현무(
玄武)는 머리를 드리운 듯하고, 주작(朱雀)은 춤추듯 맑고 밝으며, 청룡(靑
龍)은 굽어 감싸 안아 주어 완연(蜿蜒)하고, 백호(白虎)는 길들어져 순한 듯
머리를 숙여야 한다(夫葬, 以左爲靑龍 右爲白虎 前爲朱雀 後爲玄武 玄武垂頭 朱雀翔舞
靑龍蜿蜒 白虎蹲踞).[7]

7　금낭경 제5 사세편.

조선의 실학자 서유구는 「임원경제지(林園經濟志)」 상택지(相宅志)에서 터 잡기와 집짓기를 논하면서 배산임수, 음양의 차이를 말하고 있다.[8]

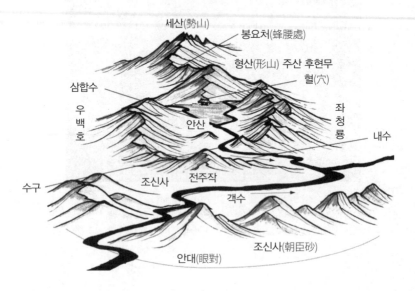

〈그림 8〉 풍수지리의 명당

주거지로 선택하는 땅은 지리(地理)를 가장 먼저 고려해야 하고, 그다음에는 생리(生理)를, 그다음에는 인심(人心)을, 그리고 그다음에는 산수(山水)를 고려해야 한다. 이 네 가지 중에서 하나라도 결핍되면 살기 좋은 곳이 아니다. 지리적 조건이 훌륭하다 하더라도 생리의 조건이 결핍된 곳이면 오래 거주할 수 없다. 지리적 조건과 생리적 조건이 모두 좋다고 해도 인심이 좋지 않으면 반드시 후회하게 된다. 또 주거지 근처에 감상하기 좋은 산수가 없다고 한다면 성정(性情)을 도야할 길이 없을 것이다.

8   서유구 지음(임원경제지) · 안대회 엮어옮김(2006), 『산수 간에 집을 짓고』, p102–p107.

생계를 꾸려가려면 반드시 먼저 지리를 잘 선택해야 하는데, 지리는 수로와 육로가 모두 잘 통하는 곳이 가장 좋다. 따라서 산을 등지고 호수를 내려다보는 지형이야말로 가장 빼어난 곳이다. 그러나 그러한 곳이라도 반드시 훤히 트이고 넓어야 하며, 또 긴밀하게 에워싸여야 한다. 그 까닭은 훤히 트이고 넓어야 재리(財利)를 만들어 낼 수 있고, 긴밀하게 에워싸여야 재리를 모을 수 있기 때문이다.

양택을 정하고 분묘를 설치할 때, 비록 음양이 다르기는 하지만, 산천풍기(山川風氣)의 모임과 흩어짐을 논하는 이치는 한가지이다. 그중에서 다소 차이가 나는 것은 용이 머리 부분에 이르렀을 때 용의 손과 다리가 열려 있으면 양택(陽宅)이 되고, 손과 다리가 거두어져 있으면 음택(陰宅)이 된다는 점이다.

■ 음택지와 양택지 입지조건의 차이

음택에서 왕릉이 일반 묘지와 입지선정에서 다른 점은 찾아볼 수가 없다. 다만 공간구성, 광중깊이, 거리 제한 등에서 차이점이 발견된다. 왕릉은 곡장 안 능침상부와 언덕 강(岡)까지의 능침하부 공간, 그리고 언덕 아래 제향공간으로 나누어지는 등 공간 구성이 다르고, 왕(王) 자(字)에 있는 10척을 왕기(王氣)라 하여 광중깊이[9] 로 활용하였으며, 왕실의 능역은

---

9   고려 시대 왕릉과 귀족은 6척 5촌(강화도 고려 원종의 비 순경태후의 가릉(嘉陵) 깊이 195cm), 일반 묘는 2자~3자가 일반적이며, 조선시대에는 일반 묘는 5자 이하, 왕실은 10자가 일반적이나 중기가 지나면서 왕릉은 6척 2촌~9척까지 다양한 깊이를 파게 되며, 정조는 사도세자 무덤을 천장하면서 7척 정도에서 오색토가 나오면 파기를 중단하라 지시하여 실제 7척까지 판 것으로 기록되어 있음.

한양 4대문 10리 밖 80리 안에 조성토록 정한 것이 다를 뿐이다.

또한 음택은 죽은 사람을 위해 땅 아래로 파서 만드는 음의 공간과 양택은 산 사람을 위해 땅 위에 구조물을 만드는 양의 공간 조성이라는 차원에서 다르나, 움직이던 용이 멈추었을 때 손과 발이 다소 열리는 정도에 따라 음양이 다를 뿐 산천풍기를 논함은 매한가지라 한다. 국면이 작으면 음택지요, 더 크면 양택지로 사용했다. 그렇다고 양택지를 음택지로 사용하지 않은 것은 아니다. 사대부의 음택을 왕릉으로 사용한 예를 보면 사대부의 묘 중에서 국면이 큰 무덤을 선호를 한 것 같다. 아마도 왕릉의 구조와 부속되는 시설의 규모가 크고 넓으니 그 범주에 속하는 것이 국면이 큰 무덤일 것으로 추측된다.

일반적으로 음택지보다 조금 더 크면 양택지로 쓰였고, 조선시대는 씨족마을이 함께 사는 곳이 많아 하나의 주택이 들어서는 국면보다 더 큰 곳을 마을 입지로 사용했고, 마을보다 더 큰 국면에는 고을이 들어서 읍성을 쌓아 생활을 영위했으며, 아주 큰 국면을 가진 곳에는 도성이 들어서 궁궐을 갖추고 종묘와 사직단을 구성하였다. 결국 음택과 양택의 차이는 집을 담는 그릇의 크고 작음이다.

3. 태실 풍수의 문헌상 입지선정 조건

기록을 통한 태봉의 입지선정 조건은 음, 양택의 조건과는 사뭇 다른데 조선왕조실록에 좋은 태실의 입지여건에 대한 다음과 같은 글이 보인다.

음양학(陰陽學)을 하는 정앙(鄭秧)이 글을 올리기를, 당(唐)나라 일행(一行

)이 저술한 육안태(六安胎)의 법에 말하기를 '사람이 나는 시초에는 태(胎)로 인하여 자라게 되는 것이며, 더욱이 그 어질고 어리석음과 성하고 쇠함이 모두 태(胎)에 관계있다. 이런 까닭으로 남자는 15세에 태를 간수하게 되나니, 이는 학문에 뜻을 두고 혼가(婚嫁)할 나이가 되기를 기다리는 것이다. 남자의 태가 좋은 땅을 만나면 총명하여 학문을 좋아하고, 벼슬이 높으며, 병이 없을 것이요, 여자의 태가 좋은 땅을 만나면 얼굴이 예쁘고 단정하여 남에게 흠앙(欽仰)을 받게 되는데, 다만 태를 간수함에는 묻는데 도수(度數)를 지나치지 않아야만 좋은 상서(祥瑞)를 얻게 된다. 그 좋은 땅이란 것은 땅이 반듯하고 우뚝 솟아 위로 공중을 받치는 듯해야만 길지(吉地)가 된다.'고 하였으며, 또 왕악(王岳)의 책을 보건대 만 "3개월을 기다려 높고 고요한 곳을 가려서 태를 묻으면 수명이 길고 지혜가 있다 하였으니 이로써 볼 때 사왕(嗣王)의 태는 그가 왕위에 오름을 기다려 이를 편안하게 하는 것은 옛날 사람의 안태(安胎)하는 법에 어긋남이 있으니, 원컨대, 일행(一行)과 왕악(王岳)의 태를 간수하는 법에 의거하여 길지(吉地)를 가려서 이를 잘 묻어 미리 수(壽)와 복을 기르게 하소서." 하였다. 풍수학(風水學)에 내리어 이를 의논하게 하니, 모두 상서(上書)한 것이 적당하다고 하므로, 명하여 내년 가을에 다시 아뢰라고 하였다.[10]

임금이 말하기를, "태실 도국 안에 고총(古塚)이 있으면 길흉이 어떠한고" 하니, 의생이 아뢰기를, "「안태서(安胎書)」에 이르되, '태실은 마땅히 높고 정결한 곳이라야 한다.' 하였은즉, 장경의 묘는 속히 철거함이 마

---

10 「조선왕조실록」 세종 18년(1436) 8월 8일

땅하옵니다.” 하였다.[11]

　전교하기를, “종전에 안태는 모두 하삼도에다 하였으니, 그 뜻이 어디에 있는가? 풍수학 관원에게 물어보는 것이 가하나” 하니, 풍수학 관원이 아뢰기를, “멀고 가까운 것을 논할 것 없이 길지를 얻기를 기할 뿐입니다.” 하였다.[12]

　안태하는 제도는 고례에는 보이지 않는데, 우리나라 제도는 반드시 들판 가운데의 둥근 봉우리(野中圓峰)를 택하여 그 정상에 태를 묻고 태봉(胎峯)이라 하였다.[13]

　『태봉등록』에도 태실의 지형조건과 관련된 기록이 보인다.

　무릇 태봉은 산의 정상을 쓰는 것이 전례이며, 내맥(來脈)[14]이나 좌청룡, 우백호, 안산은 보지 않는 것이 원칙이라고 한다.[15]

　태실은 토산의 높고 뾰족한 곳에 두기 마련이다.[16]

　태장경에서 남자의 태가 좋은 땅을 만나면 머리가 총명해져서 학문을

11　「조선왕조실록」 세종 26년(1444) 1월 5일
12　「조선왕조실록」 성종 7년(1476) 11월 28일
13　「조선왕조실록」 현종개수실록 현종 11년(1670) 3월 19일
14　종산(宗山)에서 뻗어 내린 산줄기로서 내룡(來龍)이라고도 함
15　「태봉등록」, 현종 3년(1662) 2월 1일
16　「태봉등록」, 영종조 영조 7년(1731) 3월 27일

좋아하고, 즐거움이 뭉치어 질병이 없어지며, 높은 벼슬길에 오르게 되는 힘을 갖는 것이요. 여자의 태가 좋은 땅을 만나면 얼굴이 예쁘고 단정하여 남에게 흠앙(欽仰)을 받게 되는데, 다만 태를 간수함에는 묻는데 도수(度數)를 지나치지 않아야만 좋은 상서(祥瑞)를 얻게 된다고 효과를 역설하고 있다.

이러한 태의 힘 즉 능력은 명당의 발복론을 설명하기에 크게 어긋나지 않을 것이며, 태와 사람과 관련된다는 것은 결국 동기감응설이 된다는 의미가 된다. 뼈 또는 체백은 후손과 기가 같으므로 서로 응한다는 관념이다. 태실론이 특수한 사람 즉 임금만 해당되는 것이라면 후자는 뼈 또는 체백이 혈육 관계인 여러 사람들과 영향이 있다고 확대된 것이다. 이것이 명당론의 관념이자 믿음이다.

명당의 기저에는 발복과 체백의 안녕이 깔려 있다. 그것은 산의 기 즉 산줄기가 힘을 발휘하는 명당을 찾아내는 일이며, 또 하나는 하늘의 기가 지상에 내려와 사람과 직통하는 명당을 찾아내는 일이다. 그런데 이러한 명당 논리는 인위적인 안목만으로 성립되지 않는다. 천우지조 즉 하늘과 땅의 도움 없이는 불가능한 일이다. 말하자면 많은 공덕을 쌓아야 이런 행운이 따르게 된다.

그리고 태실의 입지조건을 살펴보면, 첫째는 좋은 땅이란 것은 땅이 반듯하고 우뚝 솟아 위로 공중을 받치는 듯하여야만 길지가 된다고 하였고, 둘째는 무릇 태봉은 산 정상에 쓰되 내맥, 좌청룡, 우백호, 안산은 보지 않는 것이 원칙이며, 셋째는 들판 가운데의 둥그런 봉우리를 택하여 그 정상에 태실을 만드는 것이 국속(國俗)이라고 태실의 공간적 입지 선정 조건을 적시하고 있다. 여기에는 내룡, 혈장, 사신사, 물, 향 등에 관하여 어떠한 조건도 제시되지 않는 점이 일반적인 풍수지리의 조건과 다르다고 할 수 있고, 산 정상에 안태함은 육안태의 법에서 유래된 것이라 할 수 있다. 이를 형상화하면, 산맥으로 연결된 봉우리가 아니라 내맥이 없이 홀로 솟구쳐 우뚝 솟아 공중을 받치는 듯 하늘과 교감하는 반듯한 산봉우리 꼭대기를 말한다.

안태를 하삼도에 하였다는 기록으로는 시간적 입지선정 조건을 볼 수 있는 대목인데, 왕릉의 80리 거리제한의 입지선정 조건에 비해 길지를 얻기 위한 태실은 규제가 없이 원거리 선정이 가능토록 정하고 있었음을 알 수 있다.

또한 조선왕조실록에는 길지에 안태했을 때 나타나는 효과를 태장경을 인용하여 적고 있다.[17]

풍수학에서 아뢰기를, 태장경(胎藏經)에 이르기를 '대체 하늘이 만물(萬物)을 낳는데 사람으로서 귀하게 여기며 사람이 날 때는 태(胎)로 인하여 장성(長成)하게 되는데, 하물며 그 현우(賢愚)와 성쇠(盛衰)가 모두 태(胎)에 매여 있으니 태란 것은 신중히 하지 않을 수가 없다. 무릇 태(胎)에서 내려온 지 3월에는 명칭을 화정태(和正胎)라 하고, 5월에는 연장태(軟藏胎)라 하고, 3년에는 장응태(壯應胎)라 하고, 5년에는 중부태(中符胎)라 하고, 7년에는 향양태(向陽胎)라 하고, 15년에는 과양태(過陽胎)라 하니, 이를 육안태법(六安胎法)이라 이른다.'고 합니다. "그런 까닭으로 경서(經書)에 이르기를 '남자가 15세가 되면 학문에 뜻을 둘 나이고, 여자가 15세가 되면 남편을 따라야 할 나이라.' 하였으니, 그렇다면 남자는 마땅히 연장태(軟藏胎)·중부태(中符胎)·향양태(向陽胎) 중의 연월(年月)에서 간수하여 학문에 뜻을 둘

17 「조선왕조실록」 문종 즉위년(1450) 9월 8일

나이를 기다려야만 하고, 여자도 또한 화정태(和正胎)·장응태(壯應胎)·과양태(過陽胎)의 연월(年月)에서 간수하여 남편을 따라야 할 나이를 기다려야만 하니, 남자가 만약 좋은 땅을 만난다면 총명하여 학문을 좋아하고, 구경(九經)에 정통(精通)하며 단상(團爽)[18]하여 병이 없으며 관직이 높은 곳에 승진되는 것입니다. 지금 왕세자(王世子)의 태실(胎室)이 성주(星州)의 여러 대군(大君)들의 태실(胎室) 옆에 기울어져 보토(補土)[19] 한곳에 있으니 진실로 옳지 못합니다. 태경(胎經)[20]의 땅을 가리는 법에 의하여 길지(吉地)를 경기(京畿)와 하삼도(下三道)에 널리 구하게 하소서." 하니, 그대로 따랐다.

이러한 기록들로 보아 당대의 육안태법으로 태를 묻는데 중국의 당대 안태의 풍속의 영향을 받아 안태 길일의 조건을 제시하고 있으나, 우리나라의 장태 풍속이 신라 때부터 기록되어 있으니, 중국에서부터 시작된 풍속이라고 단언할 수는 없다.

조선왕조실록에는 이와 관련된 기록도 보인다.[21]

태경의 설은 신라와 고려 사이이고, 중국에 예로부터 있었던 일은 아니다.

최초의 기록을 보여주는 「삼국사기」와 왕실 장태의 제도가 확립되었

---

18 단상(團爽) : 얼굴이 둥글고 상쾌하게 생김.

19 보토(補土) : 우묵한 땅을 흙으로 메워서 채운 곳

20 태장경은 고려시대 과거제도에서 잡과 중 지리과를 선발하는 시험과목으로 1136년(인조 14) 11월에 채택되었는데, 풍수관료의 과거시험에 이 책이 포함되는 것으로 보아 고려 왕실에서는 장태의식을 중요하게 생각했음을 알 수 있으며, 또한 장태는 풍수사의 고유 업무였던 것을 알 수 있다. 따라서 이 책이 시험과목에 포함된 시기부터는 태실이 풍수지리의 원칙에 의해 입지가 선정되었던 것으로 볼 수 있다.

21 『선조수정실록』 선조3년(1570) 2월 1일

〈그림 9〉 순조 태실의 금표비 　　〈그림 10〉 순조 태실의 화소비

음을 보여주는 「고려사」의 기록 등이 장태 제도의 역사를 보여준다. 현재 확인된 태봉은 조선시대 왕실에서 조성한 태실이며, 그 이전 시기의 태봉은 위치만 추정할 수 있을 뿐 태실 관련 석물들이 정확히 확인되지 않아 형태를 알 수 없다. 김유신의 태가 진천의 태령산에 안장하였다는 최초의 기록은 「삼국사기」에 두고 있으며, 「고려사」와 「세종실록」은 「삼국사기」의 기록을 인용한 것으로 보여진다. 고려시대 이전의 태봉으로 알려진 산 정상은 태실 관련 흔적을 거의 찾아볼 수 없고 현재 정비되어 있는 김유신의 태실과 유사한 호석이 돌려진 형태와 토총의 형태일 것이라 추측하고 있다.

　국초에는 태실을 중시하여 관리가 엄했던 것 같은데, 각지에 흩어져 있는 그 많은 태실의 관리도 어렵겠거니와 태실이 선정되면 백성들에게 피해가 많았고, 또 그 의식절차에 있어서도 멀리 삼남지방까지 안태사 이하 여러 관계관을 행렬을 갖추어 보냈으니 국고의 낭비도 적지 않아 차츰 구조도 많이 완화시켜 피해를 줄이고자 노력을 기울인 것 같다. 조

선왕조실록에는 태실의 구조 완화에 관한 기록도 있다.[22]

예조(禮曹)에 전지(傳旨)하기를, 금후로는 어태(御胎) 및 왕세자(王世子), 원손(元孫)의 태실(胎室)은 모두 석난간(石欄干)을 설치하지 말게 하라.

풍수지리설은 우리 민족과 밀접한 관계 속에 있었으며, 일반 사가뿐 아니라 왕가에서도 궁궐, 왕릉, 태실지 등의 길지를 선택할 때 상당한 영향력을 행사한다. 태실지로 선정이 되면 산상에 석물을 안치하는데, 석물은 원형이고 아래로 구멍이 뚫려 있다. 그리고 위에는 태함을 석물로 덮어 안치한다. 태함이 안치된 석물이 태실이며, 태실을 품은 산이 바로 태봉이다.

한반도 구석구석에는 '태봉, 태장산, 태령산'이라는 산과 '태봉리, 태장리, 태실리'라는 지명을 상당수 찾아볼 수 있는데, 그곳을 찾아보면 십중팔구 태실이 있다. 이곳들을 살펴보면, 대개 삼각뿔 모양의 늠름하고 빼어난 산형이 우뚝 솟아있고, 산봉우리 꼭대기는 평평하여 하늘에 제사를 모시던 단장(壇場=제단)처럼 생겼다. 주로 지표 높이가 약 100m~500m 정도의 산으로 그 정상에 안태되어 있으며, 그 아래쪽으로 재실이 위치하고 있다.

『태봉등록』[23]에 의하면 왕실의 태는 대개 3곳의 명당 후보지를 정한 후에 최종적으로 한 곳을 낙점하였다. 1874년(고종 11)에 순종의 태를 안장

---

22 『세조실록』 세조8년(1462) 8월 22일
23 태봉등록은 1643년(인조 21)~1740년(영조 16) 사이에 거행된 태봉에 관한 시기, 석물, 보수상황 등 상세한 기록을 한 것(출전 : 국립문화재 연구소의 국역 태봉등록, 2006.)

한 과정을 기록한 『원자아기씨장태의궤』[24]에 의하면, 태봉의 후보지로 충청도 결성현 구항면과 난산(卵山)과 강원도 원주, 경기도 양주 3곳이 후보지로 추천되었다가 결국 상지관(相地官)에 의해 난산으로 결정되는 과정이 보인다.

『정종대왕태실석란간조배의궤』[25]에 의하면 각양 석물은 10월 18일 모두 세밀히 다듬어 19일 차례로 운상하였는데, 전석-사방석-상석-중동석-동자석-주석-죽석을 차례로 쌓고 27일 오시(午時)에 개첨석-비석을 세운 것이 확인되며, 태실 조성에 동원된 사람들의 숫자가 기록되어 있는데, 강원도에서 부역군 830명과 예석군 970명이, 충청도에서는 부역군 180명과 예석군 2,400명이 각각 동원된 것으로 나타난다. 4,300명에 달하는 강원도와 충청도의 인부가 합작하여 태실을 조성하고 석물을

---

24 이 책은 1874년(고종11), 원자(순종)가 태어나자 충청도 결성현 구항면 난산(현 충남 홍성군 구항면 태봉리)에 원자의 태(胎)를 봉안한 과정을 기록한 의궤이다. 왕세자의 태실은 석실을 만들고 비석과 금표(禁標)를 세웠다가 왕으로 즉위하면 태실을 가봉(加封)하였다. 본서는 순종이 태어난 뒤 태실을 조성할 길지를 택하고 길일을 택하는 것에서 부터 행사를 담당할 인원을 임명하고 각종 물건을 준비하여 행사를 거행하기까지의 과정을 기록하고 있는데, 8장에 불과한 짧은 편폭이지만 시간 순서에 따라 등록(謄錄)의 형태로 상세히 기록하여 후대에 참조할 수 있도록 하였다. 순종 태실은 대체로 1790년 순조 태실을 조성할 때의 예를 따라 간소하게 마련하였으며, 태실에 태를 안장한 후에는 태실 주변 200보에 금표를 정하고 태봉을 지키는 인원(胎峯直) 3명을 배치하였다(출전 : 한국학중앙연구원).

25 이 책은 1801년(순조 1)강원도 영월에 있는 정조태실의 석물(石物)을 가봉(加封)한 사실에 대하여 기록한 책이다. 정조의 태실은 정조가 왕위에 등극하자마자 가봉되었어야 마땅하나, 당시 신료들의 요청에도 불구하고 정조가 지방의 백성들에게 부담이 될까 하여 거듭 미루다 보니 결국 정조 사후(1801)에 이루어지게 되었다. 1책 12장으로 구성되어 있는 본서는 소략한 편폭 때문인지 목록이나 항목분류가 되어 있지 않고 주로 사업의 진행과 관련된 왕의 전교(傳敎)와 공문 등을 시간 순서대로 나열하는 방식으로 구성되어 있다. 본서는 정조의 태실에 대한 기존의 논의들에 대한 기록부터 시작하여 1801년 4월 이후 본격적으로 논의된 내용과 10월 28일 석물을 교체하고 비석을 세우는 모든 일을 마치기까지의 과정을 기록하고 있는데, 이 밖에 제사의식의 진행, 석물의 규모, 동원된 관리와 공장(工匠) 명단, 주변의 인가와 진전(陳田) 목록과 상전 내역이 수록되어 있다. 의궤 뒤에는 각종 도설(圖說)이 수록되어 있어 이해를 돕고 있다(출전 : 한국학중앙연구원).

만들어 낸 것이다.

이처럼 석물을 더하고 가봉한 것은 태실의 주인공이 국왕이 되었기 때문인데, 대개 왕세자의 경우 석실을 만들고 비석과 금표(禁表)를 세우며 2~4인 정도의 수호군을 두고 태실을 관리하게 하다가, 왕세자가 국왕으로 되면 태실에 대한 가봉(加封)이 이루어지게 된다. 국왕의 위상을 고려하여 태실 주변에는 석난간을 조배(造排)하고 금표도 확장하였으며 수호군사도 8인으로 증가시켰다.

또한 이 의궤에 의하면 원자였을 경우는 금표를 200보, 수호군을 2명으로 하였다가 왕이 된 후는 가봉하여 금표를 300보, 수호군을 8명으로 한 것이 나타난다. 태를 묻는 절차가 끝나면 고후토제(告后土祭), 태신안위제(胎神安慰祭), 사후토제(謝后土祭) 등의 제사의식이 베풀어졌으며, 이때 헌관이나 집사는 태봉이 있는 지역의 수령들이 담당하였다.

태실이 완성된 후에는 사후관리에 만전을 기하였는데, 특히 태실을 고의로 훼손하거나 금표로 지정된 지역에서 벌목, 채석, 개간을 하는 일은 엄격히 규제되고 곧바로 처벌의 대상이 되었다. 태실은 명당지로 인식되었기 때문에 부모나 조상의 무덤을 이곳에 쓰려는 사람들의 시도도 잦았는데, 중종대에는 태실에 화재가 일어나자 산지기와 군수가 형벌을 받았고, 선조대에도 태봉 수호를 잘못했다는 죄목으로 군수와 안태사를 심문하였다. 1865년에는 어머니의 장지를 태조대왕의 태실내에 몰래 쓰고자 했다가 발각된 김치운이란 사람이 황해도 백령도에 귀양 간 기사가 보인다.[26]

---

26 출처 : 한국문화콘텐츠 컬렉션 전통색채, 『조선왕실축제이야기』.

欄干石 造作圖

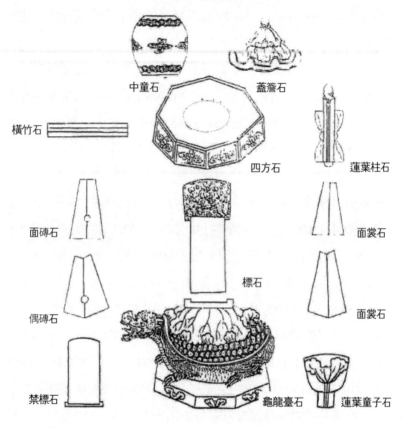

中童石　　蓋簷石

橫竹石

四方石　　蓮葉柱石

面磚石　　　　　　　　面裳石

標石

偶磚石　　　　　　　　面裳石

禁標石　　龜龍臺石　蓮葉童子石

〈그림 11〉 『정종대왕태실석란간조배의궤(正宗大王胎室石欄干造排儀軌)』(1801년)에 나오는
「난간석 조작도」

한편 태실이 설치되면 이에 소용되는 비용을 그 지역에서 부담하고, 태실 주변은 금표 지역으로 설정되어 백성들의 생활에 불편을 야기시켰다. 영조는 민간의 이러한 폐단을 헤아려서 '지금부터는 반드시 대궐 내 정결한 곳에 장태하라'는 명령을 내리기도 하였다.

정조대에도 자신의 태실에 가봉하기를 수차례 미룬 것은 민폐를 걱정했기 때문이었으며, 옹주의 태를 창덕궁 내의 주합루 근처에 묻은 것 또한 장태의 폐해가 민간에 미치는 영향을 우려했기 때문이었다.

산불 확산을 방지하기 위한 화소지역과 금표지역 사이에는 해자라는 특수한 경계 지역이 있는데, 땅을 파고 거기에 돌을 쌓아서 일종의 성벽 기초같이 축대를 만들어 금표지역과 화소의 경계는 한눈에 표시가 난다. 숙종 때 해자 밖은 경작할 수 있는 지대라고 허용한 것 같지만 현실적으로는 화소 밖부터이다. 이 화소 역시 금표 구역의 연장이다.

지금까지 살펴본 태실 풍수의 문헌상 입지선정 조건과 공간구성을 정리하면, 태실은 산맥으로 연결된 봉우리가 아니라 내맥이 없이 홀로 솟구쳐 우뚝 솟아 공중을 받치는 듯 하늘과 교감하는 반듯한 산봉우리 꼭대기를 좋은 땅의 조건으로 제시하고 있고, 왕실의 태는 이러한 길지가 되는 좋은 땅의 조건을 충족한 곳에 태실을 조성하였으며, 태의 주인공이 국왕이 되면 석물을 세밀히 다듬어 쌓고 비석을 세워 태실의 석물을 더하고 가봉하였다.

대개 왕세자의 경우 국왕이 되면 위상을 고려하여 금표도 300보로 확장하고 수호군사도 8인으로 증가시켰으며, 태실을 고의로 훼손하거나 금표 지역에서 벌목, 채석, 개간을 하는 일은 엄격히 규제되고 곧바로 처벌의 대상이 되었으며, 태실이 명당지로 인식되어 부모나 조상의 무덤을 이곳에 쓰려는 사람들의 시도도 잦았다. 태실의 금표지역 외곽을 띠같이 둘러싸 산불의 연소를 막기 위해 그 지대 나무를 모두 태워 만든 잡초 지대가 바로 화소지역으로서 태실 공간구성의 마지막을 장식한다.

그림은 소령원의 화소지역을 도면으로 나타낸 화소정계도이다.[27]

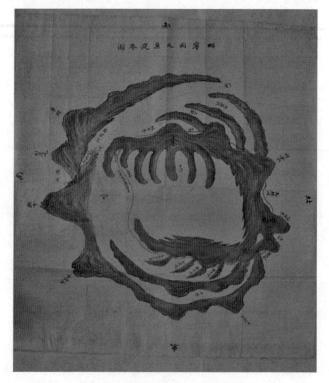

〈그림 12〉 소령원 화소정계도(보물1535호)

---

27 소령원(昭寧園)은 조선 19대 숙종(재위 1674~1720)의 후궁이며 21대 영조(재위 1724~1776)의 어
    머니인 숙빈 최씨의 무덤으로 파주시 광탄면 영장리 267번지 일원에 있다. 〈소령원 화소정계도
    (昭寧園 火巢定界圖)〉는 능원에 산불이 번지는 것을 방지하기 위하여 일정한 거리까지 초목을 불
    살라 제거하는 화소(火巢)를 표시한 것이다. 붉은 주선으로 화소의 경계를 나타내고 있다. 전체적
    으로 산도의 형식을 취하고 있으며 거칠고 빠른 필치의 피마준(披麻皴)으로 산수 표현을 하였다.

4. 태봉(胎峰)과 돌혈(突穴)과의 상관성

문헌에서 제시하는 태봉의 입지조건은, 땅이 반듯하고 우뚝 솟아 위로 공중을 받치는 듯해야 하고, 산 정상에 쓰되 내맥, 좌청룡, 우백호, 안산은 보지 않는 것이 원칙이며, 들판 가운데의 둥그런 봉우리를 택하여 그 정상에 태실을 만드는 것이 국속(國俗)이라고 태실의 공간적 입지선정 조건을 열거하면서 내룡, 혈장, 사신사, 물, 향 등에 관하여 어떠한 조건도 제시되지 않는 점이 일반적인 풍수지리의 조건과 다르다고 할 수 있다.

그런데 최근 태실에 관한 논문들이 발표되고 있는데 풍수지리학적 관점에서 연구한 논문들이 『조선왕조실록』과 『태봉등록』 등 문헌상으로 제시된 입지조건을 고려하지 않고 태실풍수를 일반 음택과 양택처럼 용(龍)·혈(穴)·사(砂)·수(水)·향(向)으로 분석하고 있어 오류를 범하고 있다. 또한 한반도에 중국풍수가 유입되어 변천되는 과정을 고려하지 않고 조선후기에 유입된 중국풍수 이론인 돌혈(突穴)을 바탕으로 태실풍수를 재단하고 있어 태실풍수를 중국풍수로 종속(從屬) 또는 변용(變容)시키는 우(愚)를 범하고 있다.

돌혈이란 용어는 최근에 많이 활용되는 중국의 풍수서적에 나오는 풍수용어로써 조선조 지리학 고시과목에도 등장하지 않으며, 대다수의 논문에서 태봉은 곧 돌혈이라고 보는 것은 시각의 오류에 해당한다. 돌혈은 혈의 네 가지 종류, 즉 사상(四象)[28] 가운데 하나인데, 혈의 종류를 그 생김새에 따라 4가지로 분류하는 것을 말한다.

---

28 사상(四象)은 혈(穴)의 종류를 4가지 와(窩)·겸(鉗)·유(乳)·돌(突)로 나누는 것인데, 땅을 보는 방법을 간단히 도식화하여 택지행위에 쉽게 접근할 수 있도록 했다. 해방이후에 진혈(眞穴) 여부만을 따지는 수단으로 강조되어 용(龍)·혈(穴)·사(砂)·수(水)·향(向)과 형국론(形局論) 등은 무시되는 경향이 생겨 기존의 전통적인 풍수지리가 가지고 있는 풍부한 담론(談論)과 철학은 등한시되는 결과를 낳았다.

그런데 돌혈을 포함한 사상(四象)이란 용어는 조선조 풍수학 고시과목[29] 가운데 현재 전해지는 책에는 등장하지 않는다. 다만 양균송의 감룡경과 의룡경에 유혈, 겸혈, 와혈이 언급되나 돌혈은 언급되지 않는다[30]

풍수지리 관련 기사가 비교적 많이 나타나는 조선왕조실록에도 돌혈은 언급되지 않는데, 돌혈을 언급하는 조선조 풍수학 고시과목은 『탁옥부』(琢玉斧)[31]이다. 『탁옥부』 「음양가」(陰陽歌) 편에 중국의 양균송과 료우(廖瑀, 廖金精)의 사상(四象)을 비교하는 대목에서 와겸유돌이 언급된다. 따라서 우리나라 풍수에 사상이란 용어, 특히 돌혈이란 용어는 18세기 이후에 수용된 것으로 말할 수 있다. 그러나 탁옥부에서도 돌혈에 대해 현재 시중의 술사나 풍수서에서 설명하는 것처럼 그렇게 자세한 언급이 없다. 돌혈을 자세히 설명하는 것은 임진왜란 이후에 중국에서 유입된 인자수지이다. 기존의 태실관련 풍수논문들이 태실을 돌혈로 보는 데는 인자수지의 영향이 크다.[32]

---

29 조선조 풍수학 고시과목은 『청오경(靑烏經)』, 『장서 금낭경(葬書 錦囊經)』, 『호순신 지리신법(胡舜申 地理新法)』, 『명산론(明山論)』, 『지리문정(地理門庭)』, 『감룡경(撼龍經)』, 『착맥부(捉脈賦)』, 『의룡경(疑龍經)』, 『동림조담(洞林照膽)』 등인데 지리문정(地理門庭)은 현재 전하지 않는다.

30 김두규, 성주 세종대왕 자 태실 세계유산 등재 어떻게 할 것인가—성주 세종대왕 자 태실과 풍수, 경북대학교 영남문화연구원, 2015, 70–71쪽 참고하여 돌혈과 풍수학 고시과목과의 관계를 재작성.

31 『탁옥부』의 저자는 서지막(徐之鏌)인데 생존연대는 미상이나, 다른 저서를 통해 17–18세기 초엽(1664년 또는 1734년)으로 보고 있다. 중국 고대의 풍수고전 24집과 생존 당시 유행하던 풍수서 22집을 재구성한 책이다. 정조 때 탁옥부가 지리학 고시과목으로 채택되었으나 얼마 후 제외된다.

32 서선술(徐善術 · 서선계(徐善繼) 두 사람이 가정(嘉靖) 갑자(甲子, 1564년)에 출간하여 우리나라에는 임진왜란 전후로 유입된 것으로 추정된다. 특히 인자수지는 해방이후 "명당 요결(明堂 要訣)"이라는 축약본으로 번역되어 풍수 술사들에게 가장 많이 읽혔다. 그러한 연유로 인자수지의 사상(四象) 법에 근거하여 혈을 재단하는 풍속이 급속히 유포된다.

인자수지가 설명하는 돌혈의 개념은 다음과 같다.

　　돌혈은 곧 물거품 모양의 혈(=포혈, 泡穴)이다. 가마솥을 엎어
놓은 모습 혹은 물 위에 거북이 떠 있는 모습 등으로 비유하기
도 한다. 혈이란 본래 바람이 닿는 것을 가장 꺼리는 고로 산간
지방에 있는 돌(突)은 좌우가 감싸주어 바람을 감추어야 좋고(=
장풍, 藏風), 외롭게 드러나지 말아야 한다. 평지의 돌(突)은 주위
가 평탄해도 해가 없으나, 다만 계수(界水)가 분명하고 수세가
혈 앞에 모이든가 혈 앞을 감싸줌이 길하다. 평지에서는 바람
이 지면을 좇아 지나기 때문에 바람을 두려워하지 않는 까닭이
다. 돌혈에는 사격(四格)이 있는데, 대돌(大突)과 소돌(小突)은 정격
(正格)이고 쌍돌(雙突), 삼돌(三突)은 변격(變格)이다. 대돌과 소돌은
크기에 의한 구분이다. 대돌은 너무 크면 거칠고 완만하게 되
기 때문에 적당히 커서 돌면(突面)이 빛나고 둥글고 형체가 분명
해야만 길하다. 소돌 역시 지나치게 작아 고저를 분별 못 할 정
도이면 불가하고 돌면이 빛나고 살찌어 부드러우면 좋다. 특히
계수(界水)가 광활하거나 물이 갈라지는 것은 매우 좋지 못하다.
쌍돌과 삼돌 형은 돌이 두 개 혹은 세 개가 나란히 솟은 경우
인데 유혈에서와 마찬가지로 대소, 고저 등이 고르고 단정해야
좋은 것으로 친다. 모양이 다른 경우는 그중 가장 좋은 곳을 정
혈처(定穴處)로 한다.[33]

33　서선술(徐善術)·서선계(徐善繼), 『지리 인자수지(地理 人子須知)』「논돌형지혈(論突形之穴)」 편, 대
　　만죽림서국, 중화민국 78년.

『인자수지』와 『탁옥부』가 말하는 돌혈을 묘사하는 문장과 태장경이 태실입지로 묘사하는 문장에는 공통적인 글자가 없다. 밀접한 관계가 있으려면 『조선왕조실록』과 『태봉등록』이 언급한 "端正突起上接雲霄(단정돌기상접운소)[34], 高淨處(고정처)[35], 野中圓峯(야중원봉)[36], 一脈斗起平衍宛若壇場(일맥두기평연완약단장)[37], 山頂兀無來脈龍虎案對(산정올무래맥용호안대)[38], 峯頭尖峻(봉두첨준)[39], 高尖處上頭(고첨처상두) 土山高尖處(토산고첨처)[40]." 등과 유사한 표현이 나타나야 하는데 전혀 그렇지 않다.

능묘와 달리 진행하던 산줄기가 명당자리를 만들 즈음 솟구쳐 위를 향해 반듯하게 우뚝 솟아 공중을 받치는 듯 하늘과 교감하는 산봉우리 꼭대기로서 마치 제단과도 같은 태봉의 구비조건은 주로 음택에서 혈자리를 네 가지의 형태로 구분한 사상(四象) 중 종이나 솥을 거꾸로 엎어 놓

---

34 세종실록 18년(1436년) 8월 8일: "그 태실의 좋은 땅이란 것은 땅이 반듯하고 우뚝 솟아 위로 공중을 받치는 듯하여야 길지(吉地)가 된다."

35 세종실록 26년(1444년) 1월 5일: 안태서(安胎書)에 이르되, 태실은 마땅히 높고 정결한 곳이라야 한다."

36 현종개수실록 11년(1670년) 3월 19일: "안태(安胎)하는 제도는 고례(古禮)에는 보이지 않는데, 우리나라에서는 반드시 들판 가운데의 둥근 봉우리를 선택하여 그 위에다가 태를 묻어 보관하고 태봉(胎峯)이라고 하였다."

37 국립문화재연구소, 국역 태봉등록, 2006. 20쪽: "(성주 세종대왕자 태실은) 태가 안장된 산록이 그 가운데 있는데, 주위의 3면이 다 구릉이고 한쪽이 산맥인데 완만하고 평평하여 마치 단장(壇場=제단)처럼 되어 있다." —인조 21년(1643년) 5월 13일.

38 국립문화재연구소, 국역 태봉등록, 2006. 38–39쪽: "무릇 태봉은 산의 정상을 쓰는 것이 전례이며, 내맥이나 좌청룡, 우백호나 안산은 보지 않는 것이 원칙이라고 한다." —현종3년(1662년) 2월 1일.

39 국립문화재연구소, 국역 태봉등록, 2006. 44–45쪽: "신은 오는 길에 대흥(大興) (현종)태봉을 들렀는데, 그 태봉은 향이 서향으로 동서가 45척, 남북이 27척이며, 태봉머리의 뾰족한 부분의 모양이 마치 볏단(禾稇=화곤) 모양 같았다." —현종 3년(1662년) 8월 4일.

40 국립문화재연구소, 국역 태봉등록, 2006. 223쪽: "태실의 땅 점유는 봉우리 정상을 점유하는 것이 상례인 만큼, 민전(民田)을 측량해도 금표 안에 그렇게 많이 들어가지는 않을 것 같다. (중략). 태실은 토산의 높고 뾰족한 곳에 두기 마련이다." —영조 7년(1731년) 3월 27일.

은 것 같이 돌출하여 볼록한 혈상(穴相)을 가진 돌혈의 구비조건과는 비교할 수 없는 별개의 사안이므로 태장경의 태봉은 『인자수지』나 『탁옥부』의 돌혈과는 전혀 관계가 없음을 알 수 있다.

최근의 태실 관련 풍수논문들이 태실을 무분별하게 돌혈로 둔갑시킴은 분명 오류임에 틀림이 없다. 조선왕조실록 등 문헌을 살펴보면 사대부의 음택이나 양택지를 왕릉으로 재사용한 사례는 많아도 음·양택지를 태실로 재사용한 사례는 찾아볼 수가 없다. 또한 돌혈에 점혈된 음택[41]을 살펴봐도 태실의 입지조건과는 사뭇 다름을 알 수 있다. 이와 같이 음·양택과 태실은 입지조건이 서로 다름을 알 수 있다. 태실은 태장경을 바탕으로 입지조건을 검증하여 음, 양택과는 별도의 정해진 방식대로 터잡기를 했던 것으로 볼 수 있으며, 그 기록된 역사는 고려 이전으로 거슬러 올라가 신라시대 김유신 태실을 원조로 삼을 수 있겠다.

5. 주변국(周邊國)의 태실 풍수와 관련한 가치(價値)

태와 관련된 매장문화에 대하여 외국의 장태풍속(藏胎風俗)을 살펴보면, 중국에서는 일찍이 당나라는 물론 명나라에서도 오랜 세월 동안 매태(埋胎)하는 풍속이 있었음을 알 수 있다. 세종실록과 문종실록에 따르면 "당나라 일행이 저술한 육안태(六安胎)의 법에 의거하여 길지를 가려서 잘 묻어야 한다."는 기록으로 보아 세종과 문종 때 이미 중국 당대의 안태(安胎) 풍속의 영향을 받았을 것으로 추측할 수 있다.

---

41 경기도 용인의 임인산(林仁山) 묘소, 경기도 연천의 강회백(姜淮伯) 묘소, 경기도 남양주의 이초기(李楚奇) 묘소, 경기도 광주의 경주 박씨 묘소, 전남 장성의 울산 김씨(김온 부인, 金穩) 묘소, 경북 예천의 정탁(鄭琢) 묘소 등

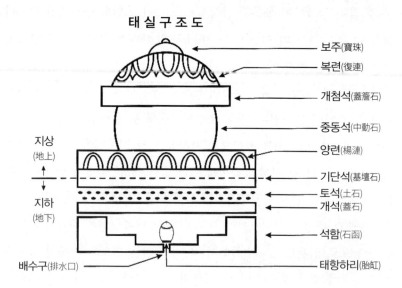

태실구조도

보주(寶珠)
복련(復連)
개첨석(蓋簷石)
중동석(中動石)
양련(楊漣)
기단석(基壇石)
토석(土石)
개석(蓋石)
석함(石函)

지상(地上)
지하(地下)

배수구(排水口)
태항하리(胎缸)

〈그림 13〉 태실은 옥개석 높이 25cm, 지름 1.6m, 둘레 3.2m이며, 몸돌(중동석) 신석은 높이 60cm, 지름 1.2m, 둘레 2.4m이다.

그러나 태실과 관련된 석실이나 구조는 찾아볼 수 없고, 중국의 사원(辭源)과 대백과전서(大百科全書) 등에서도 장태(藏胎), 태실(胎室), 태봉(胎封) 등의 단어들을 찾아볼 수 없다.[42]

일본에서는 우리나라와 비슷한 장태풍속이 있었던 것으로 판단된다. 일본 민속에 관한 노성환의 연구에 의하면 일본의 풍속에 태반(胎盤)의 처리는 사람의 장례(葬禮)와 같이 수장(水葬), 화장(火葬), 풍장(風葬), 토장(土葬) 등이 있었다. 그중 땅속에 묻는 토장 즉 매태(埋胎)를 많이 이용하였는

---

42 윤석인, 『조선왕실의 태실변천 연구』, 단국대학교대학원 석사학위논문, 2000.

데 함부로 땅에 묻지는 않았다. 특히 지배계층은 중국의 영향으로 방위, 일시, 장소, 작법 등 여러 가지 사항을 고려해야 했기 때문에 주로 음양사(陰陽師)라는 전문가에게 의뢰하여 처리하는 경우가 많았다.

일본에서 토장하는 장소는 두 가지로 나누어지는데, 많이 밟혀야 건강하고 출세한다고 집 입구, 마구간 등에 매장하는 방법과 많이 밟히지 않도록 화장실 옆, 툇마루 밑 등에 매장하는 방법이 주로 이용된다. 그리고 천황가에서는 이나리 산(稻荷山) 등 특정한 산을 정해서 묻거나 어소(御所) 뒤편에 어포총(御胞塚)이라는 전문 공간을 두어 태를 안치했다.

중국의 장태풍속은 오래전부터 행하여 왔다는 기록이 있으나 그 근거를 찾기 어렵고, 일본은 조선과 비슷한 장태풍속을 갖고 있으나, 매태하는 장소가 집 근처의 포의총(胞衣塚)[43]이라는 전문공간에 안치하고 있어 조선 왕실처럼 풍수지리적으로 최고의 명당을 찾아 산 정상에 매장하는 방법과는 많이 다르다고 할 수 있다.

조선 왕실의 장태제도는 그 장소가 집 근처가 아니라 전국에서 이름난 명당자리인 산 정상의 태봉에 태를 매장하고, 금표구역과 화소구역 등의 공간을 설정한다. 또한 왕이 되면 석물로 가봉까지 하고 금표구역 등도 추가로 설정한다. 그러므로 중국이나 일본의 장태제도와는 많이 상이하다고 할 수 있다. 특히 우리나라는 동아시아에서 오래도록 체계적으로 장태문화가 지속된 나라이며, 조선왕실의 장태문화는 보편성을 가짐에 틀림이 없다.

---

43 이 자료의 출처는 자하현청(滋賀縣廳)이고, 포이총의 소재지는 고도시(高島市) 안담천정(安曇川町) 삼미리(三尾里)이다.

6. 에필로그(epilogue)

조선 시대 민간에서는 태의 처리에 있어서 지역적 특색에 따라 불에 태우는 소태(燒胎), 땅에 묻는 매태(埋胎), 물에 버리는 수중기태(水中棄胎), 말려서 보관하는 건태(乾胎) 등의 방법이 보편적이었다. 이와는 달리 조선 왕실에서는 왕실 자녀의 태를 태옹(胎甕)에 담아 길방(吉方)에 안치해 두었다가 관상감에서 풍수적 명당길지로 선정한 태봉(胎峯)에 일정한 의식과 절차에 의하여 태(胎)를 매장하였다.

조선왕실 태실의 입지조건을 살펴보면, 땅이 반듯하고 우뚝 솟아 위로 공중을 받치는 듯하여야 하고, 태봉을 산 정상에 쓰되 내맥, 좌청룡, 우백호, 안산은 보지 않는 것이 원칙이며, 들판 가운데의 둥그런 봉우리를 택하여 그 정상에 태실을 만드는 것이 국속(國俗)이라 적시하고 있다.

따라서 내룡, 혈장, 사신사, 물, 향 등에 관하여 어떠한 조건도 제시되지 않는 점이 일반적인 풍수지리의 조건과 다르다고 할 수 있고, 산 정상에 안태함은 육안태의 법에서 유래된 것이라 할 수 있다.

능묘와 달리 진행하던 산줄기가 명당자리를 만들 즈음 솟구쳐 위를 향해 반듯하게 우뚝 솟아 공중을 받치는 듯 하늘과 교감하는 산봉우리 꼭대기 태봉 입지의 구비조건은 주로 음택에서 혈의 사상(四象) 중 솥을 거꾸로 엎어 놓은 것 같이 돌출하여 볼록한 혈상(穴相)을 가진 돌혈의 구비조건과는 비교할 수 없는 별개의 사안이므로 태장경의 태봉은 인자수지나 탁옥부의 돌혈과는 전혀 관계가 없음을 알 수 있으며, 최근 태실 관련 풍수논문에서 태실을 무분별하게 돌혈로 둔갑시킴은 분명 오류임에 틀림이 없다.

왕세자 등이 왕에 등극하면 위용을 갖추기 위하여 일정한 형식과 절차에 따라 석물로 태실을 가봉(加封)까지 하였다. 이와 같이 조선왕실에서는 태를 항아리에 담아 좋은 땅에 묻는 장태(藏胎) 풍속인 매장(埋葬) 문화가 성행하였다.

따라서 조선왕실의 장태는 태실을 만들어 장태하는 제도, 후에 왕이 되었을 때의 가봉, 금표구역과 화소구역 등의 태실 공간을 만들어 가는 것은 우리 고유의 풍속으로서의 가치를 가진다고 말할 수 있다.

신라왕릉의 공간구성과 입지에 관한 풍수지리적 연구

– 피장자 비정에 이설(異說)이 적은 왕릉을 중심으로 –

하 인 수[1]

1. 들어가는 글

2. 우리나라 고분과 신라묘제

3. 신라왕릉 공간구성 분석

4. 신라왕릉 풍수지리적 분석

5. 나가는 글

---

1   포항교육지원청 교사

1. 들어가는 글

인간은 지나간 과거에 대해서는 잘 돌아보지 않기 때문에 과거의 유산이 현재의 문화가 되고 미래의 가치 있는 자산이 된다는 사실을 망각하기 쉽다. 과거의 유산이 미래의 자산이 되고, 미래의 우리 문화를 견인해 갈 수 있는 힘의 원천이 된다. 지난 2009년 6월에는 우리 민족의 뛰어난 유산인 조선왕릉 40기가 세계문화유산으로 등재되어 세계적으로 인정받고 있다. 그리고 2018년 6월 우리나라의 대표적인 사찰인 법주사를 포함 7개의 사찰이 세계문화유산으로 등재되었고, 2019년 도동서원을 포함한 서원 9개가 세계문화유산 등재되었다. 조선왕릉과 사찰, 서원이 세계문화유산으로 등재되어 우리 문화를 세계에 알리어 온 국민에게 민족의 자부심과 긍지를 심어주고 있다.

그러나 많은 가치와 남다른 경관과 천 년의 역사가 집약되어 있고 독자성을 가진 신라왕릉은 아직까지 크게 관심을 많이 받지 못하고 있는 것이 현실이다. 고대 도읍지의 대부분은 궁정과 시장, 그리고 왕릉 중심으로 도시를 이루고 있다. 이 세 가지 중에서도 문화와 역사와 조상의 정신, 그리고 자연친화적인 바람과 물의 결정체인 풍수지리적인 사상이 축약되어 있는 신라왕릉이야말로 우리 후손들이 가치를 알고 현실에 활용하는 지혜를 가져야 할 것이다. 이러한 풍수지리 원리가 활용된 신라왕릉이 천 년이 흘러도 지금까지 지속가능 존재한 것은 왕릉이 위치한 공간이 혈처에 위치하고 있을 것으로 추론됨으로 이를 풍수지리적으로 살펴보고자 한다.

동·서양을 막론하고 정치적 지배자인 임금이 살아서 거주하는 도성 및 왕궁과 왕릉의 입지와 조성은 당대 최고의 지혜와 기술이 집약되어진 장소이다. 신라왕릉[2]의 입지는 통일신라시대 문무왕의 해중릉과 같은 특별한 경우를 제외하면 경주의 좋은 장소에 입지되고 조성되었다고 볼 수 있다. 이처럼 왕릉이 위치를 선정하고 축조하는 방법을 다루는 지혜와 기술은 논리와 사상으로 정리되고, 하나의 분야 학문 즉, 풍수지리 사상으로 성립되었을 개연성은 충분히 있다고 하겠다.

따라서 본 연구는 먼저 경주의 지리적 분석을 조사한 후, 피장자의 비정 논란[3]도 있지만 피장자가 비정되거나 학술적으로 이설(異說)이 없거나 적은 경주 소재 7기의 신라왕릉을 중심으로 연구 논문, 문헌, 왕릉에 대한 학술지 등을 조사하여 분석한다. 그리고 풍수지리의 형식논리와 이론적 배경을 토대로 하여 신라왕릉 입지를 연구한다. 이러한 분석과 연구 결과를 바탕으로 풍수지리 사상이 신라 왕릉 입지에 시대별로 얼마나 많은 영향을 끼쳤는지와 어느 왕릉 때부터 풍수지리 사상이 구체적으로 적용되었는지의 상관성을 밝히는 것을 목적으로 한다.

---

2 박상구, 「신라왕릉의 입지형태 및 풍수경관에 관한 연구」, 영남대 풍수지리 심포지엄 자료, 2016.
   관련 기록은 남아 있으나 정확한 위치를 알 수 없는 진성여왕릉(眞聖女王陵)과 고려의 수도인 개성 인근지역에 있을 경순왕릉(敬順王陵)을 제외한 54왕은 신라 왕경인 경주지역에 조영되었으며, 54릉 중 36릉은 확인되거나 비정이 완료된 상태이나 18릉은 소재지를 알 수 없다.
3 이근직은 『신라왕릉 연구』에서 현재 명칭이 붙여진 신라왕릉 가운데 문화재지정명칭, 문헌기록의 위치, 시대의 변화에 따라 변천되는 무덤양식 등 3가지 조건을 모두 충족시키는 진짜 왕릉은 제 27대 선덕여왕릉, 제 29대 무열왕릉, 제 30대 문무왕릉, 제33대 성덕왕릉, 제38대 원성왕릉, 제41대 헌덕왕릉, 제 42대 흥덕왕릉 등 7기뿐이며, 나머지는 모두 주인공을 잃어버렸거나 잘못 알려져 왔다고 주장하고 있다(이근직, 『신라왕릉 연구』, 학연문화사, 2012.)

2. 우리나라 고분과 신라묘제

1) 우리나라 고분

1960년대 이후 우리나라에서 구석기유적이 속속 발견, 조사되고 있으나 이 시기의 매장 흔적이나 무덤이 발견되지는 않았다. 신석기시대의 유적에서도 조개더미[패총]서 인골이 나온 예가 있으나 무덤이라고 이름 붙일만한 유적은 없다. 그러나 이 시기의 중국이나 일본의 예로 미루어 무덤의 가능성은 있어 보인다.

중국의 앙소문화기(仰韶文化期)의 반파유적(半坡遺蹟)에서는 집단 매장된 무덤에서 토장과 옹관 등이 확인되었고, 용산문화기(龍山文化期)에 속하는 무덤도 발견되었다. 일본의 경우도 둥근 모양의 토장이 발견되고 있어 사체 매장에 의한 무덤의 조성이 확인되었다. 청동기시대에 들어오면 무덤의 형태도 다양화하고 무덤 조성에 들인 정성도 깊어져서 당시의 문화와 역사 복원에 중요한 자료가 되고 있다.

우리나라의 청동기시대 무덤은 전통적인 토장묘 이외 중국의 황하유역에서 발달한 토광묘(土壙墓), 토갱묘(土坑墓) 등 토총계통과 지석묘, 석관묘, 석곽묘, 적석총 등 석총계통까지 발견되었다.

2) 신라묘제

신라의 천 년 도읍지로 알려진 경주에는 많은 유적이 산재해있지만 경주 역사를 단절 없이 입증하는 것은 무덤유적이다. 무덤은 청동기시대 지석묘로부터 시작하여 철기시대 목관묘와 삼국시대와 통일신라시대의 적석목곽분과 석실분에 이르기까지 그 형식을 달리하면서 경주 중심권과 그 주변에 지속적으로 조성되어 갔다. 궁정지 유적은 아직 그 실상이 잘 알려져 있지 않으며, 별처럼 많았다고 하는 사찰도 6세기 진흥

왕대에 와서야 비로소 조영되었기 때문에 경주 천 년 전체를 보여주는 증거가 될 수 없다. 따라서 경주의 고대역사를 통시적으로 살피는 고고학 자료로는 무덤유적을 대상으로 삼을 수밖에 없는 것이다.

요즘 도시에서는 무덤을 멀리 두지만 농촌에서는 가까운 곳에 두는 경우가 많다. 또한 지금까지 고고학 발굴조사 결과에서도 고대도시가 발달하기 이전의 무덤은 마을과 근거리에 있었던 것을 볼 수 있다. 무덤 유적을 통해 마을 및 지역 집단[정치체]의 입지와 분포를 추적할 수 있는 것은 이 때문이다.

고대 이전의 무덤에는 묻힌 사람이 생전에 누렸던 지위가 그 규모와 부장품에 반영되어 있다는 것이 일반적 견해이다. 상대적으로 규모가 크거나 구하기 어려운 부장품을 가진 무덤의 주인은 그가 속한 지역의 구성원들 중에서 높은 지위에 있었음을 말해준다. 가장 지위가 높은 사람이 있는 마을은 정치적으로나 경제적으로 중심적 기능을 하는 거점 취락이나 읍락의 중심지가 되었고, 나아가 궁정이 있는 도읍으로 발전했다. 최고 수장(首長)의 무덤이 위치한 곳이 중심지가 되는바, 이를 근거로 일정한 지역 집단의 중심지 이동을 추적할 수 있다.

수장묘는 국(國)이 발전함에 따라 대형화하고 군집을 이루면서 많은 공간을 차지하게 된다. 또 한편으로는 중심 읍락 혹은 국읍은 인구가 집중되고, 그 중심적 기능이 강화되면서 도시로 성장하게 된다. 수장급 무덤의 대형화와 군집화는 초기에는 도시의 발전과 병행하지만 후대에는 도시의 공간적 한계로 인해 병존하기 어렵게 된다.

신라왕릉은 시대별로 왕궁 주변분지 내의 평지에서 법흥왕 이후 산기슭이나 능선 또는 산 정상부로 이동을 하다가 다시 평지나 산줄기가 끝나는 산진처 등으로 이동하고 묘제는 목관묘(木棺墓)·목곽묘(木槨墓)·적

석목곽분(積石木槨墓)·횡혈식석실분(橫穴式石室墳)으로 이동한다.[4]

3. 신라왕릉 공간구성 분석

1) 신라왕릉의 분석 고찰 범위

풍수지리가 신라의 시대별로 신라왕릉 입지에 얼마나 많은 영향을 끼쳤는지 상호관계를 연구하기에 부득이 56기 중 피장자 비정의 이설(異說)이 없거나 적은 7기 중 봉분이 없는 해중릉인 문무왕릉(30대)은 제외하고 선덕여왕릉(27대), 무열왕릉(29대), 성덕왕릉(33대), 원성왕릉(38대), 헌덕왕릉(41대), 흥덕왕릉(42대) 등 6기로 범위를 한정하여 연구, 비교 분석하고자 한다.

〈표 1〉 조사 대상 왕릉 현황[5]

왕위 (代)	왕 이름	왕릉 명칭	위치(주소)	해발 (m)	소재 (○,×)	성씨	피장자 비정
27	덕만	선덕여왕릉	경주시 배반동 33-2	95	○	김	○
29	춘추	무열왕릉	경주시 서악동 842	40	○	김	○
33	흥광	성덕왕릉	경주시 조양동 산8	85	○	김	○
38	경신	원성왕릉	경주시 외동읍 괘릉리 산17	117	○	김	○

4 박상구, 「신라왕릉의 입지형태 및 풍수경관에 관한 연구」, 영남대 풍수지리 심포지엄 자료, 2016.
5 박상구, 「신라왕릉의 입지형태 및 풍수경관에 관한 연구」, 영남대 풍수지리 심포지엄 자료, 2016.

41	언승	헌덕왕릉	경주시 동천동 80	0	○	김	○
42	경휘	흥덕왕릉	경주시 안강읍 육통리 42	48	○	김	○

신라 역대 왕은 모두 56명이다. 그중에서 경기도 연천에 묻힌 경순왕을 제외한 55명의 왕의 능은 경주지역에 조영되었을 것이다. 현재 경주지역에는 36기의 능이 확인되었거나 추정되고 있는데, 19기 왕의 능은 알려지지 않고 있다.

조선 전기까지 전승되어 온 신라왕릉은 11기에 불과했다. 조선 후기에 접어들어 사회적 변화인 족보의 간행과 이에 따른 조상 숭배 사상의 확대로 능묘를 중요시하는 현상이 나타나면서 상황이 달라지기 시작했다. 1730년 경주부윤인 김시형이 박씨 문중과 김씨 문중사람들을 불러 모아 당시 명확히 알려지지 않은 능의 주인을 정하자며 타협을 했는데 그 결과 남산의 동쪽은 김씨 왕릉으로 하고 서쪽은 박씨 왕릉으로 결정을 했다는 것이다.[6] 이때 17기의 주인공이 새로 정해지게 되었다. 그 이후 8기가 추가 되어 오늘에 이르고 있다. 그러나 대부분의 왕릉은 기록상의 위치나 시대적인 능의 형식과 차이가 있어 그 진위가 의문시되고 있다. 이러한 문제점에 대해 화계 유의건(1687~1760)은 『나릉진안설』에서 "전혀 문헌에 의하지 않고 일개 무식한 촌로의 말만 듣고 결정하였다."고 개탄한 바 있다.

신라왕릉 중에서 능비의 이수에 무열왕의 둘째 아들인 김인문이 썼다고 전해지는 '태종무열대왕지비(太宗武烈大王之碑)'라는 여덟 글자가 선명하

---

6   이근직, 『신라왕릉』, 학연문화사, 2012.

게 새겨져 있는 29대 무열왕릉과 초서체로 '흥덕(興德)'이라고 쓰여진 비편이 출토된 제42대 흥덕왕릉은 무덤의 주인이 확실하다. 이 외에『삼국사기』,『삼국유사』 등 기록상의 위치와 시대적인 형식에 맞아 학계에서 공통적으로 인정되고 있는 왕릉은 제27대 선덕여왕릉, 제30대 문무왕릉, 제33대 성덕왕릉, 제38대 원성왕릉, 제41대 헌덕왕릉 등 5기이다. 이 7기의 왕릉을 제외한 나머지 왕릉에 대해서는 학계에서 인정을 하지 않고 있다.[7]

2) 풍수적 분석 고찰기준

신라왕릉 중 피장자 비정의 이설(異說)이 적은 경주 소재 6기 왕릉의 입지조건 연구는 풍수지리학의 음택의 기본 원리를 적용, 연구하여 비교 분석하는 방법으로 고전 풍수서를 기본적 이론 토대로 한다.

문헌으로는 고려시대 지리과 과거시험 중에는 현전하는 고서가 없어서 부득이 조선시대 지리과 과거시험 중에서 청오경, 금낭경, 호순신, 명산록, 지리문정, 감룡, 착맥부, 의룡, 동림조담 등의 문헌이 있지만 음양과 및 취재 시험에서 중요한 배강 과목이었던 금낭경을 주 문헌으로 사용하고자 한다. 왕릉 입지에 왕릉별로 같은 기준으로 고찰하여 풍수지리가 시대별로 왕릉 입지에 얼마나 많은 영향을 끼쳤는지 신라왕릉 입지와 풍수지리와의 상호관계를 유심히 살펴보려는데 목적이 있다. 방법으로는 위성지도와 현지조사를 통해 금낭경의 조건을 아래 기준으로 용세(龍勢), 혈장(穴場), 사격(砂格), 수세(水勢)를 세찰한다.

구체적으로 보면 첫째, 용세(龍勢) 분석에서는 "세래형지 시위전기, 전

---

7   하성찬, 경주신문 기사문, 2017년 08월 31일.

기지지 당장기지(勢來形止 是謂全氣 全氣之地 當葬其止)"라 하여 용(龍)이 멀리서 세(勢)를 이루어 달려오는 것을 찾고, 가까이서 혈장의 형(形)을 이루어 멈춘 것을 살펴보아 형과 세가 서로 든다면 곧 산과 물리 모여든 것이니, 이를 기(氣)가 온전한 땅이라 한다. 기가 멈춘 곳을 찾아서 장사지내야 마땅하며, 이것이야말로 최선이다.[8]

둘째, 혈장(穴場) 분석에서는 "세지형앙 전윤후강 용수지장(勢止形昻 前潤 後岡 龍首之藏)"이라 하여 용의 세가 멈추어서 산수가 모여야 하고, 혈성(穴星)의 형은 위풍당당해야 하며, 앞에는 용의 흐름을 막아서 끊어주는 물이 있고, 뒤에는 낙산(樂山)이나 탁산(拓山)[9]이 있으면 형국(形局)이 이루어진 것이니 곧 진룡(眞龍)이 여기에 모여서 감추어져 있는 것이다.[10]

셋째, 사격(砂格) 분석에서는 "현무수두(玄武垂頭)", "청룡완연(靑龍蜿蜒)", "백호순부(白虎馴頫)", "주작상무(朱雀翔舞)"라 하여 혈의 뒷산인 현무(玄武)는 혈을 향해 머리를 드리워야 한다. 혈의 왼팔인 청룡(靑龍)은 꿈틀꿈틀 기어가는 것 같은 모습이어야 한다. 혈의 오른팔인 백호(白虎)는 얌전하게 머리를 낮추어 엎드린 모습이어야 한다. 혈의 앞산인 주작(朱雀)은 춤추며 나는 것 같은 모습이어야 한다.[11]

넷째, 수세(水勢) 분석에서는 "산래수회 귀수이재(山來水回 貴壽而財)"라 하여 산이 뻗어오고 그 앞으로 물이 돌아 흐르면 부귀 장수한다고 하였다.[12]

---

8   허찬구 역주, 『장서역주』 내편. 비봉출판사, 2005, p.121.
9   탁산 : 뒤에서 받쳐주는 산으로 혈에 대해 베개가 되는 산
10   허찬구, 앞의 책, pp.233.
11   허찬구, 앞의 책, pp.255~259.
12   허찬구, 앞의 책, pp.283.

3) 경주 풍수경관[13]

한 나라의 수도가 되려면 정치, 경제, 사회, 문화의 중심지가 될 수 있도록 기세 장엄한 용맥이 있어야 하고 보국이 커야 한다. 또 음인 산과 양인 물이 서로 조화가 되도록 대강수(大江水)가 있어야 한다.[14]

경주시의 지형은 해발 100m 이하의 저지(低地)와 해발 100~200m 간의 구릉성 산지(山地)가 대부분을 차지하고 있는 형산강 지구대이다. 남산, 선도산, 송화산, 소금강산, 독산, 명활산, 낭산 등 7개의 산이 도심을 위요하고 있다. 시가지 서쪽 경계를 이루는 서천, 시가지 중심부를 관통하는 북천, 반월성을 싸고도는 남천이 각각 합류하여 형산강 본류가 형성되어 영일만으로 유입된다. 전체적으로 동서는 산지로 위요되고 남북은 평야를 이루며 중앙에 남산이 위치하여 H형의 산악형태를 이룬다.

4) 공간구성 분석

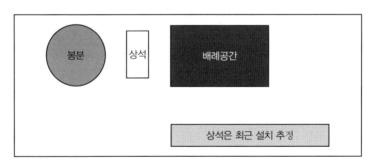

〈그림 1〉 선덕여왕릉 능원 모식도

---

13 문화관광부 · 경주시, 『경주역사문화도시 조성기본계획』, 2004, p.25~27.

14 박상구, 「조선시대 서원건축 터잡기 및 건축배치의 풍수지리적 분석」, 영남대 석사논문, 2007, p.23.

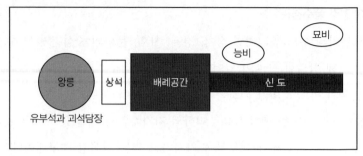

〈그림 2〉 무열왕릉 능원 모식도

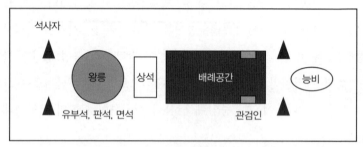

〈그림 3〉 성덕왕릉 모식도

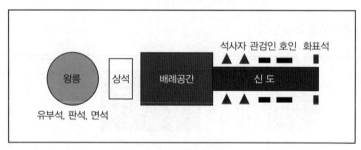

〈그림 4〉 원성왕릉 모식도

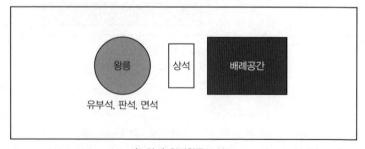

〈그림 5〉 헌덕왕릉 모식도

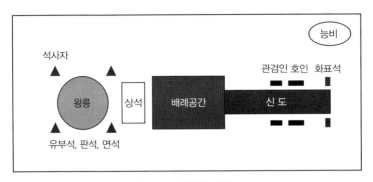

<그림 6> 흥덕왕릉 모식도

통일신라 이전의 27대 선덕여왕릉은 자연석인 괴석 이외의 다른 공간은 전혀 갖추지 않았고, 29대 무열왕릉은 자연석인 호석과 상석, 능비 이외의 다른 공간을 갖추지 않았다. 반면 통일신라 이후는 능묘제도가 확연히 달라진다. 33대 성덕왕릉은 환조의 12지신상 호석, 갑석, 받침석, 난간석, 상석, 문인석, 석사자상, 능비 등의 완비된 형식을 갖춘 신라 최초의 능묘이며, 38대 원성왕릉도 12지신상의 호석, 갑석, 받침석, 난간석, 상석, 문·무인석, 석사자상, 화표석을 갖추었으며, 41대 헌덕왕릉은 12지신상의 호석, 갑석, 받침석, 난간석, 상석을 갖추고 있으며, 42대 흥덕왕릉은 12지신상의 호석, 갑석, 받침석, 난간석, 상석, 석사자상, 문·무인석, 화표석, 능비 등이 가장 잘 완비된 능묘이다.

석물 \ 왕릉	축조호석				호석반침대		면석호석	탱석십이지신상		난간석·박석	상석		석사자상	관검석인상	호인상	능묘비	화표석	비고
	괴석	할석	치석	장대석	괴석	가공석		환조상	부조상		장대석	탁자형						
선덕여왕릉	○																	
무열왕릉	○				○					○						○		
성덕왕릉						○	○	○		○			○	○	○	○		
원성왕릉							○		○	○			○	○	○	○	○	
헌덕왕릉							○		○	○			○	△	△		△	
흥덕왕릉							○	○	○	○			○	○	○	○	○	

△ : 분실로 추정 [15]

신라왕릉은 흥덕왕릉이 석물 배치의 기준이 된다고 볼 수 있고 고려와 조선 능묘의 표준이 되었다.

4. 신라왕릉 풍수지리적 분석

1) 선덕여왕릉

선덕여왕릉(27대, 재위 632~647년)은 낭산(해발 95m) 산정부위에 위치하며 토함산-만호봉-형제봉-낭산으로 세가 달려왔지만 능까지 태식잉육 절차를 갖추지 못했고, 기가 모여 현무가 머리를 내미는 수두는 나타나지

---

15   경주시, 『신라왕릉 현황조사 보고서』, 본문편, 삼성문화인쇄, 2013, p.100.

만 혈장이 내룡맥에서 벗어났다. 외청룡이 망덕사지로 이어지며 안산역할을 하나 너무 낮고 멀다. 제대로 역할을 하는 백호도 없으며, 청룡 내수가 거수를 하나 부족하여 풍수지리와 상관성이 적었다. 왕릉은 산과 물의 음양 조화가 되지 않는 땅의 조건을 가졌다. 풍수지리 영향이 미미하고, 통일 신라 이전의 자생적 지리관인 터잡기를 바탕으로 입지하고 있다.

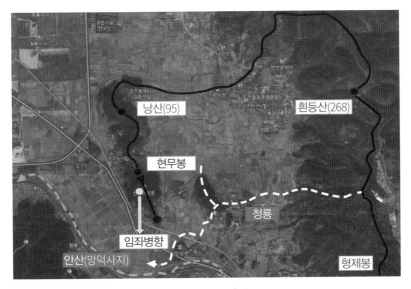

〈그림 7〉 선덕여왕 용세도

〈그림 8〉 안산과 조산

〈그림 9〉 외청룡

〈그림 10〉 전순   〈그림 11〉 사천왕사지

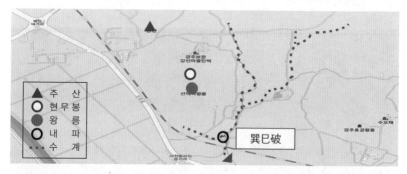

〈그림 12〉 수세도

2) 무열왕릉

무열왕릉(29대, 재위 654~661년)은 선도산(해발 381m) 동쪽 능선 산사면 끝단부에 위치하고 있다. 청룡의 완연함이 부족하고 백호도 준거가 부족하며, 서천이 혈처를 환포해 포항으로 흘러가고, 현무가 머리를 내밀고 있지만 내룡맥에서 벗어났다. 조금 멀지만 안산인 오릉이 혈처와 조응하며 풍수지리에 비교적 합당한 형국이다. 사신사와 수세를 갖춘 위치에 입지하고 있지만 풍수지리 영향이 미미하고, 자생적 지리관인 터잡기 형태를 벗어나지 못했다.

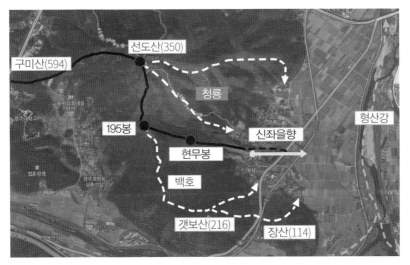

〈그림 13〉 무열왕릉 용세도

〈그림 14〉 내룡맥과 왕릉

〈그림 15〉 현무봉

〈그림 16〉 외청룡

<그림 17> 내청룡   <그림 18> 내청룡(뒷쪽)

<그림 19> 백호   <그림 20> 안산과 조산

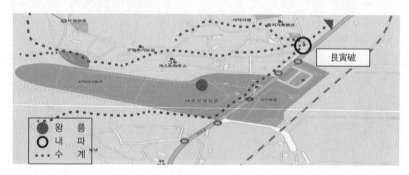

<그림 21> 수세도

3) 성덕왕릉

성덕왕릉(33대, 재위 702~737년)은 만호봉(해발 500m) 산사면 끝단부에 위치하며, 토함산-만호봉-대덕산으로 세가 달려왔고, 대덕산 끝자락인 금형체의 현무가 분명하지 않지만 청룡은 환포하며 완연하고, 백호도 준거의 조건을 갖추었다. 안산은 발달되었지만 조응이 부족하고 조산은 너무 멀다. 수세는 청룡내수가 왕릉 전면을 좌선(左旋)하여 혈장 앞 귀부 앞으로 흘러 남천으로 들어간다. 왕릉은 산과 물의 음양 조화가 되지 않는 땅의 조건을 가졌다.

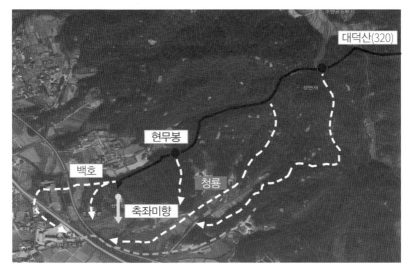

〈그림 22〉 성덕왕릉 용세도

〈그림 23〉 현무봉

〈그림 24〉 청룡

〈그림 25〉 백호

〈그림 26〉 안산과 조산

〈그림 27〉 수세도

4) 원성왕릉

원성왕릉(38대, 재위 785~798년)은 묵장산(해발 781m) 자락에 위치하며 백운산-치술령-묵장산으로 세가 달려왔다. 현무가 일자문성의 토형체로 형태가 분명하며 왕릉 쪽으로 머리를 내밀며 수두 형태를 하고 있다. 백호, 청룡은 부족하고 현무봉이 낮고 혈장과 청룡, 백호 모두 해발 고도가 비슷하여 좌, 우의 소나무 식재가 내청룡과 내백호 역할을 하며 적당한 거리와 높이로 혈장을 감싸며 안아주고 있어 장풍(藏風)과 관쇄(關鎖)가 나름 되지만 부족하다. 안산은 유정하지만 조산이 너무 멀어 조응이 부족하다. 물이 혈처 앞을 환포해가는 풍수지리에 합당한 형국이다. 풍수지리 사상이 부분적으로 나타나며 이후 다른 왕릉에 영향을 주었다.

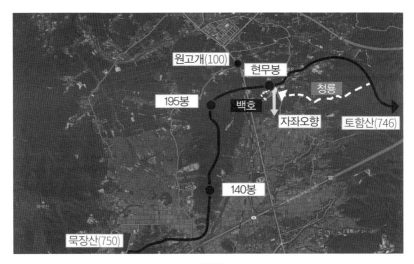

〈그림 28〉 원성왕릉 용세도

〈그림 29〉 현무봉

〈그림 30〉 청룡

〈그림 31〉 백호

〈그림 32〉 안산과 조산

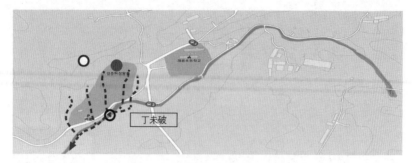

〈그림 33〉 수세도

5) 헌덕왕릉

헌덕왕릉(42대, 재위 809~826년)은 토함산-함월산-무장봉-섯갓산으로 세가 달려와 금성체의 현무봉을 만들었지만 맥이 가파르게 내려와 둥그스름하지 않으며, 머리를 내미는 수두를 하기에는 부족하다. 청룡은 있되 너무 짧아 기능을 할 수 없고 백호도 혈장과 너무 멀리 떨어져 기능을 하기에는 다소 부족하다. 다만 북천 건너 안산인 낭산이 일자문성의 토성체로 안정감을 주고 안산 뒤 남산이 든든하게 받쳐주는 조산 역할을 한다. 그리고 청룡내수가 혈장 앞을 환포하고, 북천이 형국을 환포하며 흘러 전체적으로 균형이 잡히고 조화롭다.

〈그림 34〉 헌덕왕릉 용세도

〈그림 35〉 현무봉

〈그림 36〉 청룡

〈그림 37〉 백호

〈그림 38〉 안산과 조산

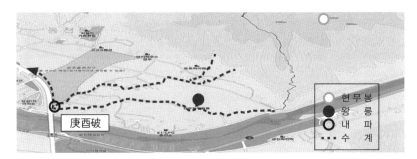

〈그림 39〉 수세도

6) 흥덕왕릉

흥덕왕릉(42대, 재위 826~836년)은 주왕산−운주산으로 낙동정맥의 세가 주산인 어래산(해발 572m)까지 달려왔다. 기가 멈추는 작은 어래산(해발 384m) 산진처 능선에 위치하며 혈장이 둥글고 수두의 형태를 취하고 있다. 배산임수의 조건을 갖추었으며, 청룡의 환포가 미흡하나 백호 준거를 잘 갖추었다. 안산인 구강서원 뒷산이 조응을 한다. 물이 혈처를 환포해 형산강으로 들어가는 산과 물의 음양 조화가 잘 되었다. 풍수지리적으로 가장 영향을 많이 받은 왕릉으로 고려와 조선 능묘의 표준이 되었다.

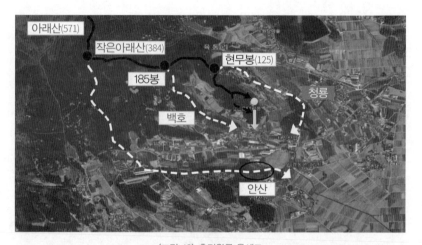

〈그림 40〉 흥덕왕릉 용세도

〈그림 41〉 현무봉

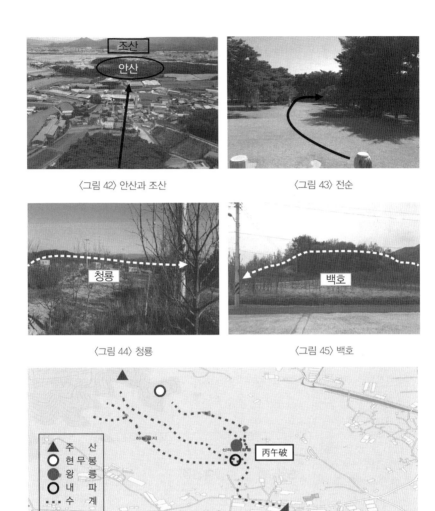

〈그림 42〉 안산과 조산

〈그림 43〉 전순

〈그림 44〉 청룡

〈그림 45〉 백호

〈그림 46〉 수세도

조사방법 \ 조건	조건 적합	조건일부 적합	조건일부 미적합	조건 부적합
세래형지(勢來形止)를 통한 용세(龍勢) 조사	흥덕왕릉	원성왕릉		선덕여왕릉 무열왕릉 성덕왕릉 헌덕왕릉
용수지장(龍首之藏)을 통한 혈장(穴場) 조사	흥덕왕릉			선덕여왕릉 무열왕릉 성덕왕릉 원성왕릉 헌덕왕릉
현무수두(玄武垂頭), 주작상무(朱雀翔舞), 청룡완연(靑龍蜿蜒), 백호준거(白虎蹲踞)를 통한 사격(砂格) 조사	흥덕왕릉 (현무,백호,주작)	무열왕릉 (주작) 헌덕왕릉 (주작) 성덕왕릉 (청룡,백호)	흥덕왕릉 (청룡)	선덕여왕릉 원성왕릉
산래수회(山來水回)를 통한 수세(水勢) 조사	흥덕왕릉	원성왕릉		선덕여왕릉 무열왕릉 성덕왕릉 헌덕왕릉

5. 나가는 글

본 연구에서는 신라 왕릉 56기 중, 경주 시내와 인근에 위치한 현존 36기를 대상으로 피장자 비정에 이설(異說)이 없거나 적은 6기 왕릉의 공간구성과 『금낭경』에 나타난 조건을 기준으로 용세(龍勢), 혈장(穴場), 사격(砂格), 수세(水勢)를 세찰하고 풍수지리적 입지환경을 현대 풍수이론 기준으로 조사하고 분석하였다.

조사 · 분석 결과, 공간 구성면에서는 6기 왕릉은 통일 이전과 이후는 차이가 있었다. 능묘제도에서는 27대 선덕여왕릉은 봉분 호석만을, 29대 무열왕릉은 봉분 호석과 상석, 능묘비만을 갖추고 있지만, 33대 성덕왕릉부터 38대 원성왕릉, 41대 헌덕왕릉, 42대 흥덕왕릉은 당의 능묘제도를 받아들여 문 · 무인석, 사자석, 12지신상의 호석, 화표석 등을 갖추고 있다. 묘제도 통일 이후에는 중국 풍수지리의 영향으로 덧널무덤, 돌무지덧널무덤에서 굴식돌방무덤으로 정비되고 보완되었다. 이러한 결과로 볼 때 통일 신라 이후에는 능묘제도, 묘제 등의 공간 구조를 왕릉 조성 시 중요하게 활용하였음을 볼 수 있었다.

풍수지리적 입지 환경면에서도 6기 왕릉은 통일 이전과 이후는 차이가 있었다. 통일 이전 왕릉인 2기(27대 선덕여왕릉, 29대 무열왕릉)는 부분적으로 풍수적 요소를 적용했으나 혈장이 내룡맥에 벗어나는 등 풍수형국이 분명하지 않고 자생적 지리관인 터잡기에 의존한 것으로 보인다. 9세기 초부터 한반도에 선종 입당승 스님들의 영향으로 풍수지리 형세론이 당나라에서 본격적으로 유입되어 사찰의 입지와 부도탑의 입지, 그리고 왕릉 입지에 영향을 끼쳤다고 볼 수 있다. 이러한 중국의 풍수사상이 들어 와서 우리민족의 자생적 지리관인 터잡기에 중국의 풍수사상이 접목되기 시작한 통일 이후는 양상이 변하기 시작한다. 통일 이후의 4기 중 2기(33대 성덕왕릉, 41대 헌덕왕릉)는 부족하지만 대체적으로 풍수상 길지에 조영하였고, 나머지 2기(38대 원성왕릉, 42대 흥덕왕릉)는 풍수상 길지에 이상적인 형국을 갖춘 곳에 조영하였다. 특히 흥덕왕릉은 장풍이 되는 곳에 위치하고 정확하게 용맥이 다한 곳인 산진처에 위치하고 있다.

본 연구에서는 6기의 풍수적 입지와 공간 분석을 통해, 통일신라 이전인 27대 선덕여왕릉, 29대 무열왕릉과 통일신라 이후인 33대 성덕왕릉, 38대 원성왕릉, 41대 헌덕왕릉, 42대 흥덕왕릉은 풍수지리적 입지 조건과 공간 구성은 서로 차이가 있음을 확인하였다. 통일 신라 이전의 왕릉(2기)은 자생적 지리관인 터잡기에 의존했지만 통일 신라 이후의 왕릉(4기)은 풍수지리적으로 긴밀히 관련되었다는 것을 규명하게 되었다는 것에 의의가 있다.

연구 결과가 신라왕릉의 풍수적 입지환경을 이해하고, 미진하나마 왕릉 풍수 학문 토대 마련에 도움이 되길 바란다. 그리고 신라왕릉과 풍수지리적 상관관계를 좀 더 객관화하기 위해서는 연구 대상 왕릉 6기 외 소재지가 알려지고 현존하는 29기 신라왕릉도 연구과 발굴을 통해 피장자 비정이 빨리 밝혀져 신라왕릉 전체를 대상으로 풍수지리적으로 비교 분석하는 것을 앞으로의 연구 과제로 삼는다.

영덕 무안박씨 무의공파 음택에 관한 풍수지리적 고찰[1]

석 수 예[2]

---

1   본 글은 필자의 「영덕 무안박씨 무의공파의 양택과 음택의 풍수지리적 고찰」, 영남대학교 석사 학위논문, 2017의 일부를 발췌하여 편집한 글이다.

2   도안암. 영덕 연화사 주지.

1. 들어가는 글

자연 경관이 수려하고 환경이 잘 갖추어진 명당(明堂)에 집, 상가, 회사 등을 건축하여 살거나, 형국이 잘 갖추어진 명당에 혈(穴)을 찾아 조상의 체백을 모셔 동기감응(同氣感應)으로 발복을 받아 좀 더 발전된 삶을 영위하며 복된 삶을 추구하는 것이 풍수지리의 목적이다. 즉 자연의 이치를 알고 인간의 삶에 접목시키는 것이다. 이러한 취지에서 본 연구에서는 영덕에 있는 무의공(武毅公) 박의장(朴毅長)의 선영을 중심으로 풍수적 시각에서 살펴보고자 한다.

2. 증조부 박지몽의 음택 분석

1) 박지몽의 생애와 업적

무안박씨가 경상도 영해지역과 인연을 맺은 것은 무의공 박의장의 증조부 박지몽(朴之蒙)이 조선 전기에 영해에 정착하면서였다. 세조가 단종을 몰아내고 왕이 되는 사태가 벌어지자 고조부 선전관 박해(朴解)는 벼슬을 버리고 여주로 퇴거하였다가 일찍 세상을 떠났다. 부모를 여읜 지몽은 1470년경 영덕현령에 임명된 백부 박이(朴頤)를 따라왔다가 인근 영해의 수려한 산수에 반하여 돌아가지 않고 정착할 것을 결심하게 되었으며, 연산군 대 권신인 임사홍과 고종관계라서 그의 전횡이 장차 자신에게 화를 불러올 것이라 염려하여 멀리 떨어진 곳에 정착하게 된다. 이후 이 지역 영덕박씨 종문의 딸과 혼인하여 인량리에 정착하게 되며, 박종문은 영해지역의 유력가문 출신으로 젊은 나이에 무과에 급제하여 함길도사로 재임 시에 이시애의 난을 토벌하다가 순절한 인물이다.

입향조인 박지몽이 인량리에 터를 잡은 후 자손이 번성하고, 사후에는 명당 혈에 모셔지면서 후대에 뛰어난 인물이 많이 배출되었으며, 자신은 오위의 종5품 서반 무관직인 부사직에 이르렀다. 그 자손들은 인량리를 위시하여 원구리, 도곡리, 갈천리, 인천리, 보림리 등지로 퍼져 나갔으며 마침내 조선 후기에는 영양남씨, 재령이씨, 안동권씨, 대흥백씨와 더불어 영해지방의 5대 성씨의 반열에 들게 되었다.

2) 박지몽의 음택 분석

(1) 내룡맥의 분석

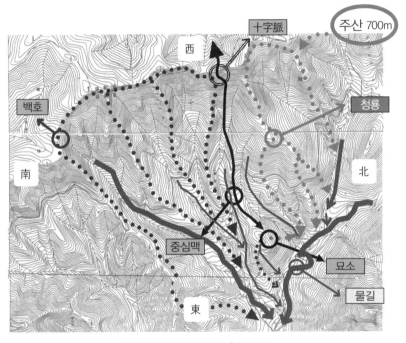

〈그림 1〉 입향조 박지몽 묘소[3]의 지형도

---

3   경상북도 영덕군 창수면 보림리 산 20-2번지

박지몽의 묘소는 내룡맥이 우선룡으로 위이, 굴곡과 많은 박환, 과협 등을 만들면서 생용으로 뻗어와 대과협을 치고 비룡입수(飛龍入首)한 후에 결인속기를 이루며 혈장을 만들었다.

백두대간에서 분맥하여 낙동정맥으로 이어져 다시 지맥을 뻗어내려 오다가 백암산(1,004m)에서 위이 굴곡, 박환, 과협 등 수많은 변화를 거쳐서 심승령(747m)→ 저서재→ 웃재를 거치면서 이어져 내려온 후 영양읍 무창리 산 1번지에서 700m의 봉우리를 기봉하여 주산을 만든다. 이어 동으로 남으로 동남으로 수절의 변화를 거치고, 혈 후 낙산이 특치(特峙)하여 나성(羅城)원국을 만들어 성벽과 병풍처럼 혈장 뒤에서 에워싸면서 미려한 혈성(600m의 봉우리)을 만들고(成峰) 후장[鬼星]을 내밀어 십자맥[4]을 형성하면서 횡룡으로 번신(翻身:회전)하여 방향을 전환하면서 천장전변(穿帳轉變)을 한다.

과협은 현무봉에서 입수도두까지의 일련의 과정은 혈후의 내려온 맥이 가운데로 내려와 대과협을 거쳐 70m(400m-300m)의 높이 차이를 보인다. 이런 고도차는 혈에 입수하는 모습이 비룡입수로 박진감이 넘치며 혈에 역량이 대단히 큰 것을 알 수 있다. 물론 중심맥을 보호하고 따르는 호종사(護從砂)가 유정하게 감싸 안고 있어 수겁(水劫)이나 풍취(風吹, 풍살) 등의 해를 받지 않고 용맥이 병들지 않아 혈에 진기(眞氣)가 응결되므로 고양(高揚)된 기세가 엿보인다. 그 결과 호종사와 내룡맥이 좋아 혈을 결지하기에 좋은 용으로 사료된다.

---

4   십자맥(十字脈)은 용의 기운이 매우 강한 경우에만 발생한다. 그래서 십자맥을 왕기(王氣)를 갖고 있는 용으로 해석하여, 왕이나 큰 재벌이 나온다고 본다.

(2) 혈장의 분석

박지몽의 묘소는 유혈(乳穴)이다. 유혈은 약간 볼록하게 돌출되어 바람에 노출되어 있으므로 반드시 선익이 있어야 한다. 묘소 뒤에는 크게 푹 꺼져 과협을 이루며 급격히 위로 솟아올라 비룡입수 혈을 맺기 위해 혈판으로 들어가는 입수룡이 강하고, 가늘게 혈판에 생기를 많이 불어넣기 위해 용이 요동치며 변화되는 형태로 크게 엎드려 급격히 위로 솟아올라 대과협을 이루고 지현자(之玄字) 모양으로 구불구불한 형상이며, 입수는 생기가 응축되어 혈처인 묘소로 들어가고 있다.

〈그림 2〉 입수 전경

비룡 입수맥은 혈을 형성한 후 여맥(餘脈)자체가 좌측으로 회전하거나 우측으로 회전해야하는데, 지몽의 묘소에서는 좌측으로 회전하여 역수(逆水)형태를 취하고 있다. 이는 역수하여 기를 취집하고 있는 증거이다. 당 묘소에서는 일반적인 형태와 다르게 현무정을 먼저 만들고 그 후에 속기를 하여 입수도두를 만드는 일반적인 경우와 다르게, 당 묘소에서는 현무정은 혈의 후면 가까이에 높게 솟은 산으로 태조산과 중조산으로부터 흘러오는 생기를 혈장과 혈심에 공급하기 위한 혈장에서 가장 가까운 생기의 취기처(聚氣處)로서 이는 혈심에 안정적인 생기를 공급 유지하는 곳이며, 현무정이 원만단정하고 수두(垂頭)할 때 입수정도 원만하게 생성된다. 그래서 입수에서는 취기가 되어 풍만한 입수도두를 이루고 있다.

혈장에서 미미한 암석의 바위가 붙어[5] 선익을 만들어 혈장을 안정시키고 유혈의 조건을 충족하고 있다. 다시 말하면 입수맥에 연결된 입수도두가 분명하여 원진수(元辰水)를 계수시켜 나누어 흘러가게 하고 특히 유혈에서 강조되는 선익은 도두로부터 말 그대로 매미의 날개처럼 미미하게 드러내어 혈을 보호하고 육성하고 있다.

혈은 입수에 생기가 응축되었기 때문에 흙이 단단하면서도 유연하고 약간 둥그스름하게 뭉쳐진 모습이다. 그리고 주작으로 둘러싸여 있으며, 내백호는 길게 혈장을 감싸고 있으나, 내청룡은 없고 선익만 있다. 혈장을 구성하고 있는 혈토는 일반적인 흙과는 그 모양새가 다른데, 겉보기에는 바위와 흙의 중간 성분을 갖고 있는 비석비토(非石非土)로 되어 있을 것으로 보인다.

묘소는 산 아래서 보면 하늘과 맞닿은 것 같은 높은 곳에 결혈하여 마치 하늘에 있는 천궁(天宮)과 같다. 묘지가 높은 산 위쪽에 자리 잡고 있어 좁고 가파르고 바람을 받아 결혈할 수 없을 것 같으나, 산 위에 오르면 국세가 넓고 아담하며 순한 산들이 성곽을 두른 듯이 바람을 막아주

---

5   청룡 쪽에 크게 돌출되지 않고 모가 나지 않고 부드럽고 순한 바위로 박환되어[양명(陽明)하고 서기(瑞氣)가 나는 바위] 바위가 가 90도 서 있는 걸 볼 수 있는데 이는 선익의 증거로 혈증을 잘 나타낸 것으로 길한 터로 인정할 수 있는 일부이다.

고, 아름다운 산들이 아득히 전개되어 혈 자리에 앉으면 높은 곳을 느끼지 못하는 곳이다.

세가 멈추고 형이 우뚝하며 앞은 내가 흐르고, 뒤가 힘이 있는 산이 받쳐주면 제후나 왕에 오른다[6]고 하였는데 여기를 두고 한 말 같다.

(3) 사신사의 분석

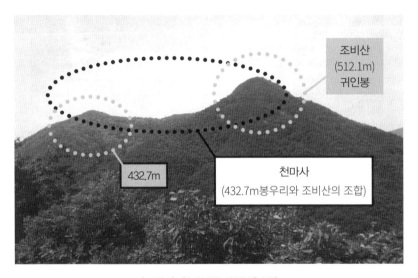

〈그림 3〉 천마사와 귀인봉(북쪽)

입향조 묘소의 현무봉은 봉우리가 연속적으로 이어지고 마치 구름다리(仙橋砂) 같은 형상으로 뻗어내려 오다가 횡룡으로 행도하다가 낙맥하여 크게 과협을 거쳐 현무봉을 만들어 혈장으로 입수한다.

청룡은 내청룡이 없으나 선익이 그 역할을 대신하고 있다. 반면에 외

---

6   『靑烏經』: "勢止形昂, 前澗後岡, 位至侯王, 山頓水曲, 子孫千億."

〈그림 4〉 좌(坐)에서 본 안산

청룡은 혈에 근접하여 잘 감싸면서 호종사의 역할을 단단히 하고 있다. 청룡의 귀인봉 조비산과 높은 봉우리가 환상적인 조합을 이루어 천마사(天馬砂)의 모양을 이루어 혈장을 향해 있으니, 말을 타고 일찍 벼슬길에 오르며 후손은 크게 출세하고 귀한 인물이 되어 금의환향할 형국이다.

백호는 내백호와 외백호를 겸비하여 혈을 잘 감싸서 혈을 호종하고 있어 혈의 기운을 잘 유지하는데 기여하고 있다. 혈장 뒤 과협 너머는 병풍처럼 나성을 이루어 혈장을 옹호하고 가까이에서 현무가 혈장에 기를 불어 넣고 있다.

사격은 내청룡은 짧아 노태(露胎)가 되어 골바람이 치는 듯하면서도 혈을 감싸주고, 외청룡 안대도 감아주면서 밀고 들어와 혈을 감싸주며 외백호도 혈을 둘러싸 주니 길하다 할 수 있다.

〈그림 5〉 좌 앞의 문필　　　　　　〈그림 6〉 좌 앞의 투구봉

좌(坐)에서 안산 쪽으로 자세히 살펴보면 문필봉이 쌍봉을 이루고 있으니 문필봉의 기운을 받아 혈장과 합이 되어 큰 학자나 문장가가 나오는데 성격이 곧고 바르기 때문에 나라를 위한 큰 인물이 후대에 나오지 않았나 싶다. 금형체는 산의 형태가 둥글면서 힘차게 보이는 산 중에서도 '투구봉'이라고 하는데 투구는 군인들에게는 필수적인 도구일 뿐만 아니라 권위의 상징이기 때문에 안산이 금형체로 되어 있는 지세에서는 장군이 많이 배출되니 후대에 일찍 벼슬길에 오르고 크게 출세하는 무인이 많이 나온 것으로 사료된다.

특히 안산에 투구봉과 문필봉이 있고, 청룡에 영산사와 귀인봉이 있으니, 무관과 문관이 많이 배출되는 좋은 명당이라 할 수 있다.

⑷ 수세의 분석

수세는 변화되는 형태로 지현자 모양으로 구불구불한 구곡수 형상으로 수차례 교쇄되어 감고 돌아 나가고 있으며, 수구의 양쪽에 한문(捍門) 형태로 양옆에 탐랑 목성이 우뚝 솟아 물이 직거하는 하는 것을 막아주고, 또 세찬 바람이 치는 것을 막아 순풍으로 만들어 묘지에 기가 흩어

지지 않도록 하여 오래 머물수록 있도록 하고 있다. 게다가 안산인 칠보
산과 조산이 막아 음양대대(陰陽對待)하고 혈에 좋은 기운을 불어넣어 주
니 금상첨화라고 할 수 있다.

2. 조부 박영기와 부친 박세렴의 음택 분석

1-1) 박영기의 생애와 업적

박영기(朴榮基)는 입향조 박지몽의 셋째 아들이다. 용양위우부장(龍驤衛
右部將)을 역임하였다. 후일 손자 의장의 현달함으로 인해 통훈대부공조
참의에 추증되었다. 그는 인량리를 떠나 원구리(원구들 지금의 무의공 생가지[7][8])
에 새 터전을 닦았다.

영해신씨와의 사이에 아들 5형제를 두었는데, 세충(世忠), 세현(世賢
), 세렴(世廉), 세순(世淳), 세온(世溫)이다. 영해신씨는 가내의 규범을 엄격
히 하여 자녀들을 훌륭하게 성장시켰을 뿐 아니라, 이른바 봉제사(奉祭祀
) 접빈객을 예법에 맞추어 시행함에 따라 반가의 기틀을 마련하였다. 그
아랫대에서는 내리 3대에 걸쳐 무과급제가 일곱 명을 배출하였다. 세
현, 세렴, 세순 3형제와 세렴의 아들 무의공 박의장(朴毅長), 목사공 박홍
장(朴弘長) 형제, 그리고 의장의 아들 유(瑜), 늑(玏)[9] 형제가 그들이었다. 묘
소 밑에는 초수재사(묘아래 재실)가 위치하고 있다.

---

7 무의공 생가: 경상북도 영덕군 영해면 원구 2길 18.
8 무의공파 종택: 경상북도 영덕군 축산면 도곡1길 17-4.
9 청나라 황족의 부마가 된다. 경수당 박세준의 아들 진상에게 출계하였다.

1-2) 박세렴의 생애와 업적

박세렴(朴世廉, 1535~1593, 중종 30~선조 26)은 영기의 셋째 아들로 1558년(명종 14)에 보인(保人)의 신분으로 무과 병과에 4인으로 급제하였다.

고신(告身)[10]은 모두 70점으로 박세렴, 박의장, 박유, 박문립과 관련 자료이다. 박세렴 고신은 19점이다. 학생 박세렴은 1558년에 무과에 급제하자 가자(加資)를 통해 효력부위(效力副尉)의 품계를 받았다. 그는 1559년(명종 14) 3월 미조항진관적량수군권관(彌助項鎭管赤梁水軍權管)을 시작으로 훈련원, 군기시를 중심으로 사환하였으며, 외직으로는 영일현감과 의주목판관을 역임하였다.

아들 의장의 현달함으로 인해 자헌대부 병조판서에 추증되었다. 영양남씨 남시준(南時俊)의 딸을 부인으로 맞이하여 의장, 홍장 형제를 두었다. 남시준은 이황과 사돈관계에 있었다.

2) 박영기와 박세렴의 음택 분석

(1) 내룡맥의 분석

박영기, 박세렴 묘소의 주산(319.78m)은 〈그림 7〉과 같다. 중출맥은 300.8m의 봉우리(②)에 뻗어 내려온 내룡과 319.78m 봉우리(①)에 뻗어 내려온 내룡이 기봉하여 힘이 있는 중출맥으로 202.8m의 봉우리를 만들고, 이어 박영기, 박세렴의 묘소의 현무봉(③)을 만들어 강한 생기를 취집하여 각 묘소에 지기를 보내면서 우선하여 용은 행도를 멈춘다.

300.8m의 봉우리(②)에서 분벽 후, 한 개의 지맥은 우선으로 진행하여 202.8m의 봉우리를 만들고, 또 다른 지맥은 좌선으로 진행하여 박영기 묘소를 환포하고 있다.

---

10   조선시대 관원에게 품계와 관직을 임명할 때 수여한 증서

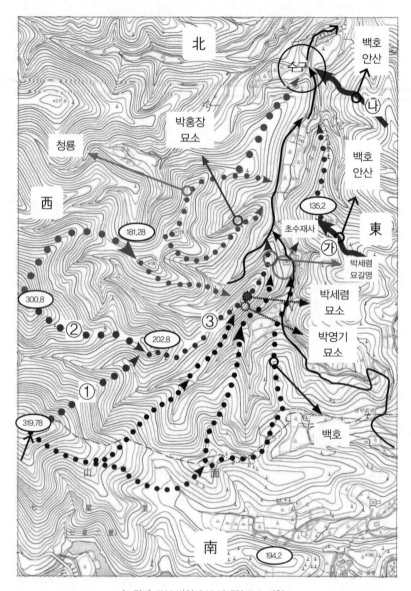

〈그림 7〉 조부 박영기 부 박세렴 묘소 지형도

319.78m봉우리(①:주산)에 분벽한 후 우선하여 202.8m의 봉우리 형성에 기여하고, 조금씩 더 행도하면서 가지를 내뻗어 몇 개의 백호가 되어 혈장을 감싸고 있다. 백호 끝자락에서는 박영기, 박세렴 묘소의 백호안산을 만드는데 기여하고 있다.

맨 끝자락에서는 용호가 입을 마주대하여 득해서 얻은 물과 바람의 정수를 혈장에서 흡수시키고, 찌꺼기를 수구처로 배설하는 역할을 하고 있다.

이러한 산세에서 현무와 안산의 관계는 음래양수 · 양래음수의 원리가 적용되어 음양의 조화로 생기를 얻는데, 혈장을 보호하는 역할을 맡은 용호보다도 중요시하는 경향이 있다.

2) 혈장의 분석

〈그림 8〉 조부 박영기, 부 박세렴 묘소 전경

박영기의 묘소는 중출맥을 뻗어 내려온 지맥상에 위치하여 청룡이 환포하고, 백호는 겹겹이 싸는 내(內)에 위치하고 있고 안산(㉮)으로 음양이 대대하고 있어 결혈하기 좋은 곳에 위치하고 있다.

박세렴의 묘소는 청룡이 감싸는 범위를 약간 벗어났으며, 백호는 역시 겹겹이 싸여 있으나 안산(㉮)정면으로 받아들이지 못한 아쉬움이 있다.

박영기 묘소와 박세렴 묘소에서는 청룡 선익이 있다. 박영기 묘소에는 청룡 선익이 바위와 같이 단단한 토질로 지반을 이루며, 묘지 앞에는 전순이 넓게 형성되어 있다. 혈장 좌우에는 평탄하면서 두둑하게 둘러쳐져 있다. 이는 혈증으로 생기를 나타내는 증거이다. 혈이라 할 수 있으며 후손이 지기(地氣)를 많이 받아 크게 발복한다. 당 묘소들은 백호 작국으로 재물이 풍성하고 본손보다는 외손 쪽에 장손보다는 차손에게 발복이 크다 할 수 있다. 특히 전순이 좋아 차손 발복에 영향력이 큰 것으로 예견된다.

맨 위에 박영기 묘소, 그 아래에 박영기 배위 영해신씨 묘소, 맨 아래에 박세렴 묘소가 차례로 용사되어 있다. 그리고 청룡맥에는 박세렴의 둘째 아들 목사공 박홍장의 묘소가 자리하고 있다.

3) 사격의 분석

박영기 묘소와 박세렴 묘소에서는 청룡, 백호가 없는 것 같아 보이나, 찬찬히 살펴보면 미미하게 약하고 골이 깊다.

청룡과 백호는 외부의 바람이 혈을 침범하지 못하도록 막아주고 골짜기 물의 증발을 억제하여 혈의 습기를 조절해 주며, 혈의 생기가 흩어지지 않도록 혈을 보호하는 역할을 한다. 청룡은 남성의 기운과 자식 번창의 기운을 가지고 있다.

〈그림 9〉 백호 전경

〈그림 10〉 청룡 전경

〈그림 11〉 안산 전경

　내청룡이 짧고 중심룡에 붙은 청룡이 아니어서 기의 발복이 늦다고 볼 수 있으나, 외청룡이 혈을 감싸 안아서 기의 발복으로 후손이 천천히 발복할 듯 싶다.

　백호가 순부(馴頫)하여야 좋은 혈을 맺어주는데 이는 혈판을 장풍하기 위해서는 서로 친밀하게 다정한 모습으로 얌전하게 머리를 낮추어 엎드린 모습이라야 좋다. 또한 백호에서 발생하는 기운은 재산과 여성의 생명력을 가지고 있으며, 혈처에서의 백호가 기능을 다하면 부자가 나오고 훌륭한 여성이 많이 배출되는데 딸은 물론 며느리에게도 영향을 미친다. 백호가 겹겹이 혈을 감싸고 있으므로 위와 같은 기능을 할 것으로 본다.

　안산은 수려하고 단정해야 하며 너무 크거나 혈보다 지나치게 높으면 혈을 억압하는 격이 되어 균형과 조화를 이루지 못한다.

혈에서 가까이 있는 안산은 조산보다 혈에 생기를 빨리 전달시키고 혈 앞에서 혈의 생기가 흩어지지 않도록 불어오는 바람을 막아주며 혈을 보호하는 역할을 한다. 안산은 백호 안산으로 바가지를 엎어 놓은 듯하여 금산으로 보기도 하고, 농사를 끝내고 노적가리를 쌓아 놓은 형태와 유사한 두툼하고 잘생긴 산 부봉사가 혈을 향해 있으니 재물 풍부한 가문이라 할 수 있겠다.

4) 수세의 분석

중심맥을 보호하는 물이 양쪽을 따라 호종하면서 호룡수(護龍水)의 역할을 하나 용맥 끝자락에서 순수한 듯 하여 좋지 않은 것 같으나, 청룡 자락이 역수하여 기를 거두는 모양을 하고 있다. 그러다가 물의 끝자락이 청룡 끝자락과 백호 끝자락이 관쇄하여 풍살을 순화시켜 기를 모으는 역할을 하고 있다. 대체로 국세는 작지만 장풍국을 형성을 하여 산소를 풍부하게 할 뿐만 아니라 생기가 모이는 국세를 하고 있다.

묘소 옆에는 초시골(묘곡리 약수터)이라 하여 맑고 단 샘물인 감천수가 사계절 흘러나오고 있으나, 혈장 앞의 샘이 진응수(眞應水)가 되지 못하여 아쉬운 점이 있다.

용맥이 우선수를 따라 나가는 것 같아 보이나 혈을 감싸주며 흐르는 요대수로 볼 수 있다. 그리고 인근 동북 방향에 묘곡 저수지가 있어 물을 가두어 기가 멈추는 역할을 하여 큰 부자와 지위가 높은 자가 많이 나는 것이 영구하다.

만약 용진혈적하고 이러한 좋은 물이 있다면 앞의 사가 혹 깨끗하지 못하여도 해가 없다. 고서에 이르기를 앞의 안산이 만약 난잡하면 단지 모여 고인 물을 구하면 기이하게 된다 하였다.

3. 무의공 박의장의 음택 분석

1) 박의장의 생애와 업적

임란공신(壬亂功臣) 무의공 박의장(朴毅長, 1555~1615)은 아버지 박세렴과 어머니 영양 남씨 사이에 맏아들로 태어났다. 시호는 무의(武毅), 호는 청신재(淸愼齋), 자는 사강(士剛)이다.

1784년(정조 8) 무의공으로 시호를 하사받았다. 그리고 증시교지와 추증교지는 박의장이 통정대부의 품계로 경주부윤에 임명되거나 선무원종공신(宣武原從功臣) 1등에 녹훈되는 것을 계기로 그의 부모와 조부모에게 내려졌다. 증시교지는 박의장에게 1784년(정조 8) '무의'의 시호를 내리는 교지이다. 녹패는 박의장이 경상좌도수군 절도사로 재직 중이던 1615년(광해군 7) 정월 병조로부터 발급받은 녹과 증서이다. 그는 당상관으로서 『제오과록(第五科祿)』을 받았다. 『경국대전』에 지급된 내용이 기록에 자세히 남아 있다.

그는 어려서부터 영리하고 소탈한 성격이었다. 동생 목사공 박홍장과 함께 동네 아이들과 죽마(竹馬)를 타고 전쟁놀이를 즐겼으며 몸집이 크고 성격이 엄정하였다고 한다. 13세 때부터 부친 세렴과 중부 세현(世賢)의 주선으로 퇴계 이황의 제자인 유일재(惟一齋), 김언기(金彦璣) 문하에 나아가 공부를 배웠다. 경서(經書)와 사서(史書)를 배움에 있어 한 번 본 것은 다 외울 정도로 총명하였다고 한다. 그런 가운데 병서도 익히면서 문무를 겸비하고자 노력하였다.

1577년(선조10) 23세 때 교생(校生)의 신분으로 무관 병과 18인으로 합격하였고, 1587년(선조 20) 33세 때 군기시참봉(軍器寺參奉)에 임명되면서 비로소 실직에 제수되었다. 1588년 부봉사(副奉事), 봉사(奉事), 직장(直長), 주부(主簿)를 거쳐 연말에는 종4품 조봉대부(朝奉大夫)로서 진해현감에 임명되는 초고속 승진을 하였다. 진해현감은 박의장이 처음으로 맡은 수령직이며, 함안 고을의 수령을 하였다.

1591년(선조 24) 37세 때 경주부판관[11]에 임명되었다. 임진왜란이 일어났을 때, 경주부 판관과 부윤 등을 지내면서 넝천성 탈환 전투와 경주성 수복 전투 등에서 전공을 세웠고, 전쟁기간 동안 경상좌도 방위활동에 큰 역할을 했다. 경주의 변방 산간지대에 위치한 죽장에서 흩어진 관군과 백성을 모아 대장간도 설치하여 화살과 같은 무기를 만들었다. 그리고 당시 일본군 기요마사(加藤淸正)의 선봉장으로 조선에 귀화한 김충선(金忠善, 1571~1642)으로부터 조총제조기술을 지원받기도 했다. 박의장은 자인의 왜적을 물리치고 영천성을 탈환하였고, 이어 경주성의 탈환으로 그 이름이 임금에게까지 알려졌고, 백성 사이에서 명성이 높았다고 한다. 1600년 경상좌도 병마절도사, 1605년 선무훈일등공신으로 녹훈, 1615년 자헌대부 호조판서 겸 오위도총부도총관으로 증직되었다.

현재 무의공 묘소 밑 덕후루에는 신도비각과 신도비가 모셔져 있으며, 260여년 뒤 1861년(철종 12) 경주 황성공원에는 무의공을 기리는 기념비를 무안박씨 종중과 경주 유림, 안동일대 유림들의 지지를 얻어 동부승지를 지낸 이휘녕(李彙寧)[12]이 찬술한 '박무의공 수복동도비(收復東都碑)'가 세워졌다.

---

11 판관은 큰 고을에 배치되어 수령을 도와 행정과 군정(軍政)을 보좌하던 관직이다.
12 퇴계 이황의 10대 종손이다.

2) 박의장의 음택 분석

(1) 내룡맥의 분석

주산에서 현무봉에 이르기까지 기복과 굴곡을 반복하면서 서쪽으로 행도하다 매우 단정한 목성체의 현무봉을 만든 후 남으로 살짝 진행하여 혈장을 맺었다. 혈장에서 현무봉을 보면 귀한 쌍봉사를 이루는 특이한 경우에 속한다. 다시 말하자면 현무봉이 보기 드문 특이한 쌍봉사이다.

좌측 봉우리(①)는 서남쪽으로 행도하면서 혈장을 원거리에서 환포하고, 다시 혈장 중심부근에서 동남쪽으로 환포하면서 수구까지 진행을 하여 행진을 멈추어 외백호를 만든다. 그리고 우측 봉우리(②)는 용을 진행하다가 봉우리 끝부분에서 미기한 곳(③)에서 분벽을 하여 내백호를 만들고 다시 진행을 하면서 야트막한 봉우리(④)부분에서 재분벽을 시도하여 우백호 쪽은 중심맥을 형성하고 왼쪽에는 혈장의 청룡으로서 역할을 담당한다.

중심룡은 또 분벽을 하여 한 지맥은 내백호로, 다른 지맥은 중심용맥으로서 하단에 양쪽 지각(止脚)을 내밀고 안정을 찾아 혈자리를 형성한다.

앞에서는 안산이 혈장을 향하여 내밀고 들어와 음양대대로 혈자리를 굳혀간다. 외백호 끝자리와 외산 청룡이 안산을 만들어 밀고 들어와 수구사의 한문을 만들어 수구의 역할인 물의 흐름을 조절하여 혈장의 기운을 보전하고 있다. 수구 끝에 있는 수동저수지는 한 번 더 기의 유출을 차단하고 있어 좋은 기운이 서려 있는 곳으로 본다.

13　경상북도 영덕군 창수면 수리 산 92-1번지 덕후루에서 조금 떨어진 곳에 자리하고 있다.

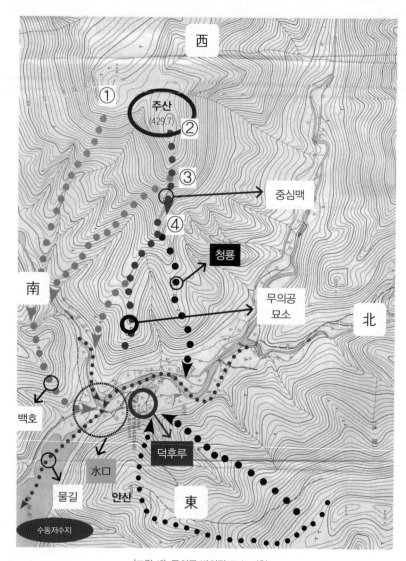

〈그림 12〉 무의공 박의장 묘소 지형도

〈그림 13〉 무의공 묘소의 전경[13]

(2) 혈장의 분석

　현무봉에서 서남쪽으로 큰 몸통을 몇 차례 꿈틀거리며 박환하여 기세 등등하게 진행하다가 다시 동남쪽으로 뻗어 내린 용맥이 약간 경사를 이루며 아주 약하게 밋밋하게 내려온 것 같으나 용이 행룡하면서 수많은 변화 과정을 거치면 기를 정제하고 순화시켜 생기를 혈에 공급해 주기 위해 많은 변화를 거쳤다.

　용맥이 뻗어 내려올 때 좌우에서 청룡과 백호가 감싸 안을 듯한 모습을 이루고 이를 보호해 줄 지맥이 은은융융(隱隱隆隆)하여 보일 듯 말 듯한 은맥(隱脈)으로 바람에 노출되지 않도록 이루어진 것이 또 하나의 특징이다. 내룡은 현무봉에서 좌우로 약간씩 각도를 바꾸며 500m 정도 흔들 듯이 내려와서 혈장으로 이어지기 직전에 잘록하게 결인을 하여 약하게 속기를 한 다음 살짝 솟아올라 유혈을 이루었다.

〈그림 14〉 청룡 쪽 바위 전경

혈판 상부에는 입수가 주룡에 연결되어 있으며, 입수 아래로는 혈이 있고 혈의 좌측과 우측 양쪽에는 선익이 위치하고 있다. 그리고 혈과 양쪽의 선익 아래에는 전순이 있어서 혈과 혈판을 만들어 주고 있다. 이와 같이 혈이 혈판에서 상하좌우로 둘러싸인 중상(中上) 부분에 자리 잡고 있다.

묘소 앞 전순에는 크게 돌출되었으나 모가 나지 않으며 풍화 작용으로 부드럽고 순하게 생겨 박환이 잘된 돌, 즉 혈을 받쳐주는 강한 돌이 양명(陽明)하고 서기(瑞氣)를 띠며 전순 혈을 바쳐 주고 있다. 그리고 청룡의 암석은 모가 나고 이끼가 끼어 색상이 보기 흉한 것 같지만 마치 용이 꿈틀거리는 듯한 모습을 하고 있어 길석(吉石)으로 볼 수 있다. 입수 기운이 선익을 만들었고 선익이 약간 짧아 아쉬움이 있으나, 혈을 만든 후 남은 기운이 혈 아래로 평탄하게 모여 있는 공간인 전순을 형성하고 있다.

묘소의 튼튼한 당판은 뒤에서 오는 내룡이 오랜 세월 풍우(風雨)에도 훼손됨이 없이 깨끗하고 후부(厚富)하게 생겼고 잘 받쳐주고 있는 전순과 이상적인 당판은 혈증을 나타내고 있다. 전순에서 발생하는 기운은 재

칼모양

일자문

〈그림 15〉 혈장에서 본 안산

물을 만들어줌으로 전순이 좋은 혈장을 이루고 있고 외백호와 내백호가 거듭 감싸고 있으므로 부를 겸비하면서 훌륭한 며느리를 맞이하고 주손(胄孫)보다는 차손이 발복할 자리로 여겨진다. 물 또한 구곡수로 흘러나가므로 좋은 혈로 볼 수 있다.

묘소는 1633년(인조 11) 영해부 원묘소가 있는 곳에서 그다지 멀지 않지만 산길이 깊고 험한데다 일도 거창하였음으로 대단한 효성을 필요로 했었던 것 같다. 서쪽 집희암에서 부인과 합장으로 천장하였다 한다. 입향조 묘소 부근에서 묘소를 이장하여 조성하고 수백 년에 걸쳐서 봉분을 유지 관리하는 과정에서 손질이 가해져 자연적인 상태를 알아 볼 수 없지만 입수, 선익, 혈판, 전순은 오늘날에도 확인할 수 있다.

(3) 사격의 분석

〈그림 16〉 청룡 전경   〈그림 17〉 백호 전경

당 묘지에서 토형산으로 산의 정상부가 수평 일자(一字) 모양으로 이루어진 형태로 일자가 높고 길면 길수록 좋고 암석으로 형성되면 더욱 좋다. 안산의 긴 일자문성(一字文星)은 최고급 관료를 배출할 수 있는 훌륭한 사격이다. 그러나 어느 한쪽으로 기울면 일자문성이 되지 않는다. 높고 일자가 길면 장관·도지사·국회의원급, 짧으면 차관급의 벼슬이 난다. 그리하여 후대에도 벼슬을 하는 후손이 이어질 것으로 사료된다.

혈장 앞에는 무의공의 생애와 업적을 닮은 무인으로서, 긴 칼처럼 뻗어 있는 모양을 한 안산이 특이한 형상을 이루고 있다. 그래서 후대에도 무의공과 같은 문과 무를 겸한 훌륭한 인물이 나기에 충분하다고 본다.

혈장의 청룡에는 토형산으로 산의 정상부가 일자문성과 같은 형태로서 일자 모양이 약간 기울며 승천하는 기상으로 높고 양명한 형상의 길암석(吉岩石)이 많다. 얼핏 보기엔 일자문성 같지만 현인군자가 난다고 하는 일자문성과 거의 흡사한 문현사(文賢砂)가 있는 것을 알 수 있다

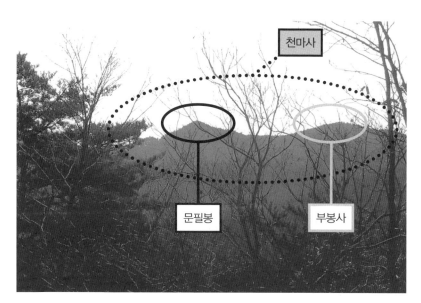

〈그림 18〉 백호 전경

안산의 좋은 사격과 청룡, 백호가 길게 뻗어 내려와 견고하게 혈장을 보호하며, 청룡산의 아름다움이 묘소의 역량을 더해주고 있다.

백호는 금형산으로 산의 정상부가 종이나 바가지를 엎어 놓은 듯 풍만하고 둥근 형상의 부자가 난다는 부봉사가 있다. 혈의 대소와 산의 형태에 따라 부의 척도를 가늠하는 길사가 혈장을 향해 있으니 재물이 풍족하다 할 수 있다. 좌에서 자세히 살펴보면 부봉사 옆에는 문필봉의 기운을 받아 혈장과 합이 되어 환상적인 조합을 이루어 천마사(天馬砂)의 모양을 이루며 혈장을 향해 있다. 그래서 말을 타고 일찍 벼슬길에 오르며 후손은 크게 출세하고 귀한 인물이 돼 금의환향할 것으로 보인다.

(4) 수세의 분석

<그림 19> 덕후루 앞 수동 저수지 수구사

혈장에서 보면 좌선수로 흘러가는 듯 보이나 혈 앞에서 허리띠를 두른 모양과 같이 혈을 감싸주며 흐르는 요대수로서 길수로 볼 수 있다. 내룡맥으로 볼 때 좌선수가 흘러 나가면서 혈을 감싸주며 흐르다 우선수를 만나 합수하여 덕후루(德厚樓)[14] 앞을 지나 수동 저수지가 물을 가두어 주니 기가 멈추어서 기가 왕성하다 할 수 있다.

물의 형세는 융저수로서 깊은 물이 모여 흐르지 않아 오고 가는 것을 알 수 없는 것이다. 이 물은 큰 부자와 지위가 높은 자가 나는 것이 영구하다고 본다. 그래서 무의공 묘소의 수세는 좌선수와 우선수가 합수하여 융저수를 이루니 길수로 볼 수 있다. 그리고 혈장에서 자세히 살펴보면 수동저수지가 보일 듯 말 듯하며 수구사가 수동저수지의 기를 왕성하게 하니 부와 명예를 얻을 수 있는 기운을 가지고 있다.

---

14 덕후루는 경상북도 영덕군 창수면 수리 454번지 무의공 박의장의 재실이다. 원래는 일자형(一字形)의 평면을 취하고 있었다. 1960년경에 뒤에 있던 건물이 도괴되어 현재와 같은 구자형(口字形)의 평면을 이루게 되었다.

4. 나가는 글

이제까지 박의장의 증조부, 조부, 부의 묘소 및 박의장의 묘소를 풍수지리 이론에 따라 3대를 선정하여 가문의 번성과 인물 배출의 영향에 대하여 분석하였다. 그리고 해당 묘소가 영향을 미칠 직계후손에 대한 자료를 족보에 기록된 내용을 통하여 확인하였다.

이렇게 조사한 결과 선정된 묘소는 풍수지리 이론을 모두 충족하는 형태를 구비하고 있었다. 조상의 묘소가 영향을 미쳤다고 보이는 1대 이후의 자손에게 자손 수와 고위 관직 진출자 수의 급격한 증가가 관찰되었다. 이러한 변화는 유전이나 가풍이 비슷하게 영향을 미칠 형제와 비교했을 때에 뚜렷한 차이가 관찰되어 그러한 결과를 얻을 수 있었던 것으로 본다.

입향조 증조부 박지몽의 묘지는 청룡이 약간의 흠이 있으나 용이 참되고 좋은 혈자리로 판단되는 진혈이다. 특히 천마사가 기운을 내려 무신과 문신이 많이 배출될 수 있도록 풍수적 작용에 많은 영향을 끼쳤다고 판단된다. 묘지의 수세는 변화되는 형태로 지현자 모양으로 구불구불 흘러가는 형상으로 길격이며, 칠보산인 안산과 조산이 막아주어 재물이 많이 모인다 할 수 있다. 형기적으로 증조부의 묘소에서 후손에게 가장 많은 영향을 주어 무의공을 배출한 것으로 본다.

조부 박영기의 묘소와 부 박세렴의 묘소에서는 안산이 농사를 끝내고 노적가리를 쌓아 놓은 형태와 유사한 두툼한 잘 생긴 부봉사가 쌍봉을 이루어 혈을 향해 있으니 재물이 많이 모여 부가 있는 가문으로 볼 수 있었다. 수세도 융진처를 이루어 산과 물의 음양배합이 잘 부합되어 생기가 생성되어 좋은 터 조성에 기여한 것으로 본다.

무의공 묘소 앞에는 일자문성의 토형산이 있어 후대에도 벼슬을 하는 후손이 많이 나오며 청룡과 백호에는 문현사의 좋은 사격이 혈장을 보호하며 백호에는 문필봉과 부봉사가 합을 이루어 영상사와 비슷한 천마사가 있어 일찍 벼슬길에 오르는 후손이 많이 났다고 볼 수 있다. 혈장 앞에는 무의공의 생애와 닮은 긴 칼 모양의 안산의 특이한 형상은 후대에도 무관이 많이 배출되는데 많은 영향을 준 것으로 본다. 수세로는 묘소 앞 덕후루 저수지가 부를 관장 하는 물을 가두어 음양조화를 하여 기를 조성함으로써 기운이 왕성한 명당이 된다.

Ⅲ

전통 장례문화를
말하다

장례 복원 메이크업 연구[1]

임영숙[2]

1. 머리말

2. 장례 복원 메이크업의 개념

3. 장례 복원 메이크업 절차

4. 장례 복원 메이크업의 상징성

5. 맺음말

---

1   본 글은 필자의 석사학위논문 「喪禮의 收屍 및 斂襲에 관한 연구」, 대구한의대 석사학위논문,
    2018에서 발췌하고 보완하여 작성한 내용이다.
2   서라벌대학교 장례학과 교수.

1. 머리말

생로병사 끝에 찾아오는 죽음은 자연의 필연적인 이치이며, 단순히 한 개인의 삶을 마감하는 것으로 끝나는 것이 아니라 산 자와 죽은 자가 함께 하는 의식인 의례로 이어지게 된다.

빠르게 변하는 현대사회는 삶의 질 향상과 함께 죽음의 질 향상에도 관심이 높을 뿐만 아니라 장례의 모습도 많은 변화를 가져왔으며, 장례 복원 메이크업도 그중 하나라고 할 수 있다.

메이크업이란 사전적으로 어떤 것을 '완성시키다', '보완하다'는 의미를 가지고 있다. 이것은 장례 메이크업에도 그대로 적용되는 것으로 죽음으로 인하여 변형되거나 훼손된 고인의 얼굴을 자연스럽고 편안한 모습으로 재현하여 유족과 조문객으로 하여금 충격을 벗어나고 마음을 위로하기 위해서 장례 메이크업이 필요한 것이다. 장례 메이크업이 다른 메이크업과 차별성을 보이는 것은 장례 메이크업을 하기 위해서는 화장술을 갖추는 것은 물론 훼손된 고인의 얼굴을 복원하는 기술도 함께 습득해야 하기 때문이다. 인간의 죽음이 모두 자연스러운 죽음이라면 화장술로도 가능하겠지만, 고인이 불의의 사고로 훼손된 채 사망한 경우라면 장례 메이크업과 시신보존위생 기술 모두가 필요할 것이다.[3]

메이크업은 방법이나 표현할 영역에 따라 크게 두 가지로 구분할 수 있다. 이는 일반 메이크업과 특별 메이크업으로 구분할 수 있으며, 장례 복원 메이크업은 특별 메이크업이라 할 수 있다. 또한 장례 복원 메이크업은 시신 복원이라는 고유한 영역을 가지고 있으며, 일반 메이크업과는 상호 보완적이다.

3 　윤문주, 「장례문화의 인식과 장례메이크업 도입에 관한 연구」, 한남대 석사학위논문, 2010, 9쪽.

일반 메이크업은 낱말 뜻 그대로 '미' 즉, 아름다움을 표현하는데 목적을 두며, 특별 메이크업은 좀 더 적극적인 의사전달 수단으로 인물의 모습 일부를 감추거나 강조하는 등으로 변화시켜 대상의 나이나 성격 등의 이미지를 원하는 바대로 구축하여 개성 있는 인물로 표현하는 것이다. 이런 관점에서 볼 때 장례 복원 메이크업은 특별 메이크업의 한 분야로 기술적으로 작업할 시 사용되는 방법, 색의 원리와 적용 재료의 적절한 활용과 응용을 통하여 다양한 메이크업을 표현할 수 있다. 또한 전용화장품과 일반화장품을 혼합 적용하여 상호 조화와 상승효과를 살려 더욱 사실적이고, 자연스럽고 생동감 있는 표현을 할 수 있도록 하여야 할 것이다.[4]

2. 장례 복원 메이크업의 개념

장례 복원의 일반적인 기술은 시신에 화장(化粧)을 하는 사자분장(死者扮裝)인 시신 복원 메이크업이다. 시신 복원 메이크업은 장례 복원 메이크업이라고도 하며, 광의적(廣義的)으로 보면 회복기술학이라고 볼 수 있다.

시신 복원의 기본적인 개념은 사자분장이다. 수시 및 염습의 과정에서 이루어지는 사자분장은 현대의 장례절차에서는 모든 절차가 하루에 다 이루어지는 경우가 대부분이다.

사자분장의 기원은 무덤에서 출토된 부장품(副葬品)에서 엿볼 수 있다. 삼국시대의 무덤에서 나온 사자분장용 부장품은 옥(玉)이 대표적이라 할 수 있다. 옥은 평소 장식용으로 사용하던 것을 묻은 것인지, 사후(死後

---

4   김미혜, 「장례복원메이크업 사례 적용 연구」, 호서대 박사학위논문, 2012, 6쪽.

) 부장품으로 새로 만들어 묻은 것인지는 알 수 없으나 사자분장용으로 사용한 것은 분명하다.

시신에게 메이크업을 하는 것은 얼굴, 피부 등을 자연스럽게 화장을 하지 않은 것처럼 재현하는 것이 중요하다.

1) 사후 화장의 목적[5]

사후화장술은 자연스러운 모습으로 색을 재현하는데 중점을 두고 시행해야 한다. 화장의 목적은 다음과 같은 목적을 성취해내기 위해 시신의 보이는 부위에 행해진다.

- 죽음, 질병, 시신위생처리로 원래의 색을 잃은 부위를 원래대로 돌리기 위해
- 장례식장의 조명에 의해 색이 죽는 효과를 보상하기 위해
- 시신의 특징을 가장 잘 살린 모습을 보이기 위해
- 고통으로부터 자유로워진, 평화로운 안식을 취하고 있는 모습을 보임으로써 유족들 슬픔을 심리적으로 덜어주기 위해
- 얼굴이나 표정을 강조하거나 눈에 덜 띄게 하기 위해
- 시신의 의복이나 관내부의 인테리어와 시신의 안면색조를 맞추기 위해
- 변색된 부위를 감추기 위해
- 안면의 색상과 왁스를 맞추기 위해

---

5   서분희 · 황규성, 『시신화장의 이론과 실제』, 대학서림, 2011, 67쪽 참조.

2) 봉합술

봉합은 피부조직의 절단된 자리나 외상으로 갈라진 자리를 꿰매어 붙이는 것을 말한다. 피부조직이 절단, 찢긴 상처, 질병, 외상에 이해 또는 원인 불명의 외인사의 경우 부검을 위해 절개되어 열려져 있을 때는 그 부위에서 혈액과 체액 등의 분비물이 누수 및 새어 나오지 못하도록 봉합을 해야 한다. 봉합을 할 때 여러 형태로 갈라진 피부조직의 상태에 따라 적절하게 봉합을 할 수 있는 방법은 여러 가지가 있다. 봉합은 상처의 위치, 상처의 크기, 봉합의 목적에 따라 어떤 봉합 방법을 적용할 것인지 먼저 고민을 해야 하며, 봉합을 단단히 하기 위해서는 바늘을 당기는 것이 아니라 실을 당겨야 한다는 것을 명심해야 한다. 이는 바늘을 당기게 되면 바늘 눈으로 실이 빠질 수 있기 때문이다. 상처 부위가 긴 경우 실이 빠지는 일이 자주 발생하기 때문에 조심해서 적용해야 한다.[6]

(1) 봉합 도구

봉합사란 훼손되거나 손상된 부분을 지지하기 위해 사용하는 실이다. 봉합사는 가급적 굵기가 균일하고 신장 강도가 높아야 하며, 다루기 쉬워야 한다.

■ 봉합사의 종류
- 흡수성 · 비흡수성 봉합사

  흡수성 봉합사는 효소나 체액 등에 가수분해 되며, 비흡수성 봉합사는 천연 또는 합성사이며 분해나 흡수되지 않도록 만들어진 봉합사이다.

6　김미혜, 「장례복원메이크업 사례 적용 연구」, 호서대 박사학위논문, 2012, 64쪽.

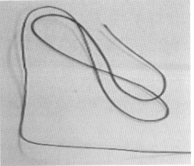

〈그림 1〉 봉합사- 봉합사(suture thread)

- 천연 · 합성 봉합사

천연사는 인장 강도가 떨어지며 조직반응이 크고, 또한 균일한 굵기로 만들기 어렵다.

합성사는 인장 강도가 높고 조직반응이 거의 없으며, 균일한 굵기로 만들기 쉽다.

- 단선 · 복선 봉합사

단선사는 한 가닥으로 만들어져 있으며, 표면이 매끄럽고 봉합 부분의 통과가 쉽다. 그러나 유연성과 매듭의 안전성이 다소 떨어진다.

복선사는 꼬거나 여러 가닥으로 이루어져 있으며, 부드럽고 유연하고 매듭이 안정적이다.

■ 봉합 바늘(suture neddle)

외상에 의한 피부의 열개(裂開)된 부분을 봉합하기 위하여 사용하는 외과용 바늘로 여러 종류의 봉합 바늘이 있다.

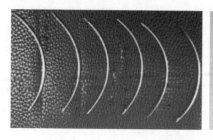

〈그림 2〉 봉합 바늘

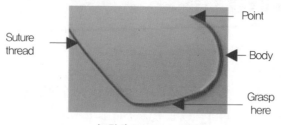

Suture thread

Point

Body

Grasp here

〈그림 3〉 Suture needle 구조

(2) 봉합 방법

■ 개별 봉합(Bridge suture)

메이크업하기 전 열개된 부분을 임시적으로 제 위치에 바로 잡기 위해 하는 봉합술이다.

외부에서 보이는 곳을 봉합할 때 한다.

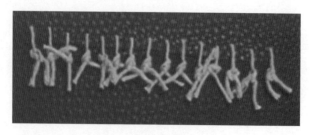

〈그림 4〉 개별 봉합

■ **계속 봉합**(Whip suture)

메이크업하기 전 길게 열개된 부분을 임시적으로 봉합할 때 사용한다. 외부에서 보이지 않는 곳을 봉합할 때 한다.

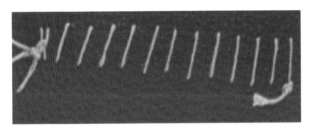

〈그림 5〉 계속 봉합

■ **야구공 봉합**(Baseball suture)

야구공 겉면과 같이 봉합하는 것으로 영구적, 그리고 강하게 봉합하는 방법이다.

일반적으로 장례 봉합시 가장 많이 사용하는 봉합술이다. 또한 열개된 부분을 가장 안전하게 봉합할 수 있으며, 부검(剖檢)한 시신을 봉합할 때 유용하다.

외부에서 보이지 않는 곳을 봉합할 때 한다.

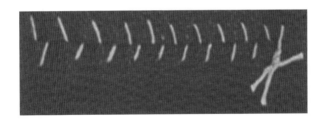

〈그림 6〉 야구공 봉합

■ **역위 봉합**(Worm suture)

영구적, 그리고 강하게 봉합하는 방법이며, 외부에서 보이는 곳과 보이지 않는 곳을 봉합할 때 한다.

부검시 두피 봉합에 유용하다.

〈그림 7〉 역위 봉합

■ **주머니 봉합**(Pulse-string suture)

열개된 부분에 큰 상처나 구멍이 있을 경우 사용하는 봉합술이다.

영구적, 그리고 강하게 봉합하는 방법이며, 외부에서 보이지 않는 곳을 봉합할 때 한다.

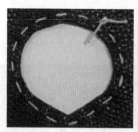

〈그림 8〉 주머니 봉합(좌), N자 봉합(우)

■ N자 봉합(N-suture)

시신에 작은 상처나 구멍이 있을 경우 사용하는 봉합술이다.

영구적, 그리고 강하게 봉합하는 방법이며, 외부에서 보이지 않는 곳을 봉합할 때 한다.

자연스러운 사후 화장술을 위해서는 사별의 충격을 완화시킬 수 있도록 시신의 평상시 이미지를 기억하고 있어야 한다. 이를 위해서는 고인의 사진을 최대한 활용하여야 하는 것이 좋으며 최근 사진을 통해 생전의 얼굴과 고인의 얼굴 변화를 확실히 비교해 볼 수 있다. 또한 사진 속 얼굴 특징을 분석하여 얼굴선과 자연스러운 특징을 강조하기 위해 색조화장품을 어떻게 적용할지 쉽게 알 수 있다. 사진을 확대 분석하면 그냥은 보이지 않는 특징적인 선, 주름살의 자세한 모양, 타고난 음영 등을 표현하는데 도움이 될 것이다.[7]

장례 복원메이크업은 소모성 질환이나 외상으로 인해 죽은 사람들에게 행해지는 특별한 사후처리 즉, 부패나 변색, 질병, 사고로 파손된 시신의 일부를 만들거나 재창조하는 기술이며, 완전하고, 살아있을 때처럼 자연스러운 모습으로 유가족들이나 고인과 친교가 있었던 사람들에게 보이도록 하기 위해 모양과 색을 더하는 기술에 관한 것으로 신체 일부 또는 안면과 피부, 머리, 손 등을 아름답게 또는 자연스럽게 표현하는 기술이다. 복원메이크업을 통해 고인의 인생역정을 회상하고, 더 이상 고인을 눈으로 볼 수 없는 유족의 마음을 평온하게 하여 슬픔을 조금이라도 덜어주는데 도움을 줄 수 있을 것이다. 복원을 가장 적절하게 적용했을 때 유족의 의견과 희망을 최대한 살려 그 상황에 맞게 원하는 수준의 모습으로 연출할 수 있다.[8]

---

7   한국인체미용예술학회, 「한국인체미용예술학회」 제11권 제1호, 2010, 37쪽.
8   김미혜, 「장례복원메이크업 사례 적용 연구」, 호서대 박사학위논문, 2012, 6~7쪽.

3. 장례 복원 메이크업 절차

장례 복원 메이크업 절차는, 크게 정상 시신에게 행하는 메이크업과 변색되어 있는 시신에게 행하는 메이그업으로 구분할 수 있나.

1) 정상 시신의 복원 절차

정상 시신의 메이크업은 머리, 얼굴, 목, 손 등이 대상이 된다.

(1) 사전 준비

고인의 최근 생전 사진을 참고하여 얼굴의 특징을 분석하면 메이크업에 효율적일 수 있다. 유족이 제공한 고인의 최근 생전 사진은 정확한 얼굴선, 얼굴 특징을 강조하기 위한 색조 파운데이션(Foundation)을 정할 수 있기 때문에 귀중한 자료가 된다.

■ 세정

살균성 비누로 씻는다. 그런 다음 샴푸 또는 살균성 액체 비누로 머리를 감긴다.

■ 크림 도포

씻은 다음 손과 얼굴에 화장 오일이나 마사지 크림을 바른다.

■ 수염 및 털 제거

시신 손상을 막기 위해 안전면도날 또는 전기면도기를 사용하여 수염 및 털을 제거한다. 콧털은 가위로 다듬고, 길거나 헝클어진 눈썹도 가위로 다듬는다. 구레나룻도 손질한다. 또한 귀 위의 머리카락도 손질한다.

〈표 1〉 기본 안색재료

재 료	특 징
투명 리퀴드 안료	– 오렌지, 붉은색 – 신체의 자연스런 얼굴색을 만드는데 쓰임 – 눈꺼풀, 입술점막 표면을 건조시키는 단점 – 사용방법: 브러시 사용
리퀴드 파우더 안료	– 붉은색 – 파우더가 화장표면에 얇고 섬세한 막을 형성하여 모공이 보일 정도로 표피가 매끄럽게 마무리 – 사용방법: 브러시 사용
염색된 연화크림	– 자연스런 안색 – 피부표면에 얇게 발랐을 때 투명하고 섬세한 광택과 자연스런 안색을 나타냄 – 피부건조를 방지해줌 – 사용방법: 브러시, 점화법, 손가락으로 발라주기
반투명 연화크림	– 부자연스런 안색을 만들지만 창백한 부분이 안보이게하며 밝은 색의 결점도 눈에 띄지 않게 함 – 사용방법: 브러시, 점화법, 손가락으로 발라주기
불투명 크림	– 피부의 손상, 변색 및 복구한 얼굴의 표면을 완전히 덮어 가리기 위해 사용됨 – 복구된 표면에 잘 사용되며 대부분 화장품매체와 병행해서 쓰임 – 사용밥법: 점화법과 손가락으로 바르기
불투명 리퀴드	– 가장 보편적으로 사용됨 – 표피를 덮어주고 씻겨나가지 않고 아주 효과적으로 탈수를 예방해 줌 – 사용방법: 브러시, 점화법, 손가락으로 발라주기
스프레이 화장품	– 기본적인 착색제로 쓰임 – 분무형 스프레이는 기본적인 안면착색제로 사용됨 – 불투명 안료분무기는 탈색과 복구조직을 가리기 위해 사용

출처: 한국인체미용예술학회, 「한국인체미용예술학회」 제11권 제1호, 2010, 38쪽.

■ 외모잡기

고인의 눈을 감겨서 잠을 자듯 자연스러운 모양을 유지토록 한다.

(2) 파운데이션

앞서 크림 도포한 것을 용제로 제거한 후, 액체 파운데이션을 바른다.
이때 차가워진 시신의 얼굴을 따뜻한 물수건으로 데운 후 파운데이션을
한다. 이는 파운데이션이 잘 도포될 수 있게 하기 위함이다.

(3) 하이라이트(Highlight) 및 섀도우(Shadow)

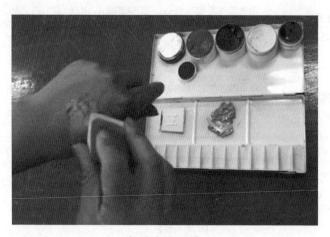

〈그림 9〉 색조 적용

시신에 적용된 파운데이션은 조명, 수의, 관 내부의 인테리어에 따라
시신의 정상적인 색감이 떨어질 우려가 있으므로 수정해야 할 필요가 있
을 수 있다. 장례메이크업 전용 파운데이션의 기초 색조로 전처리한 파
운데이션의 색상을 교정해줄 수 있다. 이 제품들은 기름 성분으로, 오
일 타입의 화장품과 함께 사용할 때 효과적이다. 4가지 기초색조(흰색, 황
색, 적색, 갈색) 중 적절한 색을 적용하여 얼굴 톤을 바꿀 수 있다. 이때 나이

든 시신이라면 누르스름한 빛깔이 강조되어야 할 것이다. 반면, 이미 발라놓은 파운데이션이 너무 밝거나 또는 지나치게 어둡다면 이것 역시 교정해줄 수 있다. 시신이 정상적이고 혈색이 좋고 불그스름하거나 조명, 수의, 관 내부색이 붉다면 적색 기초색조를 사용해서 수정할 수 있다.[9]

(4) 얼굴선 및 얼굴 수정

얼굴선 및 얼굴의 굴곡 부분을 크게 또는 돌출되게 보이려면 더 밝은 색으로 표현한다. 또한 얼굴선 및 얼굴의 굴곡 부분을 작게 또는 돌출되지 않도록 보이려면 더 어두운색으로 표현한다. 이렇게 하면 입체감을 달리 표현할 수 있다.

(5) 난색(暖色) 표현

난색이란 생전의 자연스럽고 불그스레한 피부색이라고 볼 수 있다. 얼굴의 난색을 표현하는데 자연스러워 보이게 하여야 하며, 난색 부위는 위치별로 선명함이 다르다. 난색 부위는 입술, 뺨, 귀, 이마, 손 등이 있다.

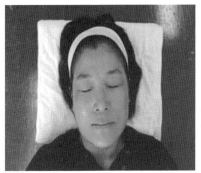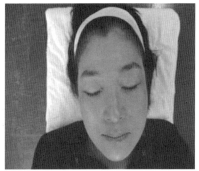

〈그림 10〉 난색 표현(左:전, 右:후)

9　김미혜, 「장례복원메이크업 사례 적용 연구」, 호서대 박사학위논문, 2012, 78쪽.

(6) 파우더(Powder) 바르기

파우더는 오일이나 글리세린이 함유된 파운데이션을 밀착시키기 위한
마지막 단계에서 사용된다. 엠밍 시신에서 자연스러운(열우) 마무리를 하
고 싶다면 이러한 피부 파운데이션으로 할 수 있다.[10]

2) 변색 가림 절차

사후의 신체적 변화는 사후 강직(Rigor mortis), 사후 한랭(Algor mortis),
사후 시반(Livor mortis), 각막 혼탁, 조직 연화, 연조직 액화 등으로 변화
하는데, 혈액 순환이 멈춘 후에 적혈구가 손상되고 헤모글로빈이 방출
되어 피부가 변색되는 것이 사후 시반(屍班) 현상이다.

피부 변색은 혈액의 양과 점도에 따라 다르다. 옅은 붉은 색에서 검은
색까지 변색이 다양하다.

시반은 질식사나 급사한 시신에서는 심하게 나타난다. 또한 약물에
의한 변색, 동사(凍死), 질병, 연탄가스 중독, 황화수소 중독 등에서도 시
반 현상이 일어난다.

변색과 복구된 피부 표면을 처치할 때, 불투명 리퀴드와 불투명 크림을
함께 사용하면 자연스러운 피부색을 표현하는데 있어 매우 효과적이다.
이 화장품들은 사실상 어떠한 유형의 변색 혹은 복구된 표면을 감추어 줄
것이다. 리퀴드 불투명 화장품은 난해한 사후 변색들을 감추기 위해 제작
됐다. 이들 화장품은 액상과 에어로졸 형태로 이용될 수 있다. 리퀴드 불
투명 화장품은 빠르게 건조되며 자연스러운 모습을 표현해 준다.[11]

---

10 김미혜, 「장례복원메이크업 사례 적용 연구」, 호서대 박사학위논문, 2012, 80쪽.
11 서분희 · 황규성, 「시신화장의 이론과 실제」, 대학서림, 2011, 183쪽.

(1) 베이스 메이크업

변색 부위에 리퀴드 불투명 파운데이션을 솔질하듯 바른다. 두껍지 않도록 고르게 펴 바르며 피부색과 같은 색조를 사용한다. 자연스러운 피부의 모공처럼 점각 처리를 해준 후 건조시킨다.

(2) 기본 파운데이션

피부 표면 위로 기본 파운데이션을 바른다. 이때 앞서 한 베이스 메이크업 위에 가볍게 바른다. 그 후 반투명하게 보이기 위하여 적은 양의 투명 파운데이션을 매끄럽게 펴 다듬어준다.

(3) 색조 메이크업

자연스러운 얼굴색과 유사하도록 색조 크림을 선택한다. 점각 브러시를 사용하여 파운데이션 위에 살짝 색조 크림을 바른다. 이것은 모든 얼굴색에 있는 멜라닌 색소를 대체하는 작용을 한다. 크림 파운데이션은 아주 엷게 사용한다. 이는 자연스러운 반투명 피부색을 만들어 주기 위함이다.

(4) 건조 및 마무리 파우더

화장된 피부 위로 백색의 건조 및 마무리 파우더를 뿌린다. 파우더가 적어도 5분 이상 화장된 피부에 남아 있도록 한다. 이렇게 하면 화장품이 적당하게 건조되고 안정하게 된다 한다. 파우더 브러시로 남아 있는 파우더를 제거한다.

(5) 자연스러운 얼굴선과 특징 표현하기

모든 남아 있는 파우더를 제거한다. 그런 다음 얼굴선, 주름, 자연스러운 반점 등의 특징적인 얼굴색을 만든다. 이를 위해 옅은 갈색 또는 진한 갈색 색조 크림을 사용한다. 또한 깨끗한 브러시를 사용하여 피부 위에 가볍게 점착한다. 이는 화장품이 자연스러운 색감이 나도록 하는 것이다.

(6) 난색 부위의 변색

변색이 얼굴 및 손의 난색 부분까지 이르렀다면 다음과 같이 처치한다.

- 붉은색 착색제를 리퀴드 불투명 베이스 메이크업에 첨가시킨다.
- 리퀴드 불투명 파운데이션을 솔로 바른 후 건조시킨다.
- 붉은색의 기초 색조를 남겨 둔 채 기본 안색 컬러를 섞어준다.
- 색조 크림을 사용하여 선을 자연스럽게 한다.
- 보이는 특징들은 잘 강조해 준다.

(7) 표면 전체의 변색

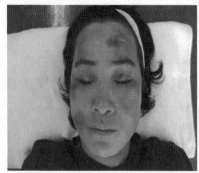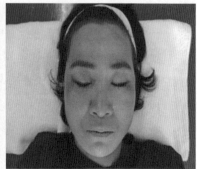

〈그림 11〉 변색 가림(左:전, 右:후)

황달 등 전체 피부를 가리는 것이 필요할 경우 리퀴드 불투명 색소를 사용한다. 베이스 메이크업이 마르면 안색제를 옅게 그리고 균일하게 발라준다.

4. 장례 복원 메이크업의 상징성

장례 복원 메이크업의 근본 목적은 유가족에게 고인의 평온한 모습을 보이고자 하는 것이다. 즉 죽음으로 인한 사후 물리적 신체변화, 변색 등을 메이크업으로 자연스럽게 살아 있을 때의 모습으로 연출하는 것이다. 또한 유가족의 심리적 안정성을 도모할 수 있는 것이다.

장례는 인간의 죽음을 다루는 숭고하고 경건한 의례이다. 그러므로 고인의 마지막 모습을 표현하기 위해 고인의 상처나 피부 변색, 신체의 함몰 여부 등을 파악한 다음 유족과 상담을 통해 장례 복원 메이크업의 범위 등을 결정하는 것이 바람직하다.

또한 고인의 사진이나 동영상 등을 통해 특징적인 부분을 파악하여 복원 메이크업의 계획을 세우는 것이 좋다.

장례 복원 메이크업은 메이크업에 필요한 재료나 처치 방법 등이 일반적인 메이크업과 별반 다르지 않다. 그러나 큰 차이점은 사후의 시간 변화에 따르는 시신에 대한 지식뿐만 아니라 생전의 모습을 표현하기 위한 색조 배합 등의 기술이 더 고려되어야 한다.

장례 복원 메이크업은 고인의 존엄성을 확보하고, 유가족에게 고인의 아름답게 편히 잠자는 듯한 모습을 보게 하여 심리적 안정감을 얻게 하는 방법으로 장례 복원 메이크업의 본질은 인간의 삶 속에서 죽음과 같은 깊은 상처를 겪을 때, 주위 사람들의 따뜻하고 친절하고 애정 어린 보살핌이 무엇보다 필요함을 전제로 하고 있는 것이다. 즉 유가족의 슬픔 극복이 중요 전제라고 할 수 있다. 일반적 메이크업이 본인의 아름다움을 꾸미려는 목적이리면 장례 복원 메이크업은 시신의 존엄성 회복과 유가족 심리의 치료개념을 필요로 하는 전문적 분야라 할 수 있는 것이다.[12]

옛날에는 지금의 기초 화장품이나 색조 화장품처럼 다양하지 않았으나 전통 상례에서는 씻기고 가지런히 하는 예는 있었다.

전통 사자분장에서는 향탕수로 깨끗이 머리를 감기고 목욕시켰으며, 습의(襲衣)를 입히고, 진주나 구슬, 쌀 등으로 반함하였다. 반함을 하는 이유는 『예기』에 "쌀과 패옥(貝玉)을 쓰는 것은 아름다운 것을 가지고 입 속을 채울 뿐이다"[13]고 그 이유를 밝히고 있다. 또한 여상(女喪)인 경우 연지·곤지 등 곱게 화장을 하기도 하였다.

따라서 지금과 같은 화려하고 다양한 화장품을 사용하여 메이크업을 하는 것은 아니지만 목욕과 빗질, 정리정돈을 통해 고인을 마지막으로 대면할 때 평온한 모습으로 하고자 하는 것은 지금과 같다고 볼 수 있다.[14]

장례 복원 메이크업, 특히 얼굴 화장이 고인에게는 존엄성을 회복시켜주는 데 큰 영향을 끼친다. 그리고 남은 유족에게는 고인과의 영원한 헤어짐을 받아들일 수 있도록 하여 심리적 충격을 완화하는 역할을 한다. 또한 고인에 대한 이별의 기억도 좋은 모습으로 남아 있을 것이다.

---

12 서분희·황규성, 『시신화장의 이론과 실제』, 대학서림, 2011, 3쪽 참조.
13 『禮記』, 「檀弓」下: "飯用米貝, 弗忍虛也, 不以食道, 用美焉爾."
14 이미희, 「장례문화의 사적 고찰을 통한 장례메이크업 제안 연구」, 한성대 석사학위논문, 2016, 17쪽.

5. 맺음말

현대사회는 삶의 질과 함께 죽음의 질에도 관심이 높을 뿐만 아니라 장례의 모습도 많은 변화를 가져왔으며, 장례식장의 출현과 장례 복원 메이크업도 그중 하나라고 할 수 있을 것이다.

장례 복원 메이크업의 기본적인 개념은 사자분장이다. 본 연구에서는 수시 및 염습의 과정에서 이루어지는 사자분장 즉, 현대의 장례절차에서 이루어지는 장례 복원 메이크업의 내용을 비교 분석하였다.

또한 장례 복원 메이크업의 기본적인 개념 분석을 바탕으로 현대의 장례에서 본 장례 복원 메이크업의 기술 요소들을 살펴보았다. 그중 일반적인 기술은 시신에 화장(化粧)을 하는 사자분장인 장례 복원 메이크업이다. 장례 복원 메이크업은 시신 복원 메이크업이라고도 하며, 광의적으로 보면 회복기술학이라고 볼 수 있다.

시신에게 복원 메이크업을 하는 것은 얼굴, 피부 등을 자연스럽게 화장을 하지 않은 것처럼 재현하는 것이 중요하다.

장례 복원 메이크업은 메이크업에 필요한 재료나 처치 방법 등이 일반적인 메이크업과 별반 다르지 않다. 그러나 큰 차이점은 사후의 시간 변화에 따르는 물리적 신체 변화 등 시신에 대한 지식뿐만 아니라 생전의 모습을 표현하기 위한 색조 배합 등의 기술이 더 고려되어야 할 것이다.

장례 복원 메이크업의 근본 목적은 유가족에게 고인의 평온한 모습을 보이고자 하는 것이다. 즉 죽음으로 인한 사후 물리적 신체변화, 변색 등을 메이크업으로 자연스럽게 살아 있을 때의 모습으로 연출하는 것이며, 또한 유가족의 심리적 안정성을 도모할 수 있는 것임을 확인할 수 있다.

장례 복원 메이크업, 특히 얼굴 화장이 고인에게는 존엄성을 회복시켜주는 데 큰 영향을 끼친다. 그리고 남은 유족에게는 고인과의 영원한 헤어짐을 받아들일 수 있도록 하여 심리석 충격을 완화하는 역할을 한다. 또한 고인에 대한 이별의 기억도 좋은 모습으로 남아 있을 것이다.

전통상례에서 혼백과 명정에 함의된 상징성 연구[1]

1. 들어가는 글

2. 상례(喪禮)의 의의

3. 혼백(魂帛)과 명정(銘旌)

1) 초종(初終)과 혼백

2) 명정

4. 혼백과 명정에 함의된 상징성

1) 혼백에 함의된 상징성

2) 명정에 함의된 상징성

5. 나가는 글

---

1   본 글은 필자의 「傳統 喪禮 道具에 관한 연구」, 대구한의대 석사학위논문, 2016의 일부를 발췌하여 작성한 글이다.
2   아인 i 평생교육원 원장.

1. 들어가는 글

관혼상제(冠婚喪祭)는 혼례, 제례, 상례, 관례를 일컫는 의례를 말한다. 인간이 태어나 사회의 한 구성원으로 받아들여지는 의례에서부터 사회적 관계가 단절됨으로 인한 상례를 포괄하며, 한 민족의 사회 윤리와 풍속을 깊이 나타낸다. 이 중 죽음과 그 사후 처리와 관련된 상장례 문화는 해당 문화가 인간과 세계를 어떠한 방식으로 조망하고 있는가를 근간으로 하기에, 한 민족의 고유한 세계관, 자연관, 종교관 등을 잘 나타낸다.

특히 우리나라의 경우 유교 문화를 기반으로 하고 있어, 전통 상례의 경우 부모를 마지막으로 섬기는 효의 발현인 의식으로 관혼상제 가운데 가장 절차가 복잡하고 그 의미가 깊다. 일반적으로 상례는 장례와 함께 상·장례의 개념으로 통합적으로 통용된다. 상례와 장례는 모두 죽음과 관련된 의례절차로 고인의 넋을 기리고 죽은 자에 대한 예를 표한다는 점에서는 공통적이다. 그러나 정의적으로, 장례는 고인의 주검처리 과정에 직접적이며 그에 수반되는 의례절차에 국한 되는데 반해 전통적인 상례는 임종에서 시작하여 5대 조고비가 묘사에서 길제까지의 3년 동안 의례절차를 진행한다는 점에서 장례의식 이외의 절차를 포함하여 더욱 포괄적인 의식절차이다[3]

전통 유교적 상례 절차는 이승과 저승이 연결되어 있다는 내세관을 기반으로 쓰던 물품을 부장품으로 함께 묻고, 시신을 손상하지 않고 그대로 보존하는 것을 특징으로 한다. 긴 상례기간과 초종부터 길제까지 19단계에 걸친 복잡한 형식과 의식절차 또한 이승을 떠나게 된 망자의

---

3   박대수, 「한국사상과 문화」73, 한국사상문화학회 , 2014, 19쪽.

혼령을 위로하기 위한 상징적인 의미를 가진 의식과정이기에 가능하였다. 전통적 상례는 망자를 기리기 위한 의식인 동시에 이승에 남겨진 가족들로 하여금 망자를 잃은 슬픔과 죽음의 두려움을 극복하며 일상생활을 영위할 수 있게 하는 역할을 하고, 친족 및 지역공동체의 결속을 도모하는 기회라는 점에서도 중요한 의례였다.

그러나 현재는 도시문화, 산업문화, 핵가족문화가 진행되면서 상례를 지내는 대상이 축소되고, 상례절차 자체도 전통상례 절차에 비해 많이 간소화되었다. 상업적인 장례식장에서 3일장을 치르는 것이 일반화된 상황에서 상례와 장례의 조직 개념이 혼용되는 것은 자연스러운 것으로 여겨진다. 이렇듯 상례는 사회 조직 전반적인 변화과정 속에서 인간관계, 생활양식, 가치관에 영향을 받아 형식의 간소화와 더불어 기능적인 변화과정도 겪게 되었다.[4]

이와 같이 상례는 죽은 이의 육신과 영혼 모두를 보살피는 정교하고 세밀한 의식의 총체라고 할 수 있다. 상례는 각 단계에 해당하는 예식절차가 있는데, 여기에서는 다양한 의복과 상례도구들이 필요하다. 예법이라 함은 바로 의복의 올바른 착용과 법도에 맞는 상례도구의 사용을 일컫는 것이라고 할 수 있다.

앞서 언급한 바에서 상례가 기능적인 변화를 겪게 된 것은 상례 절차가 간단해짐과 함께 그 예법 안에 녹아있던 유교적 가치관의 전래가 약화된 것이 한 원인이라는 것을 어렵지 않게 짐작할 수 있다. 그러나 상례 형식이 간편화되었다고 하더라도 조상의 넋을 기리고 예를 표하려는 상·장례의 기본 목적은 아직까지 유지된다는 점, 그리고 상례절차의

---

4   박대수, 『한국사상과 문화』73, 한국사상문화학회 , 2014, 19쪽.

예법을 통해 선조들의 생활문화 속 깊이 자리한 영혼관, 인간관, 세계관을 아우르는 사고방식을 엿볼 수 있다는 점에서 전통 상례절차의 예법과 정신을 정리하고 정립(연구)하는 것이 중요하다.

본 연구는 전통 상례 전반에 대한 선행연구 검토를 통하여 전통 상례의 의의와 상례 절차를 간략히 재조명하고, 혼백과 명정에 함의된 상징성인 음양오행 사상의 사용절차를 자세히 정리하여 한국 전통 상례 도구의 유래와 그 역할을 연구하는 것을 목적으로 한다.

2. 상례(喪禮)의 의의

상례는 사람들이 죽음을 맞아 주검을 묻고, 근친들이 슬픔으로 근신하는 기간 동안의 의식절차를 행하는 예절이다. 그러기에 우리의 관습의례 중에서 가장 정중하고 엄숙하며 그 절차가 까다롭기 때문에, 그 이론이 필요한 것이 바로 상례이다.

예(禮)란 인간의 도리로서 참으로 필요한 것이다. "예가 아니면 보지 말고, 예가 아니면 듣지 말고, 예가 아니면 행하지 말라"[5]고 공자(孔子)가 말씀하였다.

무릇 예란 인간의 도리로서 소원(疏遠)한 것과 친하다는 것의 구별을 짓고, 사물(事物)의 의심스러운 것과 비슷한 것을 명확히 나누며, 일의 옳고 그른 것을 밝히는 것이다.[6]

예는 세 가지 근본을 가지고 있다. 천지(天地)는 생(生)의 근본이며, 선

---

5 『論語』「顔淵」: "非禮勿視, 非禮勿聽, 非禮勿言, 非禮勿動."

6 『禮記』「曲禮」上: "夫禮者, 所以定親疏, 決嫌疑, 別同異, 明是非."

조(先祖)는 후손의 근본이고, 스승은 치도(治道)의 근본이다. 천지가 없다면 생이 있을 수가 없고, 선조가 없다면 태어날 수 없으며, 스승이 없다면 치도(治道)할 수가 없는 것이기에 이 세 가지 중 하나만 없더라도 사람은 안존(安存)할 수가 없다. 그러므로 예라는 것은 위로는 하늘을 섬기고, 아래에 땅을 섬기며, 선조를 존경하여, 스승을 높이는 것이 예의 세 가지 근본이다.[7] 즉 예라는 것은 일의 옳고 다른 것을 밝히는 것이고 자연의 질서를 유지하고 있는 것이므로 예는 필요하며 중요하다. 특히 효의 실천을 기반으로 하는 상례의 필요성은 정말 중요하다고 할 수 있다.

돌아가신 부모에 대하여 정성껏 상례를 다하고 조상을 추모(追慕)하여 받들면 인간의 도리가 바로 설 것이다.

상례는 죽은 자와 산 자가 함께하는 의례(儀禮)이다. 상례란 단순히 죽음을 맞아 주검을 처리하는 의례가 아니라 죽은 자를 공경하는 마음으로 장사(葬事)지낼 수 있도록, 승화시켜서 조상신(祖上神)으로 제향(祭享)하는 인간 윤리를 최고의 근본으로 한다.[8]

사람은 누구나 죽는다는 것을 인지하고 있다. 그러나 상·장례는 잘 아는 사람이 드물거나 매우 복잡한 절차가 있어 가문마다 다르고, 집집마다 다른 경우가 흔하다.

상례는 효를 바탕으로 한다. 공자께서 말씀하시기를 효란 "아버지가 살아 계실 때에는 그 뜻을 살펴보고, 아버지가 돌아가신 뒤에는 살아계실 때의 행적을 살피고, 삼 년 동안 아버지의 도(道)를 고치지 않아야 비

---

7 『荀子』卷13, 禮論: "禮有三本, 天地者生之本也, 先祖者類之本也, 君師者治之本也, 無天地惡生, 無先祖惡出, 無君師惡治, 三者偏亡焉無安人, 故禮上事天下事地, 尊先祖而隆君師, 是禮之三本也."

8 백남대, 「朝鮮 王室 喪禮에 나타난 陰陽五行 연구」, 영남대 박사학위논문, 2012, 30쪽.

로소 효라 할 수 있다"[9]고 하였다. 그리고 "효자가 어버이를 섬기는데 필요한 삼도(三道)가 있는데 살아 계실 때는 봉양(奉養)하고, 돌아가시면 상(喪)을 치르고, 상기(喪期)가 끝나면 제사를 지내는 깃이 세 가지 도이나, 봉양을 할 때에는 그 순종(順從)을 보는 것, 상(喪)을 치를 때에는 그 슬픔을 보는 것, 제사를 지낼 때는 공경하여 사시(四時)의 제사를 지내는지 보는 것이며, 이 삼도를 다하는 것은 효자가 반드시 행하여야 할 도리인 것이다."[10]

그러므로 삼도(三道)를 행함에 효가 꼭 필요한 것이므로 매우 중요하다. 또한 효가 중요한 것은 효가 덕(德)의 근본이기 때문이며, 이는 부모를 공경하는 자는 타인을 능멸(凌蔑)하지 않고, 부모를 사랑하는 자는 타인을 미워할 줄 모르기 때문이다.[11] 유교식 상례 기간은 3년으로 되어 있는데, 초종(初終)에서부터 묘(廟)에 신주(神主)를 모시는 부묘(祔廟)까지 3년을 상례 기간으로 하였다. 3년의 상(喪)은 인간 윤리를 바탕으로 한 효심(孝心)으로부터 나온 것이다.

효경(孝經)』에 보면, 초종(初終)에서 3년의 상기(喪期)까지를 잘 설명하고 있는데 다음과 같다.

공자가 말씀하시기를, 효자가 친상(親喪)을 당하면 곡(哭)을 하되 불의(不依)[12]하고, 예(禮)를 함부로 하지 않으며, 말을 조심하고, 좋은 옷을 입어도 불편하고, 음악을 들어도 즐겁지 않고 맛있는 것을 먹어도 달지 않

---

9 『論語』「學而」: "父在觀其志 , 父沒觀其行 , 三年無改於父之道 , 可謂孝矣."

10 『禮記』「祭統」: "是故孝子之事親也, 有三道焉, 생칙양, 沒則喪, 喪畢則祭, 養則觀其順也, 喪則觀其哀也, 祭則觀其敬而時也, 盡此三道孝于之行也."

11 백남대,「朝鮮 王室 喪禮에 나타난 陰陽五行 연구」, 영남대 박사학위논문. 2012, 31~32쪽.

12 의(依)는 슬퍼하여 곡(哭)소리를 길게 하는 것이므로 불의(不依)는 깊이 슬퍼하되 곡을 길게 끌지 않는 것이다.

은 것은 슬퍼하고 애통해 하는 정 때문이다. 삼 일만에 음식을 잘 먹는 것은, 백성에게 죽은 자로 인해서 산 자가 상(傷)하지 않게 하여서 목숨을 유지하기 위함이니 이것이 바로 성인(聖人)의 정치이다. 복상(服喪) 기간이 3년을 넘지 않는 것은 백성들에게 끝이 있다는 것을 보여 주는 것이다. 관곽(棺槨)13과 의금(衣衾)14을 만들어 장사(葬事)지내고, 보궤(簠簋)15를 진설하여 슬퍼하며, 곡읍벽용(哭泣擗踊)16하여 보냄에 슬퍼하고, 택조(宅兆)17를 골라서 편히 모시며, 종묘(宗廟)를 세워서 신(神)에게 제향(祭享)하고, 봄, 가을로 제사 지내어 때때로 사모(思慕)하는 것이다. 살아서는 사랑과 공경으로 섬기고, 죽은 후에는 슬픔과 서러움으로 섬기는 것이 사람으로의 근본을 다하는 것이고, 죽고 사는 의리를 갖추는 것이므로 이와 같이 하여 효자의 도리를 다한다.18

---

13 관(棺)은 시신을 넣는 널이고, 곽(槨)은 관을 넣는 덧널이다.

14 의(衣)는 수의(壽衣)이고, 금(衾)은 시신을 싸는 효금(絞衾:교금)이다.

15 제향(祭享) 때에, 기장과 피를 담는 제기(祭器)로 네모난 보(簠)와 둥근 궤(簋)가 한 벌이다.

16 곡읍(哭泣)은 몹시 슬픔이 깊어 소리내어 운다는 뜻이고, 벽용(擗踊)은 상사(喪事)에 상제(喪制)가 슬픔이 깊어 가슴을 치고 발을 구른다는 뜻이다.

17 무덤.

18 『孝經』「喪親章」: "子曰, 孝子之喪親也, 哭不依, 禮亡容, 言不文, 服美不安, 聞樂不樂, 食旨不甘, 此哀戚之情也, 三日而食民亡以死傷生也, 毁不滅性, 此聖人之正也, 喪不過三年, 示民有終也, 爲之棺槨衣衾以擧之, 陳其簠簋, 而哀戚之, 哭泣擗踊, 哀以送之, 卜其宅兆, 而安措之, 爲之宗廟, 以鬼享之, 春秋祭祀, 以時思之, 生事愛敬死事哀戚, 生民之本盡矣, 死生之誼備矣, 孝子之事終矣."

3. 혼백(魂帛)과 명정(銘旌)

1) 초종(初終)과 혼백

(1) 초종

초종이란 '돌아가시다'의 의미로 양기(陽氣)의 혼(魂)이 육신에서 떠나는 것을 말하며, 운명(殞命) 또는 종신(終身)이라고도 하는데 사람이 장차 죽음을 맞이하고 상례를 준비하는 절차이다. 갑작스러운 상(喪)에 대한 충격의 단계이지만 다시 소생(蘇生)하리라는 효성스러운 믿음을 바탕으로 의식절차가 이루어진다.

소인(小人)의 죽음은 육신이 죽는 것이므로 사(死)라 하며, 군자(君子)의 죽음은 도(道)를 행함이 끝나므로 종(終)이라 한다.[19]

종은 시(始)에 대응하여 말한 것이며, 사(死)는 점차 다해 남음이 없다는 것을 이르는 것이다. 군자는 행성덕립(行成德立)에 처음이 있고 끝이 있으므로 종이라 하고, 소인은 여러 사물과 더불어 같이 썩고 부패(腐敗)하므로 사(死)라 한다.[20] 또한 죽음을 신분에 따른 다른 표현으로 "천자(天子)의 죽음을 붕(崩), 제후(諸侯)의 죽음을 훙(薨), 대부(大夫)[21]의 죽음을 졸(卒), 사(士)의 죽음을 불록(不祿), 서인(庶人)의 죽음을 사(死)라 칭하는데"[22], 『조선왕조실록』에는 '훙(薨)'과 '승하(昇遐)'란 단어가 섞여 표현되어 있다.

---

19 李宜朝, 『家禮增解』 卷5 「喪禮1」, 初終: "終以道言, 死以形言."

20 『禮記』 「檀弓」注: "終者, 對始而言, 死則漸盡無餘之謂也, 君子行成德立, 有始有卒, 故曰終, 小人與群物同朽腐, 故曰死."

21 4품 이상의 관원을 말한다.

22 『禮記』 「曲禮」下: "天子死曰崩, 諸侯曰薨, 大夫曰卒, 士曰不祿, 庶人曰死."

(2) 혼백

[천거정침(遷居正寢)]

천거정침이란 정침(正寢)으로 옮기는 것을 말한다. 이는 정침에서 죽지 않으면 정당하게 죽지 않은 것이 되며, 유언이 조작될 수도 있기 때문이다.

병이 위중하면 집 안팎을 청소하고, 환자를 정침으로 거처(居處)를 옮기며, 북쪽 벽 밑 창문 아래에 머리를 동쪽으로 하여 뉜 후 관복(官服)이나 깨끗한 평상복으로 갈아입힌다.

죽음이 임박하면 방을 치우는 것은 고대 부장(副葬)의 습관에서, 그 방 안에 있는 것을 죽은 자가 함께 가지고 가기 때문이다. 산 사람을 위하여 남겨야 할 것은 모두 다른 방으로 치운다.[23]

『보주(補註)』[24]에 정침으로 옮겨서 거처한다는 것은 오직 집주인만이 그렇게 하며, 나머지 사람들은 각각 그가 거처하는 실(室) 가운데로 옮긴다.[25]

『상변통고(常變通攷)』에 "묻기를 만약 차가운 곳에 두기를 원하여 임종(臨終)할 즈음에 차가운 대청으로 옮기는 것은 자식으로 차마 할 바가 아니다"고 말하니, 남계(南溪)[26]가 이르기를 "이는 정종(正終)의 뜻에서 나온 것이니, 질병 든 사람의 명(命)에 따라 진퇴(進退)함이 합당하다"[27]고 했다.

---

23 金其仙, 『風水實務便覽』, 형설출판사, 2002, 40쪽.

24 유장(劉璋)이 편찬한 『가례보주(家禮補註)』를 가리킨다.

25 『家禮』卷4, 「喪禮」, 初終: "補註 (…) 所謂遷居正寢者, 惟家主爲然, 餘人則各遷于其所居之室中."

26 박세채(朴世采, 1631~1695). 본관은 반남(潘南), 호는 남계(南溪), 시호는 문순(文純)으로 조선 중기의 학자이다.

27 柳長源, 『常變通攷』卷7, 「喪禮1」, 初終: "問若值祈寒, 則臨絶之際, 遷于襄廳, 殊非人子之所忍, 南溪曰, 此說出於正終之義, 當以病者之命進退之."

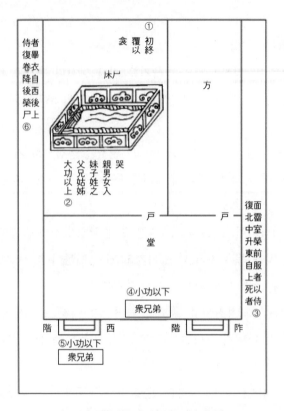

〈그림 1〉 천거정침초종도(遷居正寢初終圖)

천거정침하여 북쪽 창문 아래에서 머리를 동쪽으로 하는 것은 『의례』
를 보면 "머리를 동쪽으로 뉘는 것은 생기(生氣)가 있는 곳으로 향하게 하
는 것이고, 용(墉)이란 벽을 말한다. 필히 북쪽 벽 밑에 두는 것은 북에서
생긴 하나의 양기를 취하여 기가 생기기 시작하는 것이다"[28]라고 되어
있어 동쪽은 해가 뜨는 곳, 즉 양의 기운이 시생(始生)하는 곳이라 밝음과

---

28 『儀禮』「士喪記」疏: "東首, 向生氣之所, 墉 謂之牆, 必在北墉下, 取一陽生於北, 生氣之始也."

태어남의 상징이므로 소생(蘇生)을 바라는 마음에서 머리를 동쪽으로 두는 것임을 알 수 있다.

① 초종을 하면 홑이불[衾]로 덮는다.
② 대공(大功) 이상의 부(父), 형(兄), 고(姑), 자(姊), 매(妹) 및 자성(子姓)의 친족인 남자와 여자가 들어가서 곡한다.
③ 시자(侍者)가 죽은 자의 윗옷을 들고 앞쪽의 동쪽 처마를 거쳐 지붕의 중류(中霤)[30]에 올라가 북쪽을 바라보면서 옷을 들고 복(復)한다.
④ 소공(小功) 이하의 여러 부녀(婦女)들은 이곳에 있는다.
⑤ 소공 이하의 여러 형제(兄弟)들은 이곳에 있는다.
⑥ 시자(侍者)가 복(復)을 마친 뒤 옷을 말아서 집 뒤쪽의 서쪽 처마를 통해 내려온 다음 그 옷을 가지고 시신의 위에 덮는다.

『가례(家禮)』에 보면 "죽으면 침상을 치우고 땅에 뉘인다는 구절의 주석(註釋)에 '사람이 처음 땅에서 태어났으므로 침상을 치우고 땅에 뉘여 생기가 돌아오게 바라는 것이다. 원래 의례와 예기(禮記)의 상대기(喪大記)에 나온다."[31]고 되어 있는데 이는 땅의 생기로 소생(蘇生)을 바라는 것이다.

양의 방위는 동쪽과 남쪽이며 오행방(五行方)의 뜻하는 계절로는 봄과 여름에 해당한다. 그러므로 머리를 동쪽으로 하는 이유는 동쪽은 해가 뜨는 곳, 즉 양의 기운이 시생(始生)하는 곳이라 태어남의 상징이며, 만물

---

29 『沙溪全書』卷24, 「家禮輯覽圖說」
30 실(室)의 가운데를 가리킨다. 옛날에 흙으로 지은 혈거(穴居)는 모두 그 위를 뚫어서 빛이 들게 하였는데, 그곳을 통해서 낙숫물이 떨어지기도 하여 방의 중앙을 중류(中霤)라고 이름하게 되었다.(『禮記』「月令」注: "古者陶復陶穴, 皆開其上, 以漏光明, 故雨霤之, 因名室中爲中霤.")
31 『家禮』卷4, 「喪禮」, 初終: "高氏曰, 廢牀, 寢於地, 註 人始生在地, 故 廢牀寢於地, 庶其生氣之復也, 本出儀禮及禮記喪大記."

이 소생(蘇生)하는 봄의 기운을 가진 방위이므로 소생(蘇生)을 바라는 마음에서 동쪽[陽]으로 하는 것이다. 숨이 끊어진 후에 진행되는 의례 절차에서는 머리를 남쪽에 두는데 이것은 매장(埋葬)할 때까지는 살아있는 것으로 여기기 때문이다.[32]

2) 명정

명정은 장례 때 죽은 사람들의 신분을 밝히기 위하여 관직, 성씨, 품계 등을 기록하여 상여 앞에 길을 인도하고 하관이 끝난 뒤에 관 위에 덮어서 묻는 기(旗)를 말하며 다른 표현은 명기(銘旗)라고도 한다. 이것은 망자의 인적사항을 알려주는 중요한 일이다.

명정의 바탕이 붉고 글씨가 흰 이유를 통하여 명정의 진정한 의미를 유추할 수 있으며, 각종 생물들이 그 근원을 보존하기 위해 생사를 거듭하듯이 인간도 조상이라는 근원을 통하여 생명을 이어받아서 후손의 또다른 조상이 된다. 가장 가까운 조상은 부모로서 현재 나의 비롯됨이며 나를 있게 해준 선조와 나라와 사회를 위해 올바르게 살다가 보다 나은 모습을 남겨 주어야 한다. 부모님이 내려주신 몸을 손상하지 않고 이름을 지키고 높이는 것이 효의 진정한 완성목표이다.[33] 명정의 용도와 색상은 충(忠), 효(孝), 도(道)의 생애와 가치를 좌표로 하여 살다간 조상의 고귀한 정신을 후손들의 귀감으로 세우기 위한 삶의 다양한 표현이다.

명정은 벼슬에 따라 그 품작이 다른데, 이를 나타내면 〈표 1〉과 같다.

이어 부인의 경우 남편의 벼슬에 따라 그 품작이 다르고, 이를 나타내면 〈표 2〉와 같다.

---

32 백남대, 「朝鮮 王室 喪禮에 나타난 陰陽五行 연구」, 영남대 박사학위논문, 2012, 43쪽.
33 『孝經』: "身體髮膚受之父母不敢毀傷孝之始也, 立身行道揚名於後世以顯父母, 孝之終也."

〈표 1〉 벼슬 품계와 품작

구분		품작(品爵)
당상관	정 · 종일품	大匡輔國崇錄大夫,保國崇錄大夫,崇錄大夫,崇政大夫 懸祿大夫,興祿大夫,宜德大夫,嘉德大夫, 綏祿大夫,成祿大夫,靖德大夫,明德大夫
	정 · 종이품	正憲大夫,資憲大夫,嘉義大夫,嘉善大夫 崇憲大夫,承憲大夫,中義大夫,昭義大夫 奉憲大夫,通憲大夫,資義大夫,順義大夫
	정 · 종삼품	通政大夫,折衝將軍,明善大夫,奉順大夫
당하관	정 · 종삼품	通訓大夫,中直大夫,中訓大夫,侮將軍,建功將軍,保功將軍 彰善大夫,保信大夫,資信大夫,正順大夫,明信大夫,敦信大夫
	정 · 종사품	奉正大夫,奉列大夫,朝散大夫,朝奉大夫 振威將軍,昭威將軍,定略將軍,宣略將軍 宣徽大夫,光徽大夫,奉成大夫,光成大夫
	정 · 종오품	通德郎,通善郎,奉直郎,奉訓郎,果毅校尉,忠毅校尉, 顯信校尉,彰信校尉,通直郎,秉直郎,謹節郎,愼節郎
	정 · 종육품	承儀郎,承訓郎,宣敎郎,宣務郎,敦勇校尉,鎭勇校尉, 勵節校尉,秉節校尉,執順郎,從順郎
	정 · 종칠품	務功郎,啓功郎,迪順副尉,奮順副尉
	정 · 종팔품	通仕郎,承仕郎,承義副尉,修義副尉
	정 · 종구품	文官,蔭官,武班,從仕郎,將仕郎,效力副尉,展力副尉

구분		품작[봉호(封號)]
당상관	정ㆍ종일품	貞敬大人,府大人,郡夫人
	정ㆍ종이품	貞夫人,縣夫人
	정ㆍ종삼품	淑夫人,愼夫人
당하관	정ㆍ종삼품	淑人,愼人
	정ㆍ종사품	令人,惠人
	정ㆍ종오품	恭人,溫仁
	정ㆍ종육품	宜人,順人
	정ㆍ종칠품	安人
	정ㆍ종팔품	端人
	정ㆍ종구품	孺人

4. 혼백과 명정에 함의된 상징성

1) 혼백에 함의된 상징성

(1) 혼백(魂帛)

일반적으로 혼백을 만드는 주재료는 명주와 삼베이다. 가운데 복의를 묶어 혼이 의지하도록 하는 것이다. 오색실로 전정후심 모양으로 묶어 동심결을 만든다. 사람의 얼굴과 같은 어떤 형상을 만들어 은은한 회상을 할 수 있는 상징물로 삼는다. 관행적으로 혼백 접는 방법에 따라 삼베조각을 접은 뒤 가운데를 흰 종이로 덮고 그 위에 상자를 씌운다. 조문객이 올 때는 보를 덮어놓는다.

혼백은 부모의 신체를 상징하며, 혼백이 있을 시에 돌아가신 조상을 산 조상으로 인정한다. 돌아가신 순간부터 매장까지의 모든 의식은 이 혼백을 기준으로 이루어지다가 장례 시에 다시 주검과 혼이 합일된 의식과 제(祭)가 이루어지는데 제주전을 하여 혼백의 혼(魂)을 접신시킨 세 신주를 탈상까지 상청에 모시고 항상 곁에 살아 계신 것 같이 인식한다.

혼백은 신주를 만들기 전, 마포(麻布) 혹은 백지로 만드는 임시의 신위이다. 이는 장례 전 영혼이 거할 곳을 만드는 것이다. 이러한 혼백(魂帛)은 오색실의 동심결(同心結)을 끼운 후 혼백함(魂帛函)에 모신다.

(2) 동심결(同心結)

오색실을 신척 일척오촌(一尺五寸= 약 45cm)의 길이로 합해 실 가닥 한가운데를 손가락에 두 번 감아 고리 둘을 맨다. 그 이후에는 좌편의 실 가닥을 감아서 위로 돌려 좌편 고리를 만들고, 우편의 실 가닥을 감아서 위로 돌려 우편 고리를 매고, 다시 좌편 실 가닥을 감아서 우편 실 가닥에 얹은 후 우편 고리 위로 꿰어 밑으로 돌려서 한 편의 고리에 끼워서 잡고, 우편의 실 가닥을 잡아서 좌편의 실 가닥에 얹은 후 밑에서 뒤로 돌려서 위에 있는 쌍고리 가운데로 끼워 올려 좌편 실 가닥 얽힌 사이로 끼워서 고르게 당긴다. 그러면 앞은 정자(井字)가 되고 뒤는 십자(十字)의 모양이 된다. 동심결원의 상고리 밑에 가죽을 끼여서 고른다. 그리고 이를 혼백상(魂帛箱)에 담는다.

처음 죽으면 혼백이 분리되는 것에 대하여 여러 서책에서 다음과 같이 설명되고 있다.

들어오는 기운을 혼(魂)이라 하고 나가는 기운을 백(魄)이라 하는데, 죽은 사람은 혼기(魂氣)기 백(魄)에서 나가니 혼(魂)을 불러서 다시 백(魄)에

돌아오게 하려는 것이다.[34]

음양설에 따르면 천지간의 만물에 기(氣)가 있다. 기(氣)는 정령(精靈)을 뜻하며 양기의 정령은 혼(魂)이라 하고, 음기의 정령(精靈)은 백(魄)이라 한다. 죽음은 양기의 부산(浮散) 승천(昇天)을 뜻한다. 그러나 완전히 소멸하는 것이 아니다. 그 중 승천하는 것은 신명(神明)이 되지만, 생전의 미련이나 원한을 놓지 못할 때는 사후에 그 양기가 승천하지 못하고 머물러 있다가 음기가 되어서 자의(自意)로 행동한다. 이것이 소위 귀신이다.[35]

정기(精氣)가 모여 만물이 되고, 혼(魂)이 흩어져 변(變)이 된다는 것은 천지 음양의 기가 교합(交合)되어 사람이나 만물로 태어났다가 혼(魂)은 하늘로 돌아가고, 체백(體魄)은 땅으로 돌아가게 되는 것이 변(變)인 것이다. 정기(精氣)가 만물이 된다는 것은, 음정(陰精)·양기가 합하여 만물이 나는 것을 말하는 것이니, 정(精)은 백(魄)에 속하고 기(氣)는 혼(魂)인 것이다. 여기서 이른바 변(變)이란 변화한다는 변(變)이 아니다. 한번 변하게 되면 아무리 단단한 것도 부패하고 존재한 것도 없어져, 다시는 아무 물체도 없게 되는 것이다.[36] 복(復)을 할 경우 음양의 속성에 따라 동쪽[陽] 물받이로 올라가 복을 다한 후에는 서쪽[陰] 물받이를 통해 내려오며[東入西出], 복에 사용한 옷을 습(襲)이나 염(斂)에 사용하지 않는 것은 음양(陰陽)의 이치에 따른 것이다. 이것은 산 자의 옷으로 죽은 자에게 입히는 것이 되기 때문이다.[37]

---

34 『儀禮』「士喪禮」疏: "出入之氣謂魂, 耳目聰明謂之魄, 死者魂氣去離於魄, 今欲招取魂, 來復歸于魂."

35 成俔, 『慵齋叢話』

36 李圭景, 『五洲衍文長箋散稿』「經史篇」, 釋典類: "精氣爲物, 游魂爲變, 天地陰陽之氣交合, 便成人物, 到得魂氣歸于天, 體魄歸于地, 便是變了. 精氣爲物, 是合精與氣而成物, 精魄而氣魂也, 游魂爲變, 則是魂魄相離, 游散而變, 變非變化之變, 旣是變則堅者腐存者亡, 更無物也."

37 백남대, 「朝鮮 王室 喪禮에 나타난 陰陽五行 연구」, 영남대 박사학위논문, 2012, 45쪽.

무릇 천지간에 가득 찬 것이 기가 아닌 것이 없고, 그것이 뭉쳐 물(物)이 되었는데, 그것이 바로 백(魄)이다. 혼과 백이 하나로 합하여 이목(耳目)의 총명, 구비(口鼻)의 호흡, 그리고 정신, 근력이 되는 것이다. 늙은 후에 죽으면 양기가 떠서 흩어지며, 이렇게 흩어진 양기는 둘로 분화하여 하나는 양으로 신(神)이 되고, 다른 하나는 땅으로 강하(降下)하여 음으로 귀(鬼)가 되는 것이다.[38] 복(復)이 끝나면 상제(喪制)는 슬피 곡(哭)한다. 곡을 할 때도 상제의 위치는 음양을 달리하여 "주인은 동쪽에 앉아 곡하고, 주부는 서쪽에 앉아 곡한다."[39]

2) 명정에 함의된 상징성

(1) 입명정(立銘旌)

명정(銘旌)을 세운다.

명정은 망자(亡者)의 관직(官職)과 본관(本貫), 성(姓) 등을 쓴 조기(弔旗)이다.

붉은 비단으로 명정을 만든다. 너비는 온 폭이고, 3품 이상은 9자이고, 5품 이상[40]은 8자이고, 6품 이하는 7자이다. '모관모공지구(某官某公之柩[41])'라고 쓰는데, 벼슬이 없으면 생시(生時)의 호칭을 쓴다. 대나무로 깃대를 만드는데 길이는 명정과 같게 하고, 영좌(靈座)의 오른쪽에 기대어 놓는다.[42]

---

38 李瀷, 『星湖僿說』卷25, 「經史門」, 鬼神 魂魄.

39 『禮記』 「喪大記」: "士之喪, 主人, 父兄, 子姓皆坐于東方, 主婦, 姑姉妹, 子姓皆坐于西方."

40 『家禮』에는 이하로 되어 있으나 『書儀』에는 이상으로 되어 있으며, 문맥상으로도 이상이 맞는 듯 하다.

41 『禮記』 「曲禮」 下: "在牀曰尸, 在棺曰柩."

42 『家禮』 卷4, 「喪禮」, 襲: "以絳帛爲銘旌, 廣終幅, 三品以上九尺, 五品以上八尺, 六品以下七尺, 書曰某官某公之柩, 無官卽隨其生時, 所稱, 以行爲杠, 如其長, 倚於靈座之右."

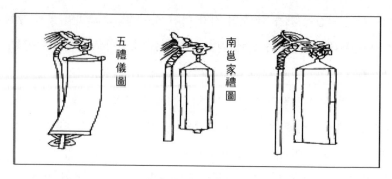

〈그림 2〉 명정도(銘旌圖)[43]

〈그림 3〉 명정부(銘旌趺)[44]

명정을 쓰는 이유는 "명정이란 것은 기(旗)로써 명백하게 하는 것이다. 죽은 자는 누구인지 구별할 수 없기 때문에 기로써 표지하는 것이다. 사랑하기 때문에 이에 그를 기록하는 것이고, 공경하기 때문에 그 도리를 다하는 것뿐이다."

---

43 『沙溪全書』卷24,「家禮輯覽圖說」

44 『禮記』「檀弓」下: "銘明旌也, 以死者爲不可別已, 故以其旌識之, 愛之斯錄之矣, 敬之斯盡其道焉耳."

명정을 붉은색으로 하는 이유는 "『대청회전도여위(大淸會典圖輿衛)』에 '정(旌)은 붉은 비단으로 만든 것'이고, 『한서(漢書)』「고제기(高帝紀)」상(上)에 '기치(旗幟)는 모두 붉은 색이며 정기(旌旗)는 기(旗)의 총칭'이며, 『한서』「고제기」찬(贊)에 '기치(旗幟)의 위는 붉은 색이고 화덕(火德)을 따르는 것'이다"[45]라고 했다.

그러므로 붉은(陽)색을 높여 사용한 듯하다. 또한 "사악한 기운을 쫓기 위해서이다."[46]

(2) **명정식**(銘旌式)

① 남자의 명정 : "學生(官爵)金海金公(○○)之柩"

② 여자의 명정 : "孺人(封爵)密陽朴氏(○○)之柩"

　　부인은 남편의 작위를 따르며[47], 관계(冠笄)의 예를 올리지 못한 경

　　우는 다음과 같이 쓴다.

① 남자의 명정 : "秀才(官爵)金海金君(○○)之柩"

② 여자의 명정 : "處子密陽朴氏(○○)之柩"

　　* (○○)는 이름으로 쓰는 경우도 있다.

인간은 미약하여 상구의 존재로부터 부모와 조상에 대한 은혜의 무거움과 친함의 지극(至極)함을 유추하려고 한다. 형기(形氣), 혈맥(血脈), 거처

45　中文大辭典編纂委員會, 『中文大辭典』, 中國文化大學出版部, 民國82, 銘旌. "(…) [大淸會典圖輿衛] 旌 用紅緞 (…) [漢書高帝紀上] 旗幟皆赤 , 旌旗 , 旗之總稱 (…) [漢書高帝紀贊] 旗幟上赤 , 協於火德."

46　정종수, 「유교식 상례」, 『상장례, 삶과 죽음의 방정식』, 국사편찬위원회, 2005, 88쪽.

47　柳長源, 『常變通攷』 卷7, 「喪禮」, 襲 참조: "『비요(備要)』에 부인이 남편을 따라 봉호(封號)가 있으면 '모봉부인모관모씨지구(某封夫人某貫某氏之柩)'라고 한다. 봉호가 없으면 '유인(孺人)'이라 한다. 무릇 부인의 봉호는 남편의 실직을 따라서 쓴다.(備要, 婦人因夫子, 有封號則云, 某封夫人某貫某氏之柩, 無封云孺人, 凡婦人封號, 從夫實職書之.)

(居處), 소어(笑語), 음식(飮食)은 상구를 통하여 예로서 지극함을 보본(報本
)하고자 한다. 돌아가시면 이미 죽었다하여 부모의 은혜와 친함을 모른
다거나 잊었다고 말할 수는 없다. 이는 천리(天理)이며 인정(人情)이다. 천
리는 천지자연(天地自然)의 이치이며, 하늘의 바른 도리이다. 인정은 사람
이 본디 가지고 있는 감정이나 심정이다. 살아 계신다는 생각을 능히 버
릴 수 없음이다. 비록 영천(永遷)하여 체백(體魄)이 이미 흩어져도 예전에
부모님을 모시듯 공양하던 것을 차마 그칠 수는 없다. 또한 살아계신다
는 생각을 능히 버릴 수 없다. 상구를 제대로 갖추는 것은 차마 돌아가
셨다고 할 수 없으니 살아계심을 간절히 바라는 심정에서 행하는 천리(
天理)이자 인정인 것이다. 부모의 상구에 귀천이 없는 하나이다. 그러나
귀천에 따라 재물에는 한계가 있다.

전통상례 도구는 많은 변천 과정을 거쳐 오늘에 이르러 왔다. 과거로
부터 오늘에 이르기까지 이들 상구들은 일부는 소멸되었는가 하면 일부
는 오늘날의 시대에 맞추어 재구성되어 끊임없이 변이 되고 있다.

고인을 보내는 심정은 더욱 간절하여 절차와 예식에 따른 용품과 용
구에서도 각별할 수밖에 없다. 관, 목욕, 반함, 천광, 영좌, 발인, 부장
품의 상구는 상례의식과 절차에 있어 매우 중요한 의미를 지닌다. 인간
은 종교의 영역을 떠나서 누구나 내세관을 가지고 삶을 영위한다. 근친
의 죽음에는 슬픔이 지극하며 그를 보내는 공경의 예로서 갖춤은 인륜
의 도리이다. 시대가 끊임없이 발전하고 변화함에 따라 장사의 보편적
인 방법 또한 매장에서 화장으로 변해왔다. 그럼에도 불구하고 고인을
편안히 잘 모시고자 하는 의식은 변하지 않았고, 앞으로도 그 의식은 계
속 유지될 것이다. 내세관에 입각한 사상은 고인의 저승, 이승과 다르게
여기지 않았기에, 가장 좋은 환경을 제공하는 것을 중요하게 여겼다.

5. 나가는 글

일반적으로 상례는 장례와 함께 상·장례의 개념으로 통합적으로 통용된다. 상례와 장례는 모두 죽음과 관련된 의례절차로 고인의 넋을 기리고 죽은 자에 대한 예를 표한다는 점에서는 공통적이다. 전통 유교적 상례절차는 이승과 저승이 연결되어 있다는 내세관을 기반으로 쓰던 물품을 부장품으로 함께 묻고, 시신을 손상하지 않고 그대로 보존하는 것을 특징으로 한다. 긴 상례기간과 초종부터 길제까지 19단계에 걸친 복잡한 형식과 의식절차 또한 이승을 떠나게 된 망자의 혼령을 위로하기 위한 상징적인 의미를 가진 의식과정이기에 가능하였다.

전통적 상례는 망자를 기리기 위한 의식인 동시에 이승에 남겨진 가족들로 하여금 망자를 잃은 슬픔과 죽음의 두려움을 극복하며 일상생활을 영위할 수 있게 하는 역할을 하고, 친족 및 지역공동체의 결속을 도모하는 기회라는 점에서도 중요한 의례였다. 그러나 현재는 도시화, 산업화, 핵가족화가 진행되면서 상례를 지내는 대상이 축소되고, 상례절차 자체도 전통상례 절차에 비해 많이 간소화되었다. 상업적인 장례시설에서 3일장을 치르는 것이 일반화된 상황에서 상례와 장례의 개념이 혼용되는 것은 자연스러운 것으로 여겨진다. 이렇듯 상례는 사회 전반적인 구조적인 변화과정 중에서 국민들의 생활양식, 인간관계, 가치관에 영향을 받아 형식의 간소화와 더불어 기능적인 변화도 겪게 되었다.

인간이 죽으면 양기에 속하는 혼은 날아가고 음기에 속하는 백은 남아 후손들과 유기적(有機的)인 관계를 가지므로 죽은 자의 유택(幽宅)을 음택(陰宅)이라 하고 지덕(地德)을 입은 조상의 덕을 음덕(陰德)이라 일컫는 것이다. 죽은 자의 본해(本骸)인 뼈가 땅속에서 생기를 받으면 쓸 일이 없으므로 동일한 공명체계를 가진 자손에게 전달되어 감응이 된다.

이와 같이 상례는 죽은 이의 육신과 영혼 모두를 보살피는 정교하고 세밀한 의식의 총체라고 할 수 있다. 상례는 각 단계에 해당하는 예식 절차기 있는데, 여기에서는 다양한 의복과 상례노구늘이 필요하다. 예법이라 함은 바로 의복의 올바른 착용과 법도에 맞는 상례도구의 사용을 일컫는 것이라고 할 수 있다. 앞서 언급한 바에서 상례가 기능적인 변화도 겪게 된 것은 상례 절차가 간단해짐과 함께 그 예법 안에 녹아있던 유교적 가치관의 전래가 약화된 것이 한 원인이라는 것은 어렵지 않게 짐작할 수 있다. 그러나 상례 형식이 간편화되었다고 하더라도 조상의 넋을 기리고 예를 표하려는 상, 장례의 기본 목적은 아직까지 유지된다는 점, 그리고 상례절차의 예법을 통해 선인들의 생활문화의 기저에 자리한 인간관, 영혼관, 세계관을 아우르는 사고방식을 엿볼 수 있다는 점에서 전통 상례절차의 예법과 정신을 정리하고 정립하는 것이 중요하다.

인간은 종교의 영역을 떠나서 누구나 내세관을 가지고 삶을 영위한다. 근친의 죽음에는 슬픔이 지극하며 그를 보내는 장송은 예로서 갖춤은 인륜의 도리이다. 시대가 끊임없이 발전하고 변화함에 따라 장사의 보편적인 방법 또한 매장에서 화장으로 변해왔다. 그럼에도 불구하고 고인을 편안히 잘 모시고자 하는 의식은 변하지 않았고, 앞으로도 그 의식은 계속 유지될 것이다. 내세관에 입각한 사상은 고인의 저승, 이승과 다르게 여기지 않았기에, 가장 좋은 환경을 제공하는 것을 중요하게 여겼다.

전통 상례 전반에 대한 선행연구 검토를 통하여 전통 상례의 의의와 상례 절차를 간략히 재조명하고, 상례 도구로서 혼백과 명정에 대한 의미 및 역할 등 일반적인 고찰을 통하여 혼백과 명정에 함의된 상징성인 음양오행 사상을 자세히 사용절차를 정리하여 한국 전통 상례 도구의 유래, 명정을 세우는 이유와 의미를 바탕으로 상례 도구의 이용과 그 역할을 연구과제로 삼는다.

제례(祭禮)와 제복(制服)의 고찰[1]

김용희[2]

1. 들어가는 글

2. 제례

1) 제례의 의의

2) 예묘제도와 신주의 의미

3. 종묘제례와 사가의 기제

1) 종묘의 제례

2) 사가의 기제

4. 제복에 대한 고찰

1) 조선 왕실 제복의 고찰

2) 제복에 관한 상징성

5. 나가는 글

---

1 본 글은 필자의 「祭禮의 祭服·祭器에 관한 연구」, 대구한의대 석사학위논문, 2016의 일부를 수정하여 보완한 글이다.

2 대광산기(주) 대표, 서라벌대학교 장례학과 교수, 대구한의대학교 동양사상학과 석사 졸업.

1. 들어가는 글

우리나라는 '널리 인간을 이롭게 한다'는 홍익인간의 사상을 가졌다. 그럼으로 인해 고대(古代)에서부터 '예(禮)'를 중시하였으며, 그 '예'를 나타내는 여러 의식중 하나가 제례이다. 제례는 돌아가신 분에 대한 최고의 '예'를 행하는 행위라 할 수 있는데, 그 제례에는 의식절차, 범위, 각 나라와 지역 간 등 여러 방법과 어느 정도 차이가 있을 수 있다. 우리나라의 제례를 살펴보면 국가장, 지역장, 각 단체장, 문중장, 개인장 등 어느 장으로 할 것인가? 하는 장례의 범위가 있으며, 그 범위에 따라 절차가 어느 정도 차이를 나타낸다.

『예기(禮記)』, 「곡례(曲禮)」에 "무릇 음식을 올리는 예는 효를 왼쪽에 놓고 자를 오른쪽에 놓으며, 밥은 사람의 왼쪽에 놓고 갱은 사람의 오른쪽에 놓는다. 회와 구운 고기는 바깥쪽에 놓고 식초와 장은 안쪽에 놓는다. 총예는 끝에 두고, 술과 미음은 오른쪽에 둔다. 포와 수를 놓는 자는 왼쪽에 굽혀서 놓되 끝이 오른쪽을 향하게 한다"[3]고 언표하고 있다.

이렇듯 돌아가신 분에 대한 제를 지내는 것에도 격식과 형식을 갖추어 '예'에 대한 정성을 다 한 모습이 기록되어 있으나, 지금은 '예'에 대한 기준과 방식도 많이 변하고 있다. 그러나 시대가 바뀌고 '예'를 표하는 절차나 형식이 바뀐다고 하여도 그 근본의 의미는 바뀌지 않는 것이다. 또한 전통적으로 내려오는 제례의 경우는 지금의 변화무쌍한 사회

---

3 『禮記』, 「曲禮」上: "凡進食之禮, 左殽右胾, 食居人之左, 羹居人之右, 膾炙處外, 醯醬處內, 蔥渫處末, 酒
   漿處右. 以脯脩置者, 左朐右末." 註. 〈殽〉(효): 뼈가 붙은 고기, 〈胾〉(자): 크게 끊은 고기, 〈羹〉(갱):
   국, 〈炙〉(자): 구운고기, 〈醯醬〉(혜장): 식초와 장, 〈蔥渫〉(총예): 찐 파, 〈酒漿〉(주장): 술과 미음, 〈脯
   〉(포): 말린 고기, 〈脩〉(수): 포를 두드려서 생강과 계피로 양념한 고기, 〈左朐〉(좌구): 朐는 가운데
   를 굽힌다는 말, 〈右末〉(우말): 끝이 오른쪽을 향하게 함.

에서 우리 고유문화를 지켜야 하는 매우 중요한 자료이며, 이어져 나가야 하는 전통일 것이다.

굳이 왕족이 있던 옛 왕의 제례 절차를 그대로 동일하게 할 수 있는 상황은 아니지만, 그 전통 제례에서 숨어 있는 우리의 예절, 정통의 맥을 잇는 데는 어느 누구도 부정할 수는 없을 것이라 사료된다. 따라서 본 연구는 전통적인 제례에 대한 고찰과 그 제례에 적용하는 제복 등을 파악하여, 우리 전통 제례 문화의 본질을 이해함으로써, 지속적인 전통 계승을 도모하고자 함에 그 의의가 있다.

2. 제례

1) 제례의 의의

제례는 제사를 지내는 예를 나타내며 제사는 돌아가신 선조 분들에게 공경하는 마음으로 지극 정성을 다하여 그 예를 다하여야 하며, 우리의 후대에게 조상의 의미와 어떠한 마음으로 정성과 예를 갖추어야 하는지를 가르쳐 주는 본(本)을 실행하는 것이라 하겠다. 제사는 돌아가신 분의 기일을 기억하고, 그 기일을 맞아 존경하는 마음으로 추모하는 자세를 갖고 경건하고 차분하게 진행하는 것이 예를 갖추는 것이라 할 수 있다.

서구적이거나 종교적 관점에서 바라보기보다는, 우리의 조상숭배에 대한 숭조사상(崇祖思想)이 깃든 귀한 문화라고 이해할 수 있다.

시대의 변천에 따라 제사도 많이 변해 가고 있지만 그 문화의 정통성과 전문성은 잊지 않고 영원하게 후대에게 물려줘야 할 소중한 문화유산이 되어야 할 것이다.

2) 예묘 제도와 신주의 의미

예묘(禰廟)란 사당(祠堂)을 일컬어 말하는데, 『주자가례(朱子家禮)』에서 사당이라고 칭하면서 왕실의 종묘와 구별하며, 통상 예묘라고 칭하게 된다. 우리나라는 초기 유입된 것이 삼국시대에서부터 시작하여 고려 말에 주자학이 보급되면서 그 성립이 되었다고 볼 수 있다. 따라서 사당은 조선시대에 왕실의 묘를 모시는 종묘와 구분하여 사대부 및 일반 백성들이 자신의 조상 신주(神主)를 모셔 놓고 제사를 지내는 건물이다.

그리고 조선시대에 나라를 위해 목숨을 바친 충신이나 열사들을 후세 사람들이 본받을 인물이라고 생각하는 분을 나라에 건의하여 나라로부터 설정(設定)을 받고 사액[4]을 받아 사당을 건립하였다. 그 이후부터 지방에서도 그 지방에서 추천되는 모범적 인물을 자체적으로 향현사(鄕賢祠)라는 사당을 건립하였다. 주로 일반인들은 사당 건립을 자신의 조상을 모시고 제사를 지내기 위하여 건립한 것이 보편적이라 할 수 있다.

신주는 여러 제사 중에 돌아가신 분의 상징을 나타내는 표상이 신주의 의미이며 상주가 장사를 지내고 난 다음, 우제[5] 때에 신주를 세워서 모시는 것이다.

신주의 유래는 중국 왕권시대에서부터 전해 내려오다가 후대에 일반인들도 신주를 모실 수 있도록 보편화 되면서 일반인들의 신주를 모시는 것이 이루어진 것으로 본다. 초기에는 오로지 천자나 제후에게만 신주를 모셨다고 전해지니, 초기의 신주는 매우 귀하고 엄하게 모셔진 것이라 판단된다.

---

4   임금이 사당이나 서원 등에 이름을 지어 주는 것.
5   매장 한 다음 반혼하여 처음으로 신주를 모시고 지내는 제사.

신주를 모시는 데 있어 소목(昭穆)의 제도에서 서상(西上)의 제도로 변하였다. 소목이란 최존위(最尊位)를 기준으로 좌측을 소라 하고, 우측을 목이라 하며, 좌·우측에 번갈아 신주를 모시는 방법이다. 예를 들어 1세를 기준으로 좌측에 2·4세를 두는 것이고, 우측에 3·5세를 두는 것이다. 서상이란 최존위를 우측인 서쪽에 두는 것이다.

소목의 제도에서 서상의 제도로 변하게 된 것은 후한대(後漢代)의 시기에 나타난 동당이실(同堂異室)의 제도로 인해 묘제(廟制)의 변화가 나타나게 되었다. 동당이실이란 하나로 지어진 건물 내에 신실(神室)만 분리하여 여러 신위를 다 함께 모시는 것을 말하며, 소목제도로부터 서상제도로 변화하게 된 것이다. 산 자는 양(陽)을 더 높이므로 동상(東上)을 의미하고, 땅의 도리에서 죽은 자는 음(陰)을 더욱 높이므로 서상(西上)이다.[6]

동서남북이나 동상·서상의 방위는 절대 방위가 아니라 서로 상대적 방위를 나타낸다. 『주자가례』에 "무릇 집의 제도(制度)는 향배(向背)가 어떤지는 묻지를 말고, 단지 앞은 남쪽 방향, 뒤는 북쪽 방향, 좌측은 동쪽, 우측은 서쪽이다. 이후로는 모두 이와 같다"[7]라고 되어 있어 상대적 방위를 나타내는 것을 알 수 있다.

신주는 전신(前身)인 분면(粉面)에 '현고(顯考)'와 '현비(顯妣)'라 쓰는 것은 고려 충렬왕(忠烈王, 1236~1308) 때에 '황고(皇考)'와 '황비(皇妣)'라 쓰던 것을 원(元)나라 2대 황제(皇帝)인 성종(成宗, 1265~1307)이 황제를 지칭하는 '황(皇)'의 사용을 금지하였기 때문이다. 『예기』를 보면 "제사를 지낼 때 조부(祖

---

6   백남대, 「朝鮮 王室 喪禮에 나타난 陰陽五行 연구」, 영남대 박사학위논문, 2012, 136쪽.
7   『家禮』卷1,「通禮」: "凡屋之制, 不問何向背, 但以前爲南, 後爲北, 左爲東, 右爲西, 後皆放此."

父)를 황조고(皇祖考)라 칭하고, 조모(祖母)를 황조비(皇祖妣)라 칭하며, 부(父)를 황고(皇考)라 칭하고, 모(母)를 황비(皇妣)라 칭하며, 남편을 황벽(皇辟)이라 칭한다"[8]라고 되어 있다.

신주를 기준으로 아버지일 경우 분면의 오른쪽 아래(참사자를 기준하여 보면 왼쪽 아래)에 '효자모봉사(孝子某奉祀)'라고 봉사자(奉祀者)의 이름을 쓰는 집안이 있다. 이를 방제(旁題)라고 한다. 방제를 쓰는 것에 대해서는 많은 의견이 있다.

신주는 비단으로 만든 덮개인 도(韜)와 깔개인 자(藉)와 함께 검은색을 칠한 독좌(櫝座)에 모신 다음 독개(櫝蓋)를 덮고서 창독(窓櫝)에 넣어 사당의 감실(龕室)에 잘 보관한다.

도자(韜藉)는 고위(考位)에게는 자색(紫色)을, 비위(妣位)에게는 비색(緋色, 붉은빛)을 사용한다.

신주의 덮개는 비단으로 만든 것을 사용하는데, 이때 두 가지 색으로 덮개를 만드는데 자주색과 붉은색으로 만들어 자주색은 남자 조상에게 사용하고, 붉은색은 여자 조상에게 사용한다. 이는 예부터 음양을 적용하는 사례로 보며, 남자는 양을 나타내어 붉은색이고, 여자는 음을 의미하는 자주색을 사용하지만, 신주에 사용하는 것은 망자(亡者)에게 적용하는 것으로 산자와 반대로 적용하는 것으로 생각하면 된다.

---

8   『禮記』「曲禮」下: "祭王父曰皇祖考, 王母曰皇祖妣, 父曰皇考, 母曰皇妣, 夫曰皇辟."

3. 종묘제례와 사가의 기제

1) 종묘제례

종묘제례를 살펴보면 먼저 종묘는 임금이 왕의 신주를 지극한 정성으로 모시는 사당을 의미하므로, 종묘제례는 선대인 왕실의 조상을 숭배하고 아울러 '효'를 통해 아래로는 백성을 통치하려는 정치적인 이념으로 강조되어 사직제와 함께 큰 제사로 받들어지게 되었다. 우리나라의 종묘가 처음 세워진 것은 삼국시대이다.

종묘제례의 종류를 살펴보면, 봄, 여름, 가을, 겨울의 사계절에 걸쳐 네 차례의 대향(大享)을 포함하여(영녕전은 춘추제사, 두 차례) 납향, 설, 추석 등의 명절에 지내는 속절제(俗節祭), 초하루와 보름에 지내는 삭망제, 그리고 국가에 매우 중대한 일이 발생하였을 때 빌거나 고하는 기고제(祈告祭)가 있으며, 계절에 맞춰 새로 나는 햇곡식과 햇과일 등을 미리 올리고 고하는 천신제(薦新祭)가 있었다. 그 외에 기우제, 기설제, 기청제, 위안제 등도 있었다.

종묘에서 가장 큰 제례에는 체협제(禘祫祭)였다. 체협제의 제례는 태조묘에 종묘 및 별묘가 있는 각 실 신주를 모두 모셔와 한꺼번에 지내는 것이다. 고려시대에도 성종 때부터 체제(禘祭)는 5년에 한 번씩 맹하(孟夏)에, 협제(祫祭)는 3년에 한 번씩 맹동(孟冬)에 행해졌다. 그러나 체제는 "예에 있어서 왕이 아닌 경우 체제를 지내지 못한다. 왕은 위로 조상을 이어온 분에게는 체제의 제를 모시고, 시조분들에게 배향하는데, 제후는 단지 그 태조에만 미친다."[9]고 일러 천자의 예로 간주되었다.[10]

---

9   『세종실록』 권11, 세종 3년 4월 26일(무오).
10   최순권·임승범, 『종묘제례』, 국립문화재연구소, 민속원, 26쪽.

종묘제례의 진행과 절차 과정을 보면, 먼저 제례준비, 제례절차로 구분하는데, 제례준비에는

[시일]

종묘제향은 날이 정해진 것이 아니라, 1월, 4월, 7월, 10월에 점을 쳐서 길일에 지낸다.

[재계(齋戒)]

임금의 재계, 서계, 친임수서계, 집사의 재계가 있다.

[진설]

제향 3일 전에 전하의 소차를 조계 동쪽에서 서향으로 설치한다.

현재는 소차를 제고 동쪽에 남향으로 설치한다.

[**전향축**(傳香祝)]

제향에 사용할 향과 축문을 전하는 의식이다.

[**거가출궁**(車駕出宮)]

임금이 종묘제향을 봉행하기 위해 소여와 대연을 타고 궁궐에서 종묘까지 행차하는 과정을 말한다.

[**망묘례**(望廟禮)]

임금이 종묘에 이르러 역대 선조에 대해 예를 행하는 의식이다.

[**성기례**(省器禮)]

제례를 지낼 때 사용할 제기가 깨끗이 잘 준비되어 있는지를 살펴보는 의식이다.

[**성생례**(省牲禮)]

제향에 쓰여지는 희생의 상태를 파악해보는 의식이다.

제례절차로는 신을 맞아들이는 절차, 신이 즐겨주는 절차와 신이 베

풀어 주는 절차, 그리고 신을 정중이 보내는 절차로 나누어지는데, 먼저 신을 맞이하는 절차로는

[취위(就位)]

제향을 잘 지내기 위하여 제관들이 미리 정해진 자리에 나아가는 것으로, 제향을 정식으로 시작하기 전까지의 의식이 있는데 아래의 순서에 의한다.

- 집례찬의선배취위(執禮贊儀先拜就位) : 찬례와 찬의는 먼저 절하고 봉무 위치로 나아간다.
- 악사솔악원일무원입취위(樂師帥樂員佾無員入就位) : 악사장은 악사와 일무원을 인솔하여 봉무할 자리로 거시오.
- 제집사입취배위북향립(諸執事入就拜位北向立) : 모든 참석 집사는 절할 자리로 들어가서 북쪽 방향을 바라보며 서시오.
- 제집사진홀(諸執事搢笏) : 모든 집사는 홀을 꽂으시오.
- 국궁사배흥평신(鞠躬四拜興平身) : 무릎을 꿇은 다음 네 번 절을 하고 일어서시오.
- 집홀(執笏) : 홀을 잡으시오.
- 찬의인제집사예관위세홀((贊儀引諸執事詣盥洗位帨訖)[11] : 찬의는 참석한 모든 집사를 관세위로 안내하여 손을 씻게 하시오.
- 제집사승자동계각취위

[신관례(晨祼禮)]

신을 맞이하는 순서로 이른 새벽 동이 틀 즈음하여 울창주를 땅에다

---

11 『국조오례의』에는 '관세홀(盥帨訖)', 『매사문』에는 '세홀(洗訖)'로 되어 있다.

붓는다 하여서 신관례라고 하게 되었다.

이어 신이 즐기는 절차를 갖는데

[궤식(饋食)]

신을 위해 제물을 바치는 절차.[12]

[**초헌례**(初獻禮)]

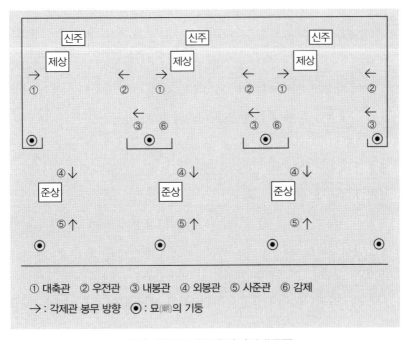

〈그림 1〉 제관 봉무 위치도(祭官 奉務 位置圖)

초헌관이 신에게 맨 처음 술잔을 올린 후 제사를 시작하는 것을 알리는 축문을 읽는 의식.

---

12   사직대제에서는 진숙(進熟)이라 한다.

[아헌례(亞獻禮)]

아헌례의 의미는 신에게 두 번째 준비한 술잔을 올려 드리는 것으로
올리는 술은 앙제를 사용.

[종헌례(終獻禮)]

종헌관이 세 번째로 신에게 술잔을 올리는 의례로 이때는 천주를 사용.

신이 베푸는 절차로는

[음복례(飮福禮)]

임금이 대표로 신이 베풀어 주는 복을 나타내며, 제사에 사용한 제물
즉, 음식과 술을 통해 복을 받는 의식.

신을 보내는 절차로는

[철변두(徹籩豆)]

제사에 사용한 제물들을 물리는 의식으로 상징적 표현으로 변과 두의
자리만 조금 옮기는 것.

[망예례(望瘞禮)]

마지막 절차로 제향에 사용한 축문, 폐를 땅에 묻고 불로 태우는 의식
을 하고서 모든 제례를 마친다.[13]

그리고 오향대제(五享大祭)의 설찬(設饌)에 대하여 살펴보기로 한다.

임금이 제단에 올라 강신(降神)을 하고, 찬인의 인도를 받아서 진찬자(
進饌者)를 거느려 신주 앞으로 가서 수저(匕)를 사용하여 소고기를 가마솥

---

13   최순권·임승범, 『종묘제례』, 국립문화재연구소, 132~218쪽 참조.

에서 꺼내 준비한 제기에 담고, 다음에는 양고기를 떠내어 다른 제기에 담고, 다음에는 돼지고기를 떠내어 준비한 제기에 담는다. 이후 축시가 서로 마주 들고서 찬만(饌幔) 안에 진선을 한다.

다음에는 천조관이 나가서 찬소(饌所) 앞으로 나아간다. 그곳에 봉조관(捧俎官)이 뒤를 따라간다. 임금이 강신을 마치고 제자리로 돌아오기를 기다린다. 집례자가 "찬을 올리시오"라고 말을 마치면 축사는 빗장을 들어 올려 솥의 오른쪽에 둔 다음 덮개를 치우고 수저와 필(畢)을 솥에 얹어 놓는다. 전시관이 수저로 소고기를 떠서 생갑(牲匣)에 담은 다음 차례로 양고기를 담고, 돼지고기를 각각의 생갑에 담아둔다. 그리고 인도를 받은 천조관이 제1실의 조(俎)를 받들고 봉조관이 소고기와 양고기, 돼지고기가 담긴 생갑을 받든다. 전사관이 찬(饌)을 인도하여 정문으로 들어간다. 조를 처음으로 문에 들일 때에는 헌가가 풍안(豊安)의 음악을 연주하도록 한다. 이에 여러 축사가 모두 앞으로 나아가서 모혈반을 거두어서 조계에서 재랑에게 주어 내보낸다. 찬이 태계에 다다르면 대축이 계단에 서서 맞이하여 안내한다. 천조관이 제1실의 신위 앞으로 가서 북향을 한 다음 꿇어앉아 올린다. 순서는 생갑에 담은 순서대로 소고기, 양고기, 돼지고기 순으로 바친다. 이렇게 올린 다음 생갑의 뚜껑을 연다. 이어 차례대로 신실에 나아가서 받들어 올리기를 한다. 이러한 것이 모두 마치면 음악은 중단한다. 그리고 천조관 이하는 조계로 내려가 자리를 한다.

대축이 각각의 소(蕭), 서(黍), 직(稷)을 가지고 기름에 담근 다음 화롯불로 구워 준소로 간다. 다음은 진폐찬작관과 전폐찬작관이 올라가서 제1실 준소로 가서 북향을 하여 선다. 집례자가 "예의사는 전하를 안내하여 초헌례(初獻禮)를 행하시오"라 하면 예의사의 안내를 받아 임금이 조계로 올라가서 제1실의 준소로 가서 서향을 하여 선다. 이어 음악은 등가가 〈보태평〉을 연주를 하면 〈보태평〉의 춤을 춘다. 이에 집준자가 덮개를 들고시 진폐찬직관이 에제(醴齊)를 따른다. 그리고 근시 2인이 작으로서 술잔을 받는다. 예의사의 안내를 받은 임금은 신위 앞에 가서 북향을 하여 선다. '꿇어앉아 규를 꽂을 것'을 계청한다. 그러면 임금은 꿇어앉아 규를 꽂는다. 원래 임금은 모든 생존해 있는 사람에게는 꿇어앉기를 하지 않지만, 제례에서 조상에 대해서는 예를 다하는 모습으로 꿇어앉는 것으로 본다. 임금이 꿇어앉으면 참석한 모든 사람들이 꿇어앉는다. 이어 근시가 작을 진폐찬작관에게 건네면 진폐찬작관이 작을 받아서 꿇어앉아 올린다. 예의사가 '작을 잡아 작을 올릴 것'을 계청하면 전폐찬작관에게 작을 주어 신위 앞에 올려놓는다. 근시가 부작(副爵)을 진폐찬작관에게 건네면 진폐찬작관은 작을 받아 꿇어앉아서 올린다. 연하여 예의사가 '작을 잡아 작을 올릴 것'을 계청하면 작을 전폐찬작관에게 건네어 왕후의 신위 앞에 올려놓는다. 또 예의사가 '규를 잡고 보복하였다가 일어나 조금 물러나서 북향하여 꿇어앉을 것'을 계청하면 음악은 마친다.

2) 사가의 기제

기제는 고인이 돌아가신 날에 지내는 제사로서 돌아가신 날의 의미는 다시 숨을 멈추기 직전 살아 계신 날이라고도 생각하면 된다. 현재의 일반적인 제사를 지낸다고 말하면 이 기제를 의미한다고 한다.

기제의 대상은 『주자가례』에서 보면 4대조 즉, 고조부까지를 대상으로 하며 제사는 종가(宗家)에서 지내고, 5대조 이상은 기제를 폐하고 매년 시월에 문중의 친척들이 모여 시향(時享)으로 지내도록 하였다.

조선시대에는 벼슬 관직의 급에 따라 제사를 지내는 범위를 달리하였는데, 3품관 이상은 4대조인 고조부모까지 지내며, 6품관 이상은 증조부모까지, 그리고 7품관 이하 선비들은 조부모까지 지내도록 하였으며, 서민들은 부모 제사까지만 지내도록 하였다 한다. 그러나 이후 갑오경장을 지나면서 우리나라가 신분제도의 철폐가 되면서 효에는 신분의 차이가 있을 수 없다는 사회 분위기가 발생하면서 4대인 고조부모까지 제를 지내는 게 통상화 되었다 한다.[14]

현재는 부부인 두 분이 모두 사망을 하면 기제는 합사(合祀)를 주로 하는데『예서』에는 부부가 각기 따로 기제를 지낸다고 하였으나, 『정자가례(程子家禮)』[15]를 보면 각기 모시는 것이 원칙이나 두 분을 같이 모시게 되는 것을 인정(人情)이라 하여 지금까지 함께 지내는 것으로 전해지고 있다.

사가 기제의 의미는 효자가 제사를 지냄에 있어 그 정성을 다하여 삼가고, 그 믿음을 다하여 신뢰하며, 그 공경을 다하여 공손히 모시고, 그 예(禮)를 다하여 실수가 없도록 한다. 나아가고 물러섬에 있어 반드시 공경을 다하여 마치 부모의 명(命)을 듣고서 행하듯 하는 것이다.[16]

그리고 사가 기제의 절차를 보면,

① 재계(齋戒)

재계를 하는 사람은 즐거워하지도 않으며, 슬퍼하지도 않는다. 『집설(集說)』에 이르기를 옛날에 공경할 일이 있는 사람은 반드시 재계를 하였으니, 재계는 지극히 정성스러운 덕(德)을 밝게 하는 것이다. 즐거워하면

---

14 김창선, 『쉽게 풀어쓴 상례와 제례』, 자유문고, 1999, 125쪽 참조.

15 중국 송(宋)나라 때의 유학자인 정호(程顥)·정이(程頤) 형제가 가례(家禮)에 관하여 쓴 책.

16 『禮記』「祭義」: "孝子之祭也, 盡其愨而愨焉, 盡其信而信焉, 盡其敬而敬焉, 盡其禮而不過失焉, 進退必敬, 如親聽命則或使之也."

흩어지고 슬퍼하면 동요하니 모두 재계에 해롭다. 즐거워하지 않으며, 슬퍼하지도 않는 것은 재계의 뜻을 온전히 하는 것이다.[17]

하루 전에 재계한다. 사시제(四時祭)는 사흘 전에 재계하는데 기제(忌祭)는 하루 전에 재계하는 이유는 다음과 같다. 살펴보면, 『개원례(開元禮)』 재계조(齊戒條)에 나온 주(註)를 읽어보면, "무릇 산재(散齋)에서는 대사(大祀)에 4일을 하며 중사(中祀)에는 3일간을 지내고 소사(小祀)는 2일간을 지내라 하며, 치재(致齋)에서는 대사에 3일간을 지내고 중사에서는 2일간을 하라 하고, 소사에서는 1일간 제를 지내라 하였다"로 되어 있으며, 퇴계(退溪)는 이르기를, "시제(時祭)는 매우 신명(神明)을 섬기는 도리이며, 기제(忌祭) 및 묘제(墓祭)는 나중 후대에 풍속을 따르며 지내는 제사로, 제사의 의례와 절차에 있어서 동일하지 않은 점이 마땅히 있으니 재계를 치름에 있어서 어떻게 차이가 없다고 할 수 있겠는가" 하였네. 이렇게 본다면 당연, 제사에 다소간의 차이가 있을진대, 재계를 치르는 날짜도 또한 그에 따라서 다른 것이다.[18]

주인(主人)은 여러 장부(丈夫)를 거느리고 밖에서 치재(致齋)하고, 주부(主婦)는 여러 부녀(婦女)를 거느리고 안에서 치재한다. 목욕하고 옷을 갈아입는다. 술은 마시지 않는 것이 좋으나 마시되 어지러울 때까지 마시지 말도록 하고, 고기를 먹되 고기에서 냄새가 나는 것은 먹지 않는다. 조상(弔喪)하지 않으며, 음악 등 경쾌한 것은 듣지 않도록 한다. 흉(凶)하고 추한 일에는 모두 참여하지 않는다.

목욕을 하기 어려운 형편이면 간단히 씻는다. "겨울의 추위에 목욕하

17　『禮記』「曲禮」上: "齊者不樂不弔, 集說呂氏曰, 古之有敬事者必齊, 齊者致精明之德也, 樂則散, 哀則動, 皆有害於齊也, 不樂不弔者, 全其齊之志也."

18　金長生, 『疑禮問解』 卷4, 「祭禮」

는 것은 쇠약하거나 병든 사람이 견디지 못하나, 완전히 폐지하는 것은 미안하니 간단하게 씻는다"[19]

② 설위(設位)

하루 전에 신위(神位)를 설치한다. 신위는 제사를 받아야 할 신위만 설치하여야 하는지? 아니면 부부(夫婦)인 고비(考妣)의 신위를 같이 설치하는 것이 마땅한 것인가? 주자(朱子)는 기일(忌日)에는 한 분의 신위(神位)에만 제사 지낸다고 했다.

③ 진기(陳器) · 구찬(具饌)

제기(祭器)를 진설(陳設)하고 제물(祭物)을 갖춘다.

④ 궐명[20]숙흥(厥明夙興) 설소과주찬(設蔬果酒饌)

새벽 일찍 일어나 채소, 과일, 술, 음식을 진설한다.

⑤ 질명(質明)[21] 주인이하변복(主人以下變服)

날이 밝아오면 주인 이하는 옷을 갈아입는다.

⑥ 예사당봉신주(詣祠堂奉神主) 출취정침(出就正寢)

사당에 나아가 신주를 받들어 나와 정침(正寢)에 모신다.

---

19 『寒岡集』 卷7, 答任卓爾: "冬寒沐浴, 非衰病人, 所堪若至, 全廢則未安, 略爲澡洗."
20 궐명(厥明): 명일(明日) 미명(未明)이다.
21 질명(質明): 명일(明日) 여명(黎明)이다.

자리가 정해지면 주인(主人)은 동쪽 계단인 조계(阼階)로 올라가 홀(笏)을 꽂고, 분향(焚香)하고, 홀(笏)을 뽑아들고 고(告)한다.

고(告)하기를 마치면 홀(笏)을 꽂고, 독(櫝)을 거두어 신주를 상자에 넣고, 집사자(執事者)가 받들도록 한다. 주인(主人)은 홀(笏)을 빼어 들고 제사자들의 맨 앞에서 진행하고, 주부(主婦)는 주인의 뒤를 따르며, 다음 참석자 중 항렬이 낮거나 나이가 어린 사람은 그 뒤에 따른다. 정침(正寢)에 이르면 독(櫝)을 서계(西階)의 탁자 위에 놓는다. 주인(主人)이 홀(笏)을 꽂고 독(櫝)을 열어 신주를 받들어 자리에 내놓는다. 끝나면 주인(主人) 이하는 모두 내려와 자리로 돌아간다.

신주를 모시고 계단을 내려올 때는 서쪽을 경유한다.[奉主升降由西階]

⑦ 참신(參神) · 강신(降神)

참신은 신(神)을 뵙는 절차이고, 강신은 신(神)이 강림(降臨)하도록 하는 절차이다.

[참신(參神)]

주인은 동쪽에서 북향(北向)하고, 그 외 남자들은 주인의 오른쪽에 선다. 주부(主婦)는 서쪽에서 북향(北向)하며, 그 외 여자들은 주부의 왼쪽에 선다. 모두 북쪽을 보고 바르게 서서 자리가 정해지면 재배(再拜)를 한다.

[강신(降神)]

분향(焚香)과 뇌주(酹酒)를 하는 이유는 혼(魂)과 백(魄)을 불러 신(神)이 강림(降臨)하도록 하는 것이다.

강신의 절차는 주인이 올라가 홀(笏)을 꽂고, 분향(焚香)한 다음, 홀(笏)을 빼어 들고 조금 물러나 선다. 집사자 혼자서 술병의 마개를 열고 수건으로 술병 부리를 닦고서 주전자에 술을 채운다. 다른 집사자 한 사람은 동쪽 계단의 탁자 위에 있는 잔 받침[盤]과 잔(盞)을 들고서 주인의 좌측에 서고, 다른 한 사람은 주전자를 들고서 주인의 우측에 선다. 주인이 홀(笏)을 꽂고 꿇어앉으면, 잔 받침과 잔을 들고 있는 사람도 꿇어앉아 잔 받침과 잔을 드리고, 주인이 그것을 받는다. 주전자를 가지고 있는 사람도 꿇어앉아 잔에 술을 따른다. 주인은 좌측 손으로 잔의 받침부분을 잡고 우측 손으로는 잔을 잡고서 모사(茅沙) 위에 붓는다. 잔 받침과 잔을 집사(執事)에게 주고서, 홀(笏)을 빼어 들고 부복(俯伏)했다가 일어나 재배(再拜)하고 내려와 자리로 돌아간다.

⑧ **진찬**(進饌)

제물(祭物) 중에 채소, 과일, 술, 포(脯), 기타 식어도 괜찮은 음식은 참신·강신 전에 진설(陳設)을 하고, 따뜻하게 데워 먹는 음식이나 식으면 안 되는 음식은 참신·강신을 한 후에 올리는데 이를 진찬이라 한다.

진찬의 절차는 주인이 올라가면 주부가 따른다. 집사자 한 사람은 쟁반에 생선과 고기를 받들고, 한 사람은 쟁반에 미식(米食)과 면식(麵食)을 받들고, 한 사람은 쟁반에 국[羹]과 밥[飯]을 받들고 따라 올라간다. 신위 앞에 다다르면 주인은 홀대에 홀을 꽂고, 고기를 받들어 잔반(盞盤)의 남쪽에 올리며, 주부는 다음 순으로 면식(麵食)을 받들고서 고기가 놓여진 서쪽에 올린다. 주인이 생선을 받들어 식초접시의 남쪽에 올리고, 주부가 미식(米食)을 받들어 생선의 동쪽에 올린다. 주인이 국을 받들어 식초접시의 동쪽 위치에 올리고, 이어 주부는 밥을 받들고서 잔반(盞盤)의 서쪽 위치에 올린다. 다 끝나면 주인은 홀(笏)을 빼어 들고, 주인 이하는 모두 내려와 자리로 돌아간다.

⑨ 삼헌(三獻)

[초헌(初獻)]

주인이 올라가 신위 앞에 이르면, 집사자 1인이 술 주전자[酒注]를 잡고 그 오른쪽에 선다. 주인이 홀(笏)을 꽂고 잔반(盞盤)과 잔(盞)을 받들어 신위 앞에 동향(東向)하여 선다. 집사자가 서쪽을 향하여 잔(盞)에다 술을 따르면 주인은 잔을 받들어 제자리에 올린다. 홀(笏)을 빼어들고 향안(香案) 앞으로 나아가 신위 앞에 북향(北向)하여 선다. 집사자가 신위 앞의 잔반(盞盤)과 잔(盞)을 받들어 주인의 왼쪽에 선다. 주인이 홀(笏)을 꽂고 꿇어앉으면 집사자 역시 꿇어앉는다. 주인이 잔반(盞盤)과 잔(盞)을 받아 오른손으로 잔(盞)을 들어 모사(茅沙) 위에 뇌주(酹酒)하고 잔반(盞盤)과 잔(盞)을 집사자에게 주면 집사자가 제자리에 돌려놓는다. 홀(笏)을 빼어들고 부복(俯伏)했다가 일어나 조금 물러나 선다. 집사자가 화로(火爐)에 간적(肝炙)을 구워 접시에 담는다. 형제 중 연장자(年長者) 1인이 받들어 시저(匙筯)의 남쪽에 간적을 올린다. 축(祝)을 행하는 자가 축판(祝板)을 들고 주인의 왼쪽에 섰다가 꿇어앉는다. 주인 이하 모두 꿇어앉는다. 읽기를 마치고 일어나면, 주인은 재배(再拜)하고 물러나 내려와 자리로 돌아간다. 집사자는 다른 그릇을 이용해서 술과 간적(肝炙)을 치우고 술잔을 제자리에 둔다.

[아헌(亞獻)]

아헌은 두 번째로 신(神)에게 헌작(獻爵)하는 것이다. 절차는 주부(主婦)가 초헌(初獻)의 의례(儀禮)와 같이하며, 여러 부녀(婦女)는 구운 고기를 받들어 올린다. 다만 축(祝)을 읽지 않는다.

[종헌(終獻)]

종헌은 세 번째로 신(神)에게 헌작(獻爵)하는 것이다. 절차는 형제 중

윗사람이나 혹은 친빈(親賓)이 아헌(亞獻)의 의례(儀禮)와 같이하며, 여러 자제(子弟)는 구운 고기를 받들어 올리며 축(祝)은 읽지 않는다.

축(祝)은 읽지 않을 뿐이지 아헌(亞獻)은 초헌(初獻)의 의례(儀禮)와 같이 하고, 종헌(終獻)은 아헌(亞獻)의 의례(儀禮)와 같이한다고 했으므로 삼헌(三獻)에 모두 술을 제한다.[三獻皆祭酒]

⑩ 유식(侑食)

삼헌(三獻)이 끝난 후 식사를 권유하는 절차이다. 『가례』에는 "주인이 올라가 홀(笏)을 꽂고 주전자를 들어 신위에 술을 가득 차게 따르고 향안(香案)의 동남의 위치에 선다. 주부가 제 앞으로 나아가 숟가락을 밥 중앙에 꽂되 손잡이는 서쪽 방향으로 하고 젓가락을 가지런하게 하며, 향안(香案)의 서남쪽 방향에 선다. 참석자 전원 북향(北向)하여 재배(再拜)하고, 내려와 자리로 돌아간다"[22]

⑪ 합문(闔門)

주인(主人) 이하 모든 사람들이 나오면 축(祝)이 문을 닫는다. 문이 없는 곳이라면 발을 드리우는 것도 괜찮다. 주인은 문의 동쪽에 서서 서향(西向)하고 여러 장부(丈夫)는 그 뒤에 선다. 주부(主婦)는 문의 서쪽에 서서 동향(東向)하고, 여러 부녀(婦女)는 그 뒤에 선다. 만약 나이 많은 존장(尊長)

---

22 『家禮』卷5,「祭禮」, 四時祭: "主人升, 搢笏執注, 斟諸位之酒皆滿, 立於香案之東南 主婦升, 扱匙飯中, 西柄, 正筯, 立於香案之西南, 皆北向再拜 降復位."

)이 있으면 다른 곳에서 조금 쉰다. 이것이 소위 '염(厭)'[23]이다.[24]

합문(闔門) 후 신령(神靈)이 흡족히 흠향(歆饗)할 수 있을 시간만큼 있는 것은 효성(孝誠)의 지극함이다.

⑫ 계문(啓門)

축(祝)이 문밖에서 '어흠(噫歆)' 소리를 세 번 내고 문을 열면 주인 이하는 모두 들어가며, 다른 곳에서 쉬던 존장(尊丈)도 들어가 자리에 나아간다. 국을 물리고 숙수(熟水, 숭늉)를 올리는 '진다(進茶)'[25]를 행하고, 고이성(告利成)한 후, 철시복반(撤匙覆飯)한다.

[진다(進茶)]

진다, 즉 점다(點茶)는 차 대신 숙수(熟水)를 드리는 것이다. 옛날에 식후(食後) 차를 올리던 정성으로 올리는 것으로 볼 수 있다.

[고이성(告利成)]

고이성(告利成)은 제사를 잘 봉양(奉養)하고 무사히 예를 마쳤음을 아뢰는 것이다.

주인이 홀(笏)을 잡고 부복(俯伏)했다가 일어나 동쪽 계단 위에 서서 서향(西向)하면, 축(祝)이 서쪽 계단 위에 서서 동향(東向)하여 이성(利成)을 아뢰고 내려와 자리로 돌아간다. 축(祝)은 자리에 있는 사람들과 함께 모두 재배(再拜)한다. 주인은 절하지 않고 내려와 자리로 돌아간다.

---

23 『禮記』「曾子問」陳註에 "厭是厭飫之義, 謂神之歆享也"라고 되어 있어 "염(厭)은 배부르게 먹는다는 뜻이며, 신령(神靈)의 흠향(歆饗)을 말한다." 즉 신령이 충분한 제사를 받을 수 있도록 정성을 다해 제사 지내는 것을 말한다.

24 『家禮』卷5,「祭禮」, 四時祭: "主人以下皆出, 祝闔門, 無門處, 卽降簾可也, 主人立於門東西向, 衆丈夫在其後, 主婦立於門西東向, 衆婦女在其後, 如有尊長, 則少休於他所, 此所謂厭也."

25 점다(點茶)라고도 한다.

제사를 마칠 때에 이성(利成)을 고하는 것이 조선을 개국한 태조(太祖) 이성계(李成桂)의 이름을 범하는 것이라고 하여, 조선 시대뿐만 아니라 지금도 많은 가문(家門)에서 행하지 않고 있다.

[철시복반(撤匙覆飯)]

『요결(要訣)』에 이성(利成)을 아뢴 뒤에 밥뚜껑을 덮는다고 하였으며,『문해속(問解續)』에 이미 뚜껑을 연다고 했다면 마땅히 절로 덮는 것이 옳다. 이와 같은 자질구레한 예(禮)는 비록 거론하지 않더라도 미루어서 행할 수 있다고 하였다. 남계(南溪)는 숟가락과 젓가락을 내리는 절차는 마땅히 사신(辭神)하기 전 합반개(合飯盖, 밥뚜껑을 덮을 때)할 때에 있어야 한다고 했다.[26]

⑬ 사신(辭神)

제사를 다 마쳤다고 신(神)에게 작별 인사를 고하는 절차이다. 사신배(辭神拜)라고 하여 주인 이하는 재배(再拜)하고 주부는 사배(四拜)한다. 축(祝)이 올라가 축점(祝坫) 위의 축문(祝文)을 들어 소지(燒紙)한다.

지방(紙牓)으로 제사를 모셨을 경우에는 지방도 함께 소지(燒紙)한다.

주인이 올라가 신주를 받들어 신주 독(櫝)에 넣되, 고비(考妣)를 함께 제사 모셨으면 주부도 함께 올라가 비(妣)의 신주는 주부가 받든다.

⑭ 납주(納主)

신주독(神主櫝)을 거두어 상자에 넣고 집사자 한 사람으로 받들게 하여

---

26 柳長源, 『常變通攷』 卷24, 「祭禮」 時祭 下: "要訣, 告利成後合飯盖. ○問解續, 旣巳啓飯蓋, 則自當合之, 此等曲折禮, 雖不擧可以推行之. ○南溪曰, 下匙筯, 當在辭神前, 合飯蓋時."

주인이 앞서서 인도하고, 촛불이 서쪽 계단으로 따라 내려온다. 주부는 뒤를 따르고 참석자 중 항렬(行列)이 낮거나 나이가 어린 사람은 뒤에 서서 받들고 사당(祠堂)으로 돌아가서 오르기를 서쪽 계단으로부터 하여 본 신주독을 열고 먼저 있던 곳에 봉안(奉安)한다. 발을 내리고 빈 신주독 및 향안(香案)을 먼저 있던 곳에 되돌리고 문을 닫는다. 주인은 동쪽 계단으로 내려가면 이하 사람들은 서쪽 계단으로 내려가 물러나고 외문(外門)을 걸어 잠근다.[27]

⑮ 철(徹)[28]

술과 음식을 거두는 철상(撤床)의 절차이다.

주부가 돌아와 감독하여 잔과 주전자와 다른 그릇에 남아있는 술을 거두어서 모두 하나의 병에 넣고 봉하니, 이것이 이른바 복주(福酒)이다. 과일, 채소, 고기, 음식은 아울러 평상시에 사용하는 그릇으로 옮긴다. 주부가 제기를 씻어서 보관하는 것을 살핀다.[29]

촛불과 횃불을 끈다. 수조(受胙)와 준(餕)은 하지 않는다. 이날은 기쁜 표정이나 즐거움을 나타내지 않고 마련한 술을 마시지 않고, 고기 역시 먹지 않으며, 빈객(賓客)을 만나지 않으며, 출입하지 않고 소복(素服)과 소대(素帶)를 착용한 채 거처(居處)하고 저녁에는 사랑에서 자면서 제사지낸 그분 사모(思慕)하기를 거상(居喪) 때처럼 한다.[30]

---

27 李東厚, 『霞洞祭禮』, 도서출판 동방, 2007, 75쪽.

28 철(徹)은 철(撤)과 상통(相通)한다.

29 『家禮』 卷5, 「祭禮」, 四時祭: "主婦還監徹酒之在盞注他器中者, 皆入於瓶, 緘封之, 所謂福酒, 果蔬肉食並傳於燕器, 主婦監滌祭器而藏之."

30 李東厚, 『霞洞祭禮』, 도서출판 동방, 2007, 76쪽.

⑯ 음복(飮福)

음복(飮福)은 제사를 마치고 참사자(參祀者)들이 제수(祭需)와 제주(祭酒)를 나누어 먹는 것이다. 이는 조상이 주시는 복(福)된 음식을 먹고, 음덕(蔭德)을 입어 자손들이 잘살게 해달라는 염원을 가지기도 한다. 또한 음복(飮福)의 절차는 제사를 마치면 참사자들이 모두 모여서 제를 마친 제수(祭需)와 제주(祭酒)를 두루 나누어 음복을 함으로써 가족의 유대감과 일체감을 형성하는 의미도 있다.

4. 제복에 대한 고찰

1) 조선 왕실 제복의 고찰

제복(祭服)은 제(祭)를 지낼 때 그 예를 나타내며 그 격식과 기준이 주로 조선시대에 왕실의 제복 기준이 잘 전해지고 있다. 따라서 조선시대의 종묘제례를 살펴볼 필요가 있다.

제관(祭官)의 제복은 관(冠), 복(服), 규(圭 또는 홀,笏)로서 구성되어 있으며, 왕과 왕세자 그리고 문무관과 호위무관 모두 동일하였지만 각 지위(地位)에 따라서 내용의 일부에 차이를 두었다.

[관(冠)]

관은 종묘대제에서 친제시(親祭時)와 섭행시(攝行時)로 구분하는데, 친제시는 국왕이 직접 원유관(遠遊冠)을 쓰고 강사포(絳紗袍)를 갖춘 다음 궁궐을 나와서 재궁(齋宮)으로 들어가고 의식이 시작되기 직전에 면복(冕服)을 갖춘 다음 다시 재궁을 나와 제사에 참여를 한다. 제사를 끝낸 다음 재치 재궁에 들어가 원유관에 강사포를 갖춘 후 궁궐로 돌아오는 것이다.

섭행시는 나라의 왕이 제사를 직접 지내는 친제처럼 문관은 제례에 제복(祭服)을 입고 제사에 참여하는 것을 말한다.

[복(服)]

복에는 국왕(國王)의 복식(服飾)이 있고, 문무관(文武官)의 복식, 호위무관(護衛武官)의 복식으로 나누어진다.

국왕의 복식을 살펴보면 면류관(冕旒冠)과 곤복(袞腹)으로 구성되며 곤복으로는 의(衣), 상(裳), 대대(大帶), 중단(中單), 패옥(佩玉), 혁대(革帶), 수(綏), 방심곡령(方心曲領), 폐슬(蔽膝), 말(襪), 석(鳥)이 있다.

면류관은 왕의 정복인 곤복(袞服)에 맞추어 쓰는 의식상의 예모(禮帽)를 말하는 것으로 겉의 색이 검은색, 속의 색이 붉은색으로 된 것이 가정 존엄한 상징을 의미하였다. 모자의 위쪽에는 직사각형의 큰판을 연(延)이라 하는데 연의 뒤쪽은 올라가면서 각지도록 만들어지고 앞쪽은 뒤쪽에서부터 내려오면서 둥글게 만들었다. 이는 앞서 말한 가장 존엄한 왕을 상징하면서 각진 뒷부분은 땅을 의미하고 앞부분의 둥근 부분은 하늘을 의미하여 음양으로 하늘과 땅에서의 존귀함을 나타낸 것으로 보인다.

국왕의 복식 중 곤복의 특징을 살펴보면 십이장(十二章)이라 하여 해(日)와 달(月), 성신(星辰)과 산(山), 그리고 용(龍)과 화충(華蟲) 및 종이(宗彝), 조(藻)와 불(火), 분미(粉米)와 보(黼), 마지막으로 불(黻)의 형태로 장식하였으며, 일·월·성신은 하늘을 상징하였으며 산은 땅을 상징하였다. 용과 화충은 비와 구름을 나타내며 종이는 종묘에서 사용하는 제기로서 효를 나타낸다. 조의 의미는 바다에서 나는 풀로 청결, 결백을 의미하고 화는 덕 또는 정의를 나타내며 분미는 목민(牧民)을 상징하고 보는 왕의 중요 결단을 의미하고 불은 선향배악(善向排惡-선을 향하고 악을 배척함)을 나타내어, 이는 하늘과 땅, 그리고 무릇 백성을 살피며 그 절대 권위를 상징하는 의미로 곤복을 장식한 것으로 생각한다.

먼저 의(衣)는 위에 입는 옷으로 색상으로 구분하였는데 중국 명나라 때 황제와 황태자는 검은색(玄色)이고 친왕(親王)과 세자(世子), 그리고 군왕(君王)은 청색(靑色)을 입었다. 고려 공민왕 때부터 중국 친왕례(親王禮)를 따라서 조선에서 국왕의 의색이 청색이었으나 고려 의종(毅宗)대에서 현색으로 되어 있다.

상(裳)은 아래에 입는 치마와 비슷한 옷으로『국조오례의』에 보면 국왕의 상은 훈색증(纁色繒)으로 만들었으며 앞 폭에 4장의 수를 놓았는데, 그것은 조, 분미, 보, 불로 구성되었다. 이후 대한제국이 건립된 후 황제의 직위를 사용한 고종 때에는 훈상에 6장으로 화, 종이, 조, 미, 보, 불로서 수놓았다.

대대(大帶)는 허리에 두른 다음 양쪽으로는 두줄을 아래로 드리우는 띠를 말하며, 비색(緋色)과 백색(白色)을 합쳐서 만들었다.

중단(中單)은 국왕의 곤복인 현의(玄衣)와 원유관 포로 입는 강사포(絳紗袍), 그리고 문무관 조복으로 입는 적초의(赤綃衣), 제복으로 입는 청초의(靑綃衣) 등의 속에 입은 홑으로 된 옷이다. 색상은 백색증(白色繒)으로 만들었으며 청색 선으로 깃, 도련, 수구를 두른 것으로『국조오례의』에 전해진다.

패옥(佩玉)은 좌측과 우측에 각각 한 줄씩 늘어뜨린 장신구의 일종으로 곤복에 장식할 때 형(珩, 衡), 금구(金鉤), 우(瑀), 민옥(珉玉) 등으로 만들어 사용하였다 한다.

혁대(革帶)는 인조 6년(1628)에 면복을 갖출 때 폐슬(蔽膝)과 옥패(玉佩) 등을 걸기 위해서 갖추었다고 한다.

수(綬)는 상(裳) 위에 다는 끈의 일종으로 4채수(采綬)로 훈색 바탕에 적색, 백색, 표(標)색, 녹색의 4색으로 짰으며, 이것에 3채의 소수(小綬)가 달려 있으며 위에는 용무(龍紋)을 한 2개의 금환을 단 것으로 기록된다.

방심곡령(方心曲領)은 조선시대에 왕과 문무관이 입는 제복(祭服)의 금령(襟領)에 걸어 추가로 더 단 것을 말한다. 좌영(左纓)은 녹색, 우영(右纓)은 홍색으로 중간에 나비매듭을 하지 않은 채 자연스럽게 늘여 놓았으며 이러한 것을 면복, 또는 제복의(衣)의 금령 위에 단장하여 걸었다.

폐슬(蔽膝)은 무릎을 가리는 것이다. 색상은 훈색(纁色)이며, 위쪽은 비(紕), 아래에는 순(純)이라는 선이 있었다.

말(襪)은 버선의 한 종류이며 겉은 대홍색 능(綾)이고, 안쪽은 백색 금(錦)으로 하였다.

석(舃)은 신발을 말하며 대홍색의 밑바탕 위에 저사(紵絲)로 만들고 청색 숙사선(熟絲線)을 사용하여 밑을 두르고 소사선조(素絲線條)의 상대(上帶)를 가졌다. 색은 비색(緋色) 단(緞)으로 겉을 한 다음 백색증(白色繪)으로 안을 하였다고 전한다.

2) 제복에 관한 상징성

제왕의 제복은 제왕이 제례를 치르거나 즉위식을 할 때, 갖춰 입는 예복(禮服)이라고 한다.

왕가를 지칭할 때 왕의 위로는 황제가 있으며, 왕의 아래에는 왕세자가 있는데, 각각의 지위에 따라 제복도 달리하였다. 제일 위인 황제는 12류면(十二旒冕)과 12장복(十二章服)을 갖추었으며, 왕의 제복은 9장복과 9류 면류관을 사용하였으며, 왕세자는 7장 면복에 8류의 면류관을 사용한 것으로 전하여진다. 여기에서도 왕의 면복을 보면 음양오행에서 유래된 용의 문양을 면복에 새겼다. 이는 용이라 함은 하늘을 상징하였으며, 하늘은 양의 의미로 그 위엄과 위상을 나타낸 것으로 보인다.

임금의 면복은 명(明)나라 영락(永樂) 원년(1403년)에, 왕세자의 면복은 경태(景泰) 원년(1450년)에 중국에서 내려준 제도에 의하여 제작한 것으로 전하여진다. 왕의 면류관을 보면, 앞면과 뒷면에 각각 9류(旒)가 있고, 류마다 적색, 백색, 청색, 황색, 흑색으로 된 5색의 옥슬을 각 9개씩 엮어서 달았는데, 이 숫자가 앞뒤로 각 81개씩 되어 총 162개의 옥슬이 달려있다. 면복은 현색(玄色)[31] 의(衣)와 훈색(纁色)의 치마에 9장(九章)을 장식하였다.

이러한 면복에서도 음양오행이 접목되어 있다고 하여, 송나라 때의 『석전의식(釋奠儀式)』에 "그림은 양(陽)이기 때문에 양(陽)은 의(衣)에 있고, 수(繡)는 음공(陰功)이기 때문에 상(裳)에 있다."[32]고 되어 있다. 의(衣)에는 용(龍), 산(山), 화(火), 화충(華蟲), 종이(宗彝)의 5장(五章)을 그려 넣었고, 치마에는 조(藻), 분미(粉米), 보(黼), 불(黻)의 4장(四章)을 수놓았다. 그리고 폐슬(蔽膝)에는 훈색(纁色)으로 조, 분미, 보, 불의 4장(四章)을 수놓았다.

여기서 9장에 대하여는 음양오행의 의미가 깊이 스며들어 있는데, 9장이라 함은 용(龍)과 산(山)을 시작으로 화(火)와 화충(華蟲)이 있고, 종이(宗彝)와 조(藻) 및 분미(粉米), 그리고 보(黼)와 불(黻)을 나타내는데, 용은 풍수에서 용맥을 의미하듯 변화가 있어야 그 맥이 더욱 살아나듯, 활발하게 늘 움직이는 동물의 의미로 신명함의 뜻을 나타낸 것이고, 산은 말 그대로 풍수에서 산이 빠질 수 없듯이 모든 맥의 출발이며, 상징으로 모

---

31 『국조오례의』 서례 제복에는 현색을 검푸른색에 약간 붉은 빛이 있는 것이라 하였는데, 『세종실록』 오례에는 청색(靑色)으로 되어 있다.

32 『세종실록』 오례, 길례서례, 관면도, 전하면복.("畫, 陽事也, 故在衣; 繡, 陰功也, 故在裳.")

든 사람들이 우러러보는 대상이 되므로 그 뜻을 새기고, 붉은 모든 것을 이겨내는 강인함과 세상의 밝은 빛을 의미하여 그 밝음을 취하는 것을 나타내고, 화충은 꿩의 의미로 꿩은 상서로운 새로 인생의 중요한 의식에서 상징적으로 상용되는 새이다. 또한 꿩은 절개가 있어 죽음으로 그 것을 지키고 몸에는 오색을 갖추어 문을 이루었다. 당연히 선비라 함은 문(文)을 갖춰 질(質)을 돕기를 원하였고, 꿋꿋하게 절개를 지키는 상징으로 황실의 옷에 수를 놓을 때 꿩을 많이 사용하였다 한다. 종이는 고대의 종묘에서 이준을 말하는 것으로 종이에는 호(虎)와 유(蜼)를 새겨 호랑이와 원숭이를 표하였는데, 호이(虎彝)는 엄하고 용맹함을 취하는 것이고 유이(蜼彝)는 원숭이처럼 지혜로움을 취하는 것이다.[33]

조는 물에서 자라나는 수초(水草)를 가리키며, 이는 깨끗함을 상징한다. 수초를 살펴보면 고인 물에서는 검은색을 나타내지만 흐르는 물에 자라는 수초는 맑고 밝은색을 나타낸다. 또한 수초로써 살펴볼 수 있는 것은 수초의 종류에 따라 물의 깊이, 물의 흐름, 물의 정화 정도 등, 다양한 의미로 사용되는 수초는, 관직에서의 청렴하고 왕에게는 세상의 어떤 혼탁하지 않은 절대적 권력으로 깨끗함을 표하지 않는가 생각한다. 분미는 쌀가루의 의미로 옛부터 군주는 백성을 먹여 살려 백성들이 평화롭게 살 수 있도록 하는 것이 어진 임금의 도리라고 하였듯이, 분미는 나라에 풍년이 들도록 하고, 그로 인하여 만백성이 고루 배불리 먹고 평화로운 시대를 열도록 하는 상징으로 분미를 상징하여 놓았다고 할 수 있다. 보는 백흑문(白黑文)으로 도끼(斧)를 상징하였으며, 이는 도끼의 형상을 보면 날은 희고 구멍은 검어서 흑백의 상징으로 어떤 일의 명확

---

33 『三禮圖集注』 권1, 袞冕.

함, 그리고 정확함을 나타내어 군주로서의 지엄함을 더욱 강조하고 그 선명성이 정확하게 하여 원칙을 강조하는 선별의 상징으로 표현하였다고 본다. 또한, 군주의 지엄함을 나타내어 반모나 반란을 예단하고 나라의 기강을 엄하게 하여 질서를 지키려는 참된 뜻이 내포되었다고 할 수 있다. 마지막으로 불은 흑청문(黑靑文)으로 왼쪽에는 청색을, 오른쪽에는 흑색으로 배치하여 서로 구분을 명확하게 하였다는 의미로, 만백성들이 악한 행위를 금하게 하고 선을 지향하도록 하기 위함이라 보았다.[34] 이는 권선징악의 상징으로 군주가 덕치를 하여야 하는 근본을 잘 나타내는 모습이라고도 할 수 있다.

이 외에도 고종이 황제국이라고 선포한 광무 원년(1897년) 대한제국기의 제복을 살펴보면 12면류관과 12장복을 착용하였는데, 12면류관에는 앞뒤로 각각의 12류(旒)로 꾸며지도록 하였으며 각 류마다 7개의 옥구슬을 또 각각 12개씩을 꿰어 달았다. 7개의 옥구슬의 색은 황, 적, 청, 백, 흑, 홍, 녹색으로 이루어져 있다. 상의를 보면 12장복인데, 어깨에는 해(日)와 달(月)의 문양을 새겨 하늘의 밝음을 나타내었으며, 소매에는 용(龍), 화충(華蟲) 등 6장을 그려 용이 산맥을 타고, 즉 용맥이 살아 있어 생룡의 의미로 그 힘을 나타내었으며, 치마에는 종이와 조, 그리고 화와 분미 및 보와 불의 6장을 수놓아서 더욱 왕권, 황제의 권위를 높이고 위상을 높이려 한 것을 볼 수 있다.

---

34 『禮書』 권1, 12章之服.

5. 나가는 글

제례를 살펴보면, 조선왕조 시대에 제기에 관하여 상당한 기준과 법도를 정하여 졌음을 알 수 있다. 물론, 이미 고대부터 이어져온 관습과 예법이 있기는 하지만, 이를 왕권이라는 절대적 권력으로 체계적인 방법을 사용하여 법도와 기준을 정립하였던 것으로 보인다. 예묘나 신주에서 언급하였듯, 모든 제례에는 예를 숭상하는 기준에서 그 시발점을 찾을 수 있으며, 충과 효를 기반으로 예를 다하고 그 섬김을 이 세상에서 끝이 아니고 이미 세상을 떠난 다음 세대에도 영혼이 있다하여, 그 예를 지속적으로 모실 수 있도록 제도화한 것이 제례의 근본이라 본다.

제복을 살펴보면, 조선시대 왕실의 제복은 곧 제를 지낼 때 그 예를 나타내는 것으로, 그 기준이 잘 나타나 있는 것을 알 수 있다. 제복은 관, 복, 규 또는 홀로서 구성되어 있으며, 왕과 왕세자 그리고 문무관과 호위무관 모두 동일하였지만 그 지위에 따라 일부 차이가 있었다.

앞으로도 지속적으로 자료를 연구하고 보존·승계하여 우리 문화의 소중함과 그 의미를 더욱 높여 나가야 할 것이다.

조선시대 환구제(圜丘祭)에 관한 일고찰[1]

성남경[2]

1. 들어가는 글

2. 환구제의 연원

3. 조선시대 환구제의 위상

4. 조선시대 환구제의 상징성

5. 나가는 글

---

1 본 내용은 필자의 「조선시대 원구제에 관한 일고찰」, 대구한의대 석사학위논문, 2017의 일부를
    발췌하여 수정 부완한 글이다.
2 사랑하는 남주희 남편, 현규─현진 아빠!

1. 들어가는 글

예로부터 이 땅에 사는 인간들에게 하늘은 신비한 존재 그 자체였다. 하늘은 저 높은 곳에 위치하여 고개를 들어야 볼 수 있다. 그뿐만 아니라, 낮의 하늘에는 해와 구름이 떠 있다가 밤하늘에는 어디서 나타나는지 달이 떠오르고 무수한 별들이 출현한다. 신기하게도 밤과 낮의 조화나 달의 변화는 일정한 주기를 갖고 발생한다. 천둥이 치고, 구름이 흘러가며, 비바람이 몰아치는 등의 오묘한 조화도 있다. 계절에 따라 비가오고, 서리가 내리며, 눈이 휘날린다. 그야말로 알지 못할 신묘한 작용을 하는 것이 하늘이었다.

과거의 유자(儒者)들은 이 모든 것을 하늘의 귀신이 작용하는 것으로 믿었다. 당연히 하늘 자체와 여기에서 일어나는 신비한 현상 하나하나가 숭배의 대상이 되었다.

우리나라에서는 고대로부터 하늘과 해·달·별과 같은 하늘의 귀신에게 드리는 제사가 있었다. 이는 일종의 무속신앙으로서 동아시아 전역에 자연숭배나 귀신숭배로서 널리 유행했던 것이다. 하늘의 귀신에 대한 제사는 고려시대에도 그대로 계승되었다. 예컨대 고려왕은 곧 천자(天子)로 원구단에서 제천의례를 행하였다.

그러나 조선이 건국된 후 제후국을 자처하면서 천자의 고유권한인 제천의례는 수많은 논란을 불러일으켰다. 그 논란은 주로 원구단의 제천의례를 조선왕이 수행하느냐 마느냐에 집중되었다.

조선시대 국가의례는 『국조오례의(國朝五禮儀)』[3]에서 길례(吉禮), 가례(嘉禮), 빈례(賓禮), 군례(軍禮), 흉례(凶禮)인 오례(五禮)로 구분하고 있으며, 예

---

3   국립문화재연구소, 『국역 국조상례보편』, 민속원, 2008, 21쪽.

치(禮治)를 표방한 조선에서 매우 중시되었다. 오례는 조선 건국 직후부터 성리학적 질서 체계의 보급과 확산을 위해 국가적 사업의 일환으로 정비가 추진되었고, 국가제사는 오례의 하나인 길례로 해당하며, 사람이 죽는 것은 흉한 것으로 여겨 흉례라 했지만 죽음을 기리는 것은 길한 것으로 여겨 길례에 포함시켰다. 국왕을 주재자로 하는 제사의례는 만백성의 위에 있는 국왕의 권위를 내세울 수 있는 행사의식을 동반하고 있는 점, 그리고 제단의 설립 등을 통해 지방 군현에까지 통치 철학을 상징적으로 제시할 수 있다는 점에서 일차적으로 중요한 의례로 간주되었다.

조선시대의 국가제사는 이러한 의미를 바탕으로 만물의 근원이 되는 하늘의 천신(天神)과 조상신인 인귀(人鬼), 땅의 지기(地祇)를 대상으로 한다. 국가 정통성을 가지고 독립국으로서 위상을 끊임없이 지키려고 하였다.

이러한 의미에서 본 글에서는 조선시대 국가 정통성을 지키는 구심점인 환구제에 대한 위상과 상징성을 살펴보고, 우리 천지제사가 갖는 고유한 의미를 파악해 봄으로써 국가의 정통성과 우리 문화의 계승을 도모하고자 하는 것이다.

2. 환구제의 연원

환구제의 본래 명칭은 원구제이며[4] 동아시아 전통사회를 비롯한 중국이 시행했던 대표적인 제천행사로서 제왕이 하늘의 천신(天神)에게 올리는 제사의례이다.

전통사회의 규범 체계였던 의례는 나라의 여러 신을 섬기는 길례, 나라의 근심을 애도하는 흉례, 나라를 균평하게 하는 군례, 나라를 친목하게 하는 빈례, 만민을 친목하게 하는 가례의 오례로 분류한다.

길례에 속하는 제사는 오례 가운데서도 핵심적인 의례로 가장 중시되어왔다. 그것은 제사의례가 인간 존재의 뿌리이자 근원인 하늘의 천신 · 땅의 지기(地祇) · 조상신인 인귀(人鬼)에 대한 보답과 회귀, 즉 보본반시(報本反始)의 윤리적이고 철학적인 행위이고, 천지조상의 신에게 삶에 대한 기구와 고백을 하는 종교적 행위이며, 그것을 통해 고대 사회에서 통치자의 정당성과 권위를 담보하는 정치적 행위였기 때문이다. 환구제는 최고신인 천신에 대한 제왕의 제사인 만큼 그와 같은 뜻과 표현이 극대화된 의례행사였다고 할 수 있다.

천신에 대한 신앙은 일찍이 중국의 은대(殷代-B.C. 11C) 갑골문(甲骨文)에서부터 볼 수 있다. 농경민족이었던 은인(殷人)들은 천시(天時)와 자연환경을 주재하고 복과 화를 내려주는 상제(上帝)를 지고신(至高神)으로 믿었

---

4   김문식, 『왕실의 천지제사』, 돌배게, 16쪽. 한자어 '圓'의 발음에는 '원'과 '환'의 두 가지가 있어 학계에서는 '圓丘壇'의 발음을 둘러싼 논란이 있다. '圓丘'의 발음은 『예기』와 같은 고대 경전의 주석들에서 '圓丘', 즉 '원구'로 발음한다고 되어 있고, 중국은 물론 조선에서도 일반적으로 원구라는 명칭을 사용했다. 그런데 현재 서울 중구 소공동에 있는 사적 157호인 환구단에 대해 2005년 문화재청이 제시한 근거는 대한제국 시기에 고종황제가 환구단을 조성하고 제사를 지낸 사실을 보도한 1897년 10월 당시의 『독립신문』에서 '환구단'으로 표기했다는 것이다. 이후로 여러 출판물에서 환구제라는 명칭이 사용되고 있으나, 학계에서는 『독립신문』만을 근거로 해서 오랫동안 상용된 원구라는 명칭을 바꾸는 것에 대한 반론도 계속되고 있다.

으며, 점복(占卜)을 통해서 신의 의지를 확인하고자 하였다. 그러나 갑골문에서는 조상신과 여러 자연신들의 제사 기록은 많으나 상제가 제사의 직접적인 대상으로 숭배된 기록은 흔치 않다. 이에 대해 추론해 보면, 은인들의 종교적인 관점에서 중요한 숭배대상은 조상신이며, 천신으로서의 상제는 아직 여러 자연 숭배물과 조상신을 압도할 만한 신격(神格)으로 부상하지 못했다는 사실을 알 수 있다.

서주(西周 B.C. 11C - B.C.771) 초부터 약 500여 년간 주(周)의 영토 안에서 불렸던 시(詩)들을 모아 놓은 『시경(詩經)』에는 "주의 문왕(文王)이 조심하고 공경하여 상제를 밝게 섬겨서 많은 복을 받았다"는 기록이 있고,[5] 호천(昊天)과 천에게 제사를 올리는 내용이 기록되어 있다.[6] 이를 보면 지고신(至高神)으로서의 하늘제사는 주대 시기 활발히 거행되었으며, 대상으로는 '높은 곳에서 만물을 살피는 지상신(至上神)'이라는 뜻의 '상제(上帝)' 또는 '강대한 원기(元氣)가 있는 하늘'이라는 뜻의 '천'이나 '호천'으로 불렸음을 알 수 있다.

3. 조선시대 환구제의 위상

태조가 조선을 건국한 것은 1392년(태조 1) 7월 17일이다. 며칠이 지나자 예조전서(禮曹典書) 조박(趙璞) 등이 상소를 올려 '원구(圓丘)는 천자(天子)가 하늘에 제사를 지내는 예제이므로 이를 폐지하고, 단군(檀君)은 우리나라에서 처음 천명(天命)을 받은 군주이고 기자(箕子)는 처음 교화(敎化)를

5　『시경(詩經)』, 「대아(大雅)」의 대명(大明)편.

6　『시경(詩經)』, 「대아(大雅)」의 호천유성명(昊天有成命) 편.

일으킨 군주이므로 평양부에서 제사를 드리자'고 요청했다.[7] 명나라에 대해 제후국이라는 명분을 지키지만 조선의 독자성을 살리자는 취지의 요청이었다. 그러나 원구단 제례를 폐지하자는 조박의 건의는 수용되지 않았다. 원구단은 천자만이 자격을 가진 제천례의 제단이지만 농경국가에서 중시하는 기곡제와 기우제가 거행되는 제단이기도 했기 때문이다.

1394년(태조 3) 8월에 예조에서는 '원구단의 제천례가 삼국시대 이래 계속되었고, 원구단의 기곡제와 기우제는 거행한 지 오래되었으므로 갑자기 폐지할 수는 없다'고 주장했다. 다만 원구단의 이름을 '원단'으로 바꾸자고 건의했는데 태조는 이를 수용했다.[8]

1412년(태종 12), 원단의 제천례에 대한 논쟁이 본격화되었다. 태종은 8월에 원단을 다시 쌓으면서 제천례에 의문을 표시했다. 고려의 제도를 계승하여 제천례를 거행하지만, 제후는 천지에 제사하지 않는다는 원칙을 고려할 때 문제가 있다는 발언이었다.[9] 이번에도 예조에서는 청제에게만 제사하자고 했지만, 태종은 '호천상제가 안 된다면 청제도 안 된다'고 하면서 이를 거절했다. 그러자 예조에서는 제천례의 혁파를 요청했다. 『예기』에 나오는 노(魯)나라의 교체(郊禘)를 비판한 공자의 발언과 『춘추호씨전(春秋胡氏傳)』에 나오는 천지에 제후는 제사할 수 없다는 것이 근거였다.[10] 또한 사간원에서는 천지 제사는 천자가 거행하고 산천 제사는 제후가 거

---

7   『태조실록』, 권1, 태조 1년 8월 경신(11일). "圓丘, 天子祭天之禮, 請罷之. …朝鮮檀君, 東方始受 命之 主, 箕子, 始興敎化之君, 令平壤府 以時致祭".

8   『태조실록』, 권6, 태조 3년 8월 무자(21일). "禮曹啓曰, '吾東方自三國以來, 祀天于圓丘, 祈穀祈雨, 行 之已久, 不可輕廢, 請載祀典, 以復其舊, 改號圓壇.' 上從之".

9   『태종실록』, 권24, 태종 12년 8월 정축(25일).

10 『태종실록』, 권24, 태종 12년 8월 경진(28일).

행하므로, 원단 제례를 폐지하고 산천신에게 제사하자고 건의했다.[11]

세종대에 들어와서도 원단의 제천례는 계속되었다. 그렇지만 제후에게 적합하지 않은 제천례를 폐지해야 한다는 주장이 강해져 마침내 폐지하기에 이른다.

1443년(세종 25)에 세종은 제천례의 거행을 질문하면서, 국왕이 직접 제천례를 거행하겠다고 제안했다. 세종은 '천지에는 천자가 제사하고 산천에는 제후가 제사하는 것은 중국 안의 제후에 국한된 것'이라는 논리를 폈다. 국왕이 친제(親祭)하겠다는 제안은 파격적이었다. 그때까지 제천례는 신하가 섭행하는 것이 관례였기 때문에 세종의 제안에 대해 신하들의 다양한 견해를 제시했는데 불가하다는 견해가 다수였다.[12]

세종 말기에 폐지된 제천례는 세조대에 복구되고 정례화 되었다. 1455년(세조 1) 집현전 직제학 양성지(梁誠之)는 '본국의 풍속이 예법(禮法)이다.'라고 주장했다.

우리 동방은 대대로 요수(遼水)의 동쪽에 살면서 '만리의 나라'로 불렸습니다. 바다로 삼면이 막혀 있고, 산을 등지고 있는 한 면이 있어, 구역이 자연스레 나누어져 풍기(風氣)도 다릅니다. 단군(檀君)이래 관직을 두고 주(州)를 설치하여 저절로 성교(聖敎)를 폈고, 전조(고려)의 태조가 신서(信書)를 지어 나라 사람들을 가르쳤습니다. 그런데 의관(衣冠)과 언어가 중국과 다르지 않으면 민심이 정해지지 않아 제(齊)나라 사람이 노(魯)나라에 간 것과 같다고 했으니, 전조에 불만을 품은 무리들이 서로 연달아 몽고에 투

11 『태종실록』, 권24, 태종 12년 10월 경신(8일).
12 『세종실록』, 권101, 세종 25년 7월 계해(10일).

화(投化)한 것은 국가에 매우 불편한 일입니다. 바라건대 의관과 한복(韓服) 이외에는 중국의 제도를 꼭 따를 이유가 없을 뿐만 아니라, 언어도 통서(通書) 이외는 옛 풍속을 군이 변화시킬 필요가 없습니다. 연등회(燃燈會)[13]나 척석희(擲石戲)[14] 같은 것도 옛 풍속을 따르더라도 불가함이 없습니다.[15]

양성지는 단군 이래 우리나라는 중국과 별개의 세계를 이루었고, 의관이나 조복을 제외한 풍속들은 군이 중국의 제도를 따를 필요가 없다고 했는데, 이는 제천례를 독자적으로 거행할 수 있다는 논리를 제공했다.[16]

1457년(세조 3) 새해에 세조는 면복을 갖춰 입고 환구단에 나아가 제천례를 거행했다.[17] 국왕이 직접 제천례를 거행한 것은 조선시대에 들어와 처음 있는 일이었다.

환구단 제천례는 매우 파격적인 행사였다. 국왕이 천제한 최초의 제천례인데다 신위나 제기를 배치하는 것은 명 태조대에 작성된 『제사직장』(홍무 26년, 1393)을 위주로 하여 황제국의 면모와 차이가 없었기 때문이다.

세조가 환구단 제천례를 이처럼 성대하게 거행한 것은 국왕권을 강화하려는 정치적 목적이 있었다. 1455년에 단종을 밀어내고 왕위에 오른 세조는 이듬해 6월에 단종을 왕위에 복권시키려는 이른바 '사육신 사건'을 겪게 된다. 세조는 연루자의 소굴이라 판단되는 집현전을 폐지하고 경연도 정지시켰는데, 그러면서 국왕권의 존엄성을 강조하는 조치를 내려야 할

13　등을 달고 불을 켜 부처의 공덕을 기리는 의식.

14　1394년 4월 1일 놀이의 일종으로 태조 이단이 명하여 한성 안에서 두 패로 나누고 서로 돌을 던져서 무예(武藝)를 겨룸.

15　『세조실록』, 권1, 세조 1년 7월 무인(5일).

16　김철웅, 「양성지의 사전 개혁론」, 『문화사학』, 2004, 809~811쪽.

17　『세조실록』, 권6, 세조 3년 1월 경진(15일).

필요성을 느꼈다.[18] 이에 세조는 환구단의 제천례를 거행하고, 세조는 '승천제도(承天體道) 열문영무(烈文英武)', 왕비는 '자성(慈聖)'이라는 존호를 올리는 행사를 거행했다.[19] 기곡제나 기우제와 같이 민생을 중시했던 제천례가 천명을 부여받은 국왕의 절대권을 강조하는 성격의 행사로 변했다.

그러나 환구단의 제천례는 1464년의 행사를 끝으로 실록의 기록에서 사라진다.[20]

광해군은 계축옥사의 처리와 변무의 성공을 명분으로 제천례를 거행하려 했는데, 주된 이유는 영창대군을 옹립하려던 세력들을 제거한 사실을 상제에게 알리겠다는 정치적 의미가 강했다.[21] 대신들은 천자례와 제후례의 구분, 명과의 외교적 갈등, 세조와 처지가 다르다는 점 등을 들어 반대했는데, 광해군은 이를 넘어서지 못했다. 천자와 제후의 예제를 엄격히 구분해야 한다는 생각은 광해군도 넘어서기 어려운 장벽이었다.[22]

조선시대 한양의 남교에는 풍운뇌우단(風雲雷雨壇), 북교에는 여단(厲壇)이 설치되어 있었다. 풍운뇌우단(=南壇)은 중사(中祀)의 제단으로, 중앙에 풍우뇌우의 신위를 모시고 좌우에 국내 산천(山川)과 성황(城隍)의 신위를 부사(附祀)했다.

---

18 한형주, 「조선 세조대의 제천례에~121쪽.

19 『세조5실록』, 권7, 세조 3년 3월 경오(7일).

20 『세조실록』, 권34, 세조 10년 12월 정해(8일) "命停明年正月圓丘祭.".

21 광해군은 두 번의 존호를 받았는데, 첫 번째 존호인 '神聖英肅 欽文仁武'는 1616년(광해군 8) 10월 정미(丁未)(10일)에 받았고, 두 번째 존호인 '敍倫立紀 明誠光烈'은 1617년 10월 신유(30일)에 받았다. 平木實, 1995, 앞의 논문, 17~20쪽.

22 1684년(숙종 10)에 흉년이 들자 天宗에 제사를 지내자는 논의가 나왔다. 그러나 우의정 남구만은 국왕이 제천례를 하는 것은 참람하고, 마땅한 장소가 없으며, 천종에 祈穀祭를 지내면 사직에서 기곡제를 지내지 않을 것이라는 이유를 들어 논의를 중단시켰다. 『증보문헌비고』 권61, 예고 8, 제단 1,「附祭天地日月星辰·祭天」.

그런데 효종대 이후가 되면 국왕이 남단이나 북단을 직접 방문하여 기우제를 거행하는 경우가 나타났고, 영조와 정조는 여기에 특별한 의미를 부여하게 된다. 조선 후기에 남교 기우제를 처음으로 거행한 국왕은 효종이었다.[23] 효종은 1652년(효종 3)에 남교에 나가 기우제를 거행하였다.[24]

1792년(정조 16)에 정조는 남단제도를 전반적으로 정비했다. 승지 서영보(徐榮輔)를 남단에 파견하여 제단의 크기와 헌관의 품계, 제품, 홀기를 살피도록 했고, 예조에서 신여(神輿)가 이동할 때의 의장제도를 정비하라고 명령했다[25]. 또한 남단 주위에는 정계석(定界石)을 세워 농사를 중단시키고 나무를 심도록 했다.[26] 이렇게 정조가 남단의 제도를 정비하는 데 관심을 보인 것은 남단을 환구단으로 보았기 때문이다.

정조는 조선이 단군 때부터 제천례를 거행했고, 남단은 환구단에 해당하는 것으로 파악했다. 정조는 환구단의 제천례가 천자의 예이므로 혐의를 피하기 위해 이름을 남단으로 바꾼 것이며, 남단의 제례에 정성을 다한다는 환구단이든 남단이든 마찬가지라고 했다.

세조대 이후의 국왕들은 단군 이래의 제천례를 인정하면서도 환구단의 제천례를 직접 거행하지는 못했다. 제천례는 천자만 거행할 수 있다고 판단했기 때문이다. 국왕들은 환구단의 제천례를 거행하는 대신에 남단과 북단에서 거행되는 기우제를 중시하고 친제를 올리는 경우가 많았다.

고종대의 환구단 기록은 1895년 1월 14일에 확정된 사전 개혁안에서

---

23 이욱, 「조선시대 공간 상징을 통한 王都 만들기」, 『종교문화비평』, 3, 2003a, 106~109쪽. 1537년 (중종 32) 4월에 중종은 남단에 나가 친행 기우제를 지낸 적이 있다.
24 『효종실록』, 권8, 효종 3년 4월 무진(27일).
25 『정조실록』, 권35, 정조 16년 8월 계유(7일); 갑술(8일); 정축(11일).
26 『정조실록』, 권36, 정조 16년 10월 계미(18일).

처음 등장한다. 갑오개혁 이후 개화파 관료인 김홍집, 박영효 내각이 집권한 시기였는데, 개혁안에서 환구단 제례는 대사로 규정되고 천지를 합제(合祭)하고 풍운뇌우와 국내 산천을 배위로 하며, 동지일에 교사례(郊祀禮), 정월 상신(上辛) 일에 기곡제를 거행하는 것으로 결정되었다. 이와 함께 농경 생활이나 중국과 밀접한 관련이 있던 제례가 폐지되었는데, 환구단 제천례가 복원되고 중국 관련 제례가 폐지된 것은 조선과 중국[청(淸)]을 단절시키려는 의도가 있었다.[27]

남단 자리에 환구단이 재건축된 것은 1895년 윤5월이었다.[28] 내부(內部)에서 「환구건축청원서(圜丘建築請願書)」를 제출하자 고종이 이를 허락했는데, 제단의 주위를 돌로 쌓고 단의 길이와 높이는 현지의 상황을 따르는 방식이었다. 남단을 환구단으로 조성한 것은 앞서 남단을 환구단으로 간주한 정조대의 인식을 계승한 조치였다.

1896년 2월 11일(이하 양력)에 아관파천을 단행한 고종은 환구단 제도를 정비해나갔다. 8월 20일에 고종은 국가 제례에 관한 규정을 새로 정했는데, 환구단 제례는 대사 체제를 유지하면서 1895년에 폐지되었던 제례들을 모두 복구시켰다.[29] 1896년 동지가 다가오자 고종은 제천례를 위한 축문과 악장을 지어 올리게 했고, 이듬해에는 환구단의 제기와 악기 등을 갖추게 했다.[30]

1897년 2월 20일, 러시아 공사관에서 경운궁(慶運宮)으로 돌아온 고종은 대한제국을 건설하기 위한 준비 작업에 들어간다. 8월 16일에 고종

---

27 이욱, 『종교연구』, 「대한제국기 圜丘祭에 관한 연구」.
28 『고종실록』, 권33, 고종 32년 윤5월 경신(20일).
29 『고종실록』, 권34, 고종 33년 8월 14일(양력).
30 『고종실록』, 권34, 고종 33년 12월 15일(양력); 권35, 고종 34년 8월 10일(양력).

은 새로운 연호로 '광무(光武)'라고 정하고 환구단에서 새 연호를 고하는 고유제(告由祭)를 거행했다.

1897년 10월 고종은 황제라는 칭호를 받아들이고 대한제국을 건설하기로 결정했다. 새로 건설된 황제국의 국호를 '대한(大韓)'으로 정하였고, 이는 삼한으로 흩어져 있던 백성들을 하나로 통합한 데서 유래한 이름이었다. '대한(大韓)'이란 명칭은 황제국의 시작을 선언하는 조서(詔書)와 환구단 고유제 제문의 문서였다.

1897년 10월 12일은 고종이 새로 건설된 환구단에 나가 고유제를 올리고 황제 등극의를 거행했다. 2박 3일 동안 행사가 거행되었는데, 고종이 환구단에서 황지기와 황천상제(皇天上帝)에게 황제로 등극 전에 고유제를 올린 후, 태극전(太極殿)에서 대한제국의 시작을 알리는 조서(詔書)를 발표하는 행사가 핵심이었다.[31]

다음은 고유제의 제문인데, '단군과 기자로부터 시작된 대한제국은 명나라의 정통성과 삼대(三代)의 유풍을 가진 나라인데, 상제의 은혜로움으로 자주권을 가지게 되었다'고 했다.[32]

"우리나라 인민의 군주는 단군 이후로 국토가 분열되어 각자 한 지역을 차지했습니다. 서로 침벌하여 하나로 정해지지 못했고, 숙신, 여진, 예맥 등 나라의 명칭이 많았습니다. 고려에 이르러 마한, 진한, 변한을 아울렀는데 이를 '삼한(三韓)을 통합'했다고 합니다. 신의 선조가 창업한 초기에 여도(輿圖) 이외의 지역으로 땅을 넓혔습니다. 북쪽 너머 말갈의

---

31 김문식, 「고종의 황제 등극의에 나타난 상징적 함의」, 「조선시대사학보」, 37, 2006b 참조.
32 「증보문헌비고」, 권54, 예고1, 「환구」, 9월 18일(양력 10월 13일)에 발표된 조칙의 내용도 이와 비슷하다.

유허를 모두 차지하여, 진(鎭)을 설산(雪山)으로 삼고 흑룡강까지 경계를 삼았는데, 이곳은 치혁과 우모, 염사(산뽕나무의 실)가 나오는 곳입니다. 남으로 탐라국을 수합하여 바닷가를 널리 개척하고 도서지역이 바둑판처럼 벌어져 있으니, 이곳에서는 귤, 유자, 해산물, 광주리에 담긴 과일, 율황 등의 말, 예장 경남등의 목재가 해마다 공물로 들어옵니다. 폭원 4천리에 일통의 과업으로 우리 자손에게 만세토록 반석과 같은 종국을 물려주셨습니다. 지금 천하에 삼대의 유풍은 우리나라에만 있고, 명나라의 정통도 여기에만 있습니다. 신은 황천상제께서 이 나라를 돌보아 주심에 힘입어 독립의 기초를 세우고 자주권을 행사했습니다.”

4. 조선시대 환구제의 상징성

천자의 제사인 환구제는 동아시아 유교의례 가운데 최고의 제례다. 하늘제사인 환구제는 우리나라에서 땅의 제사인 사직제와 사람제사인 종묘제와 함께 '천지인(天地人)'을 상징하는 대표적인 국가의례다. 1910년 모두 폐지된 국가제사들은 1960년대 말 종묘제를 시작으로 사직제, 선농제, 선잠제 등의 순으로 복원되었으나, 환구제만은 그렇지 못했다. 그러다가 2008년에 비로소 환구제가 다시 거행된 것이다. 이 행사는 덕수궁에서 출발하여 환구단까지 황제의 어가행렬을 한 후에 황궁우에서 제사의식을 행하는 절차로 이루어졌다.

원래 환구제는 3단으로 조성된 둥그런 환구단에서 천지제사를 지내는 것이 원칙이었다. 그런데 환구단이 남아 있지 않은 관계로, 신위를 봉안하던 황궁우에서 제례행사를 임시로 거행하였다. 이에 따라 황궁우의 실내를 부득이 환구단의 상단으로 삼고, 황궁우의 난간을 환구단의 중단으로, 황궁우의 뜰을 환구단의 하단으로 삼아 제례를 행하였다. 환구제의 제례 절차는 『대한예전』의 환구제에 의거하여 진행하였다.

먼저 제단의 이름은 고려시대의 환구단에서 원단→환구단→남교→남단을 거쳐 다시 환구단으로 돌아왔다. 태조대에 '환구단'을 '원단'으로 고친 것은 제후국에 해당하는 조선의 국왕이 천자의 제천례를 거행한다는 혐의에서 벗어나기 위해서였는데, 세조와 고종은 환구단이라는 이름을 그대로 사용했다. 제천단의 위치는 남교를 벗어나지 않다가 고종대에 황성(皇城) 안으로 들어왔는데, 중국 사신이 머물던 남별전(南別殿) 자리에 세워진 환구단은 대한제국의 독립성을 표현했다.

환구단에 모셔진 신위는 고려시대의 상제ㆍ오제와 태조에서 호천상제ㆍ황지기와 태조로 변화했다. 세조대의 환구단 신위는 명나라 전례서인 『개원례』와 『제사직장』의 기록을 따른 것인데, 명의 천자례를 조선에서 실현한다는 의미가 있었다. 그러나 제천례에서 천자례가 완전히 실현된 것은 고종이 태조를 황제로 추존하고 배천한 이후로 보아야 한다.

제천례의 목적에는 농경국가에서 민생의 안정과 풍년을 기원하는 의미와 황제는 천명을 받은 고귀한 존재임을 나타내는 의미가 있다. 조선전기의 제천례는 전자의 의미가 강했는데 세조 이후로는 후자가 점차 강조되었다. 특히 세조와 광해군의 제천례가 국왕의 존엄성을 과시하려는 행사였다면, 고종의 제천례는 황제의 존엄성과 함께 대한제국의 독립성을 부각시키기 위한 행사였다.

제천례의 제도적 근거는 고려시대의 전례서인 『상정고금례』와 명나라의 전례서인 『홍무예제』, 『제사직장』, 『대명집례』, 『대명회전』에 있었다. 조선시대의 전례 연구자들은 명나라에서 간행되는 전례서를 차례로 도입하면서 이해도를 높여나갔는데, 이러한 현상은 대한제국의 전례를 정비하는 과정에서도 마찬가지였다. 따라서 조선시대의 제천례는 조선의 독특한 제례문화가 명나라 전례서의 기준에 의해 조정되고 재정립된 결과물이라 할 수 있다.

단군부터 시작된 제천례는 고종대에 환구단 제천례를 통해 그 정점에 이르렀다. 조선의 국왕들은 '제천례는 천자의 예'라는 전제에 막혀 제천례를 거행하면서도 완전한 형식을 갖추지 못했고, 세조대 이후로는 제천례를 아예 거행하지 않았다. 그렇지만 세조는 명나라 천자와 유사한 제천례를 거행했고, 정조대에는 남단을 환구단에 비정하면서 제천례의 의미를 유지하기 위해 노력했다. 대한제국의 고종 황제가 거행한 환구단 제례는 단군 이래의 전통을 계승하는 동시에 조선시대의 국왕과 신하들이 고민했던 명분상의 문제점을 완전히 해결한 제천례였다.[33]

5. 나가는 글

환구제는 동아시아 유교문화권에서 시행되어온 천자의 제천의례이다. 이런 의례는 유교사회에서 천하관을 포함한 유교사상과 예학적 의미가 충실히 나타나는 최고의 의전 체계라는 특징을 갖는다.

환구제는 천신(天神)인 호천상제와 지신(地神)인 황지기, 그리고 인신(人神)인 선왕조를 배향하였다. 천·지·인 안정감 있는 기본 삼재를 대상으로 하는 제천의례는 생활의 기본이 되는 근본의 은혜에 감사하는 보

---

33 『동국문헌비고』, 「예고의 자료적 특징」, 『진단학보』 104, 2007, 265–269쪽. 길례의 순서에 대해, 『동국문헌비고』, 「예고」에서는 사직 종묘 풍운뇌우이고, 天地日月星辰은 풍운뇌우에 부록되어있는데, 『대한예전』과 『증보문헌비고』에서는 환구 종묘 사직이 순으로 바뀌었다. 이는 제천례에 대한 당대인들의 인식에 큰 변화가 있었음을 보여준다.

본반시(報本反始) 마음을 나타낸다. 천지만물은 하늘이 근본이며, 인간은 조상에 뿌리를 둔다. 뿌리인 조상을 하늘인 천신과 함께 제사하는 것은 혈연이 갖는 정감과 최고의 신격을 분리하지 않으면서 하늘과 같은 높은 존재로 받아들여지는 것이다. 이러한 행위는 왕조의 어른을 신격화함으로써 왕권의 전통성을 단일화, 절대화할 뿐 아니라 현실에서의 권력을 정당화하는 의미가 크다고 볼 수 있다. 지신은 농업신과 관련되어 있어 이에 대한 제례는 풍년을 기원하는 의식이다. 민간생활의 안정을 통해 민본의식에 동조시킴으로써 황제가 가진 정당성을 담보하고자 했던 것이다.

환구제는 천지는 물론이고 자연신이나 조상신 등의 모든 신앙체계를 모두 포함한 만신전(萬神殿) 형태로의 제천의식이다. 이는 환구제가 단지 하늘만을 대상으로 하는 제사가 아님을 말해준다. 원론적으로 길례(吉禮)는 천신(天神)과 지기(地祇), 그리고 인귀(人鬼)의 경모를 표시하며, 이를 바탕으로 국가정치의 근본을 삼았다. 천신, 지기는 자연의 이치와 통치를 상징하는 존재이고 선왕과 조종은 사회 통치를 대표하는 신들이다. 따라서 환구제는 모든 신들을 모실 수 있는 의례였던 것이다.

환구제의 현대적 의미를 정리해 본다면, 환구제는 1897년 황제국인 대한제국의 탄생과 함께 다시 거행되었다. 1464년(세조 10)에 환구제가 중단된 지 433년 만의 일이다. 이를 위해 먼저 고종은 대한제국을 선포하기에 앞서 환구단을 도심 한복판에 세웠다. 환구단은 도성 밖 남교에 세운다는 원칙을 바꾼 혁신적 조치였다. 1897년 10월 12일 고종은 환구단에서 고유제를 지내고 황제 즉위식을 거행한 후 다음 날 대한제국을 선포하였다.

환구제의 부활은 조선에 새로운 근대국가가 성립되는 과정인 동시에 유교적 중화주의의 연장에 있음을 보여준다. 하지만 환구제는 단순한 제천의례의 복구에 그칠 일이 아니었다. 고종이 하늘로부터 천명을 받아 황제가 됨으로써, 대한제국이 자주독립국이라는 사실을 공포하는 상징 의례였던 것이다. 환구제를 기점으로 하여 모든 국가의례는 황제국의 위상에 맞추어 일신되었다. 이에 따라 종래 『국조오례의』는 효력을 잃게 되었고, 『대한예전』이라는 새로운 황제의전이 마련되었다.

환구제는 유교적 세계관에 기본을 두면서도 중국 중심의 세계관을 벗어남으로써 근대화를 맞이한 대한제국이 자주독립국가로서 일어서려는 웅고한 의지의 표현이었다. 또한 황제국가 최고 의례로 등장한 환구제의 시행은 단절되었던 하늘과 땅, 사람의 삼재합일(三才合一)을 통한 제천의 권리를 회복하는 계기가 되었다. 이는 수천 년 동안 이어온 하늘제사의 전통이 조선 전기 이후 단절되어오던 것을 계승한다는 의미가 내포되어 있었다. 이와 같이 환구제는 주권국가로서의 민족정신인 문화를 계승, 발전시킨다는 역사적 의미를 갖는다.

사직제(社稷祭)에서 진설(陳設)에 관한 소고찰(1)[1]

이 영 섭

1. 들어가는 글

2. 사직제의 제복(祭服)

3. 사직제의 제기(祭器)

4. 사직제의 제물(祭物)

5. 나가는 글

1 　본 글은 필자의 「사직제에 관한 일고찰」, 대구한의대 석사학위논문, 2017의 일부를 발췌하여 수
　정 보완한 글이다.

1. 들어가는 글

　과거 농경사회에서는 자연의 변화와 대지의 자연적인 생산능력에 절대적으로 의지하였으며, 지신숭배인 제사의 의미가 인간의 화복을 결정 짓는 것으로 보았다. 따라서 고대 중국에서는 사(社)의 의미인 토지신과 직(稷)의 의미인 곡식신에게 단(壇)[社稷壇]을 만들어 사직제(社稷祭)를 지냈다. 우리나라에서도 삼국시대부터 나라가 태평하고 백성들의 생활이 평안함을 기원하는 사직제를 지내왔고, 조선시대까지 지속적으로 국가의 큰 제사로 인식되었다.

　이렇게 사(社)와 직(稷)에게 제사를 올림으로써 만물의 곡식 생산의 번창을 기원하고, 백성과 나라의 안녕을 기원하던 사직제는 순종 2년(1908) 이후 일제의 강압에 의해 명맥이 묻힐 위기를 맞았으나, 국가 문화유산의 보존과 전승에 대한 많은 관심으로 인해 폐지된 지 약 80년 만에 1988년 서울올림픽을 계기로 문화사업으로 복원하게 되어 현재 중요무형문화재 111호로 지정되었다.

　이에 본 글에서는 우리가 가지고 있는 민족의 역사와 전통문화를 지켜온 사직제의 진설을 통한 위상에 대해 알아봄으로써 사직제가 갖는 고유한 의미를 파악하고자 한다.

2. 사직제의 제복(祭服)

　왕의 최고의 복식(服飾)은 면복(冕服)으로, 종묘와 사직에 제사 드릴 때 착용하고, 왕이 면복을 입을 때에는 왕의 표신인 옥대(玉帶)와 적석(赤舃)을 갖추어야 한다고 하였다. 그만큼 종묘와 사직에서 행례를 치를 때 복식을 갖추는 것은 완전함을 의미하며, 최고의 의례임을 강조하기 위한 것이다.

『사직서의궤(社稷署儀軌)』에 의하면, 임금이 제사때 입는 제복(祭服)을 『국조오례의』 시례 제복도설에서 보면 규(圭), 면류관(冕旒冠), 의(衣), 상(裳), 대대(大帶), 중단(中單), 패옥(佩玉), 수(綬), 방심곡령(方心曲領), 폐슬(蔽膝), 말(襪), 석(舃)이다.[2]

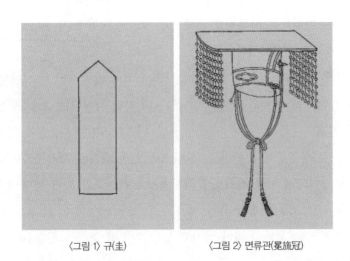

〈그림 1〉 규(圭) 　〈그림 2〉 면류관(冕旒冠)

(1) 규(圭)

옥으로 만든 홀(忽)로서 중국에서 천자(天子)가 제후를 봉하거나 신을 모실 때 사용하였다. 〈그림 1〉과 같이 규는 윗부분은 삼각뿔처럼 뾰족하게 되어 있으며, 아랫부분은 사각으로 되어 있고, 재질은 옥으로 만들어져 있다. 신하가 임금을 아뢸 때, 또는 제후를 봉하는 신인(信印)으로 제사 때 사용한다.

대한제국 초대 황제인 고종의 면복과 규는 명나라의 황제와 동일하게

---

2   유희경, 「면복에 관한 연구」, 이화여대 박사학위논문, 1972, 51쪽 참조.

12류면, 12장복, 1척 2촌인 백색의 옥으로 만들어진 규를 사용하였다. 규의 형태는 위 끝 부분은 삼각뿔 모양의 뾰족하고 곁에는 4개의 산 모양을 조각하였으며 밑을 황기(黃綺)로 묶었다.

(2) 면류관(冕旒冠)

임금의 정복인 곤룡포를 입을 때 쓰는 관을 말한다. 〈그림 2〉면류관은 판(版)의 너비는 8치이고 길이는 1자 6치이며, 앞은 둥글고 뒤는 네모지다. 이것은 천원하방(天圓下方)의 뜻을 의미하며, 검은색으로 덮고 붉은색으로 안을 대었으며 비단으로 만든다. 앞의 높이는 8치 5푼이고 뒤의 높이는 9치 5푼이며, 금으로 장식한다. 앞이 낮은 이유는 정사를 돌봄에 있어 모든 신하들의 의견을 포용하여 수렴함이다. 9류(旒)이고 류마다 9옥(玉)으로 되어 있으며, 5채(采)인데, 5채는 처음이 붉은색, 다음이 흰색, 푸른색, 황색, 흑색 순이다. 류의 길이는 9치로, 앞뒤 합해 18종류이며, 오채를 쓰는 이유는 우주 만물의 음양오행으로 만백성을 다스리는 의미를 표현한다. 금잠(金簪)을 쓴다. 그 면의 곁에 검은 끈을 달고 옥전(玉瑱)을 늘어뜨려 귀를 가린다. 자색 끈 2개를 양쪽 가에 달아 턱 아래에서 묶고 나머지는 늘어뜨린다. 또 붉은 끈 한 가닥을 왼쪽 비녀에 매고 턱밑을 둘러서 오른쪽에서 위로 올려 비녀에 붙여 구부려 매고 그 나머지는 늘어뜨려 장식으로 삼는다.[3]

---

3 『社稷署儀軌』,「圖說‧祭服圖說」:"『五禮儀』云, 冕, 版廣八寸, 長尺六寸, 前圓後方, 玄覆纁裏, 以繪爲
   之, 前高八寸五分, 後高九寸五分, 以金飾之, 九旒, 每旒九玉, 五采, 先朱, 次白, 次蒼, 次黃, 次黑。
   旒長九寸, 前後十八旒, 金簪, 其冕之旁, 屬玄紞, 垂玉瑱以允耳, 用紫組二, 屬之於兩旁, 結之頷下而
   垂其餘, 又以朱組一條, 繫之左笄, 遶頭下, 自右而上, 仰屬於笄, 屈繫之, 垂其餘爲飾。"

(3) 의(衣)

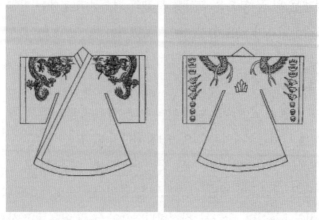

〈그림 3〉 의(衣) 앞면　　　　　〈그림 4〉 의(衣) 뒷면

〈그림 3〉은 의 앞면이고, 〈그림 4〉는 의 뒷면이다. 『사직서의궤』에서 『오례의』에서 말하기를 의는 비단(繪)으로 만드는데, 그 색은 검붉은 색(玄)이다. 여기에서 검붉은 색이란 것은 검푸른 빛에 약간 붉은 기운이 도는 것을 검붉다(玄)고 한다.

의 앞면에는 5장(章)으로 용, 산, 불, 화충(華蟲, 꿩), 종이(宗彝, 술잔)를 그 위에 그린다. 그리는 것은 양(陽)이므로 의(衣)에는 그림을 그리고, 수(繡)는 음(陰)이므로 상(裳)에는 수를 놓는 것이다.[4] 의 앞면에 있는 용은 천자나 왕을 상징을 하고 있고, 발가락은 양의 수인 홀수를 사용함에 있어 천자는 7조용(爪龍), 제후는 5조용(爪龍)을 사용하므로 조선의 왕은 5조용(爪龍)을 사용하였다.

4　『社稷署儀軌』, 「圖說・祭服圖說」: "『五禮儀』云, 衣以繪爲之, 其色玄, [青黑而微有赤意, 謂之玄], 繪五章
　　龍, 山, 火, 華蟲, 宗彝於其上, 繪, 陽事也, 故在衣, 繡, 陰功也, 故在裳."

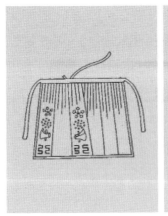

〈그림 5〉 상(裳)

〈그림 6〉 대대(大帶)

(4) 상(裳)

〈그림 5〉와 같이 상은 『사직서의궤』에서 『오례의』에서 말하기를 상은 비단(繒)으로 만드는데, 그 색은 분홍색[纁]이다. 분홍색을 만들기 위해서는 3번 붉은색을 물들여야 분홍색이 된다. 7폭으로 만드는데, 그 앞뒤가 달라서 앞은 3폭이요, 뒤는 4폭이다. 1폭당 주름은 3첩(疊)으로 이루어져 있다. 이는 앞면은 양(陽)을 의미하며, 뒷면은 음(陰)을 의미한다. 그리고 폭마다 양쪽 가에 각각 1치씩을 꿰매니 이를 삭폭(削幅)이라고 한다. 허리에는 벽적(辟積, 주름)이 수없이 있고, 벽적은 주름[摺]이다. 상의 측면에 선(純)이 있는데, 이것을 벽(綼)이라 한다. 상의 하단에 선이 있는데 이것을 석(緆)이라 한다. 벽과 석의 너비는 각각 1치 반이며, 겉과 안을 합하여 3치가 된다. 그 위에 말(藻), 분미(粉米), 보(黼), 불(黻) 4장(章)을 수놓는다.[5]

---

5   『社稷署儀軌』,「圖說 · 祭服圖說」: "『五禮儀』云, 裳以繒爲之, 其色纁, 三染絳色而爲纁, 以七幅爲之, 殊其前後, 前三幅後四幅, 每幅兩旁各縫一寸, 謂之削幅, 腰間辟積無數, 辟積謂摺也, 裳側有純, 謂之綼, 裳下有純, 謂之緆, 綼, 緆之廣各寸半, 表, 裏合爲三寸, 繡四章藻, 粉米, 黼, 黻於其上."

(5) 대대(大帶)

조선시대 남자의 심의(深衣)나 여자의 원삼(圓衫)에 두르는 넓은 띠를 이르던 말로 제복(祭服)에 매는 데 사용하며, 허리에 두르는 것이다. 좌우 아래로 드리워진 것이 좌우 옆구리에 위치한다.

〈그림 6〉과 같이 대대는 『궁원의(宮園儀)[6]』의 의하면 혁대는 옥구(玉鉤)로 만든다.

(6) 중단(中單)

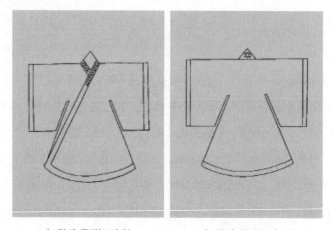

〈그림 7〉 중단(中單) 앞   〈그림 8〉 중단(中單) 뒤

중단은 소매가 넓은 두루마기를 이야기 하며, 〈그림7〉〈그림8〉과 같이 『오례의』에 의하면 백증(白繒, 흰 비단)으로 만들었으며, 푸른 깃[靑領]을

---

6 궁원의(宮園儀): 사도세자(思悼世子)의 사당인 경모궁(景慕宮)과 그 원(園)인 영우원(永祐園)에서 행하는 의식 절차를 기술한 책이다. 1776년(정조 즉위년)에 처음 편성되었고, 이후 내용이 수정되어 1785년에 4권 1책으로 증수되었다.

소매 끝[標], 옷단[襈], 뒷길[裾]에 대고 불[黻] 11개를 깃에 그린다.[7]

〈그림 9〉 패옥(佩玉)　　　　　　　　　　〈그림 10〉 수(綬)

(7) 패옥(佩玉)

조선 시대 왕실의 법복이나 문관들과 무관들의 조복(朝服)과 제복을 입을 때 좌우로 늘여 차던 장식으로 흰 옥을 서로 엮어 얇은 사(紗)로 긴 주머니를 지어 그 속에 넣어서 찼다.

〈그림 9〉와 같고,『오례의』에 의하면 패는 2개인데, 위에는 금 갈고리[金鉤]로 형(衡)을 설치한다. 다음에는 중형(重衡)이 있고, 가운데에는 거우(琚瑀), 아래에는 쌍황(雙璜), 충아(衝牙)는 쌍황(雙璜) 사이에 있다. 또 쌍적(雙滴)이 충아(衝牙)와 양쪽 황 사이에 있는데 약옥주(藥玉株)로 꿴다. 형(衡), 거우(琚瑀), 충아(衝牙), 적자(滴子)는 모두 민옥(珉玉)으로 만든다.[8]

7　『社稷署儀軌』,「圖說・祭服圖說」: "『五禮儀』云, 中單以白繒爲之, 靑領襟, 襈, 裾, 繪黻十一於領."

8　『社稷署儀軌』,「圖說・祭服圖說」: "『五禮儀』云, 綬以紅花錦爲之, 施以雙金環."

(8) 수(綬)

패옥대신 옥패(玉佩)를 아래로 처지게 늘어뜨리고 그 끈에 빛깔이 고운 실로 꼰 끈으로 만든 장식으로 산은 데서부터 시작되었다고 한다.

백관의 조복(朝服) 수는 붉은 빛의 바탕에 수를 놓는데, 수의 무늬와 수에 매단 환(環)에 의해 1~2품, 3품, 4품, 5~6품, 7~9품 등으로 가리었다. 〈그림 10〉과 같이 수는 『오례의』에 의하면 홍화금(紅花錦)으로 만들고, 쌍으로 된 금고리[雙金環]를 단다.[9]

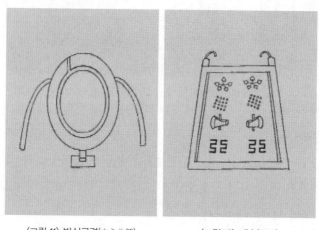

〈그림 11〉 방심곡령(方心曲領)　　　〈그림 12〉 폐슬(蔽膝)

(9) 방심곡령(方心曲領)

〈그림 11〉과 같이 방심곡령은 『오례의』에 의하면 백라(白羅)로 만드는데, 곁에 두 끈이 있다. 왼쪽은 초록색, 오른쪽은 붉은색이다[10]고 하였

9　『社稷署儀軌』,「圖說・祭服圖說」: "『五禮儀』云, 綬以紅花錦爲之, 施以雙金環."
10　『社稷署儀軌』,「圖說・祭服圖說」: "『五禮儀』云, 方心曲領以白羅爲之, 旁有兩纓, 左綠右紅."

고, 깃의 우측 어깨에 해당하는 부분에 단추를 단다.

⑽ 폐슬(蔽膝)

폐슬은 무릎을 가리기 위한 것으로 허리 아랫부분으로 내리는 장방형의 것으로 고려시대 말부터 조선시대에 걸쳐 면복이나 원유관복(遠遊冠服), 문무백관들의 조복(朝服)과 제복(祭服), 왕비 적의(翟衣)의 상(裳) 위에 무릎을 가리기 위해 착용했다.

〈그림 12〉와 같이 폐슬은 『오례의』에 의하면 비단(繪)으로 만드는데, 그 색은 분홍색(纁)이다. 위에는 비(紕)가 있고 아래에는 준[純]이 있다. 위에서 5치 떨어져서 말[繡以藻], 분미(粉米), 보(黼), 불(黻)을 수놓는다[11]고 하였고, 각 품의 색이 동일하다.

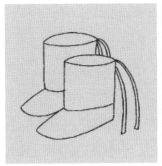

〈그림 13〉 말(襪)

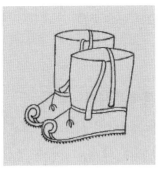

〈그림 14〉 석(舃)

---

11 『社稷署儀軌』, 「圖說·祭服圖說」: "『五禮儀』云, 蔽膝以繪爲之, 其色纁, 上有紕, 下有純, 去上五寸, 繡以藻, 粉米, 黼, 黻."

(11) 말(襪)

〈그림 13〉과 같이 말은 백포(白布, 흰색 베)를 사용하여 꿰매어 만들고, 안쪽 부분은 생포(生布)를 사용하였다. 혜(鞋)는 백포로 말을 만들고, 아래는 청면포(靑綿布, 청색 무명)로 안을 대고, 앞뒤와 양변에는 홍면포(紅綿布, 홍색 무명)를 붙이며, 이(履, 신)는 가죽을 쓰며, 끈을 단다.

(12) 석(舃)

왕이 입는 제복 및 나라의 큰 의식에 입는 면복에 갖추는 석은 적석(赤舃)을 신다가 흑색으로 바뀌면서 가장자리에 선과 수를 놓아 장식하였으며, 왕의 조복(朝服)인 강사포에는 흑석을 신었다. 왕비의 대례복인 적의(翟衣)에는 청색 비단으로 만든 석을 신었다.

〈그림 14〉와 같이 석은 『오례의』에 의하면 비단으로 거죽을 만들고 백증(白繒)으로 안을 댄다.

2. 사직제의 제기(祭器)

제기란 제사에서 사용되는 그릇 및 관련 도구들을 말하며, 조선시대 이후 거행되는 제례는 관(官)을 중심으로 거행되는 공공제례와 일반적인 집단을 중심으로 거행되는 사사제례로 나누어진다. 공공제례는 왕가(王家)와 종묘(宗廟), 관가(官家)와 대성전(大成殿)이 있으며, 유림(儒林)과 서원(書院) 등의 제례가 모두 포함된다. 이에 따라 공공제례의 경우는 제기의 수와 형태가 다양하다.

『예기(禮器)』에 의하면, "무릇 가문의 제례에 쓸 물건을 만들 때에는 먼저 제기를 만들고, 제물의 준비를 생각하며, 후에 일반적인 식기를 준비하는 것이다. 전록(田祿)이 없는 자는 제기를 진설하지 않으며, 전록이 있는 자는 먼저 제복을 만든다. 군자는 비록 가난하나 제기를 팔지 않고, 비록 추우나 제복을 입지 않는다. "[12]

이렇게 제사 종류에 따라 다양한 제기에 각각에 해당하는 음식을 진설하였다. 진설되는 제기와 음식은 각각의 의미가 부여되어 있다.

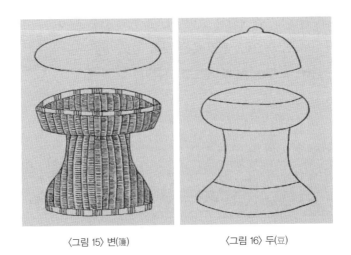

〈그림 15〉 변(籩)　　　　　〈그림 16〉 두(豆)

(1) 변(籩)

〈그림 15〉와 같이 변은 사직제 지낼 때 신위(神位)의 왼편에 진설하는 제기로서, 과일이나 마른 음식 등을 담아 놓은 죽(竹:대나무)으로 만들었다. 『석전의(釋奠儀)[13]』에 변은 대나무로 만들고, 아가리인 입구의 지름은

12　『禮記』, 「曲禮下」 : "凡家造, 祭器爲先, 犧賦爲次, 養器爲後, 無田祿者, 不設祭器, 有田祿者, 先爲祭服, 君子雖貧, 不粥祭器, 雖寒不衣祭服."

13　『석전의(釋奠儀)』 : 송(宋)나라 유학자 주희(朱熹)의 찬술이다. 사고전서(四庫全書)에 『소희주현석 전의도(紹熙州縣釋奠儀圖)』가 있는데, 소흥(紹興) 5년에 완성된 책으로 맨 앞에 관첩(官牒)이 있고 다음에 『석전의』의 주(注)가 있고 끝으로 『예기도(禮器圖)』가 있다.

4촌 9푼이며, 다리까지 합한 높이는 5촌 9푼이며, 깊이는 1촌 4푼이다. 다리의 지름은 5촌 1푼이며 보[巾]는 갈포[綌]를 쓰는데, 겉은 검붉은 색이고 속은 분홍새이며, 1폭짜리 원형이다.[14]

(2) 두(豆)

〈그림 16〉과 같이 두는 사직제 지낼 때 신위의 오른편에 진설하는 제기로서 고기, 젓, 국 따위를 담아놓는 나무로 만든 제기로 『석전의』에 "두는 나무로 만드는데, 높고 낮은 것과 깊고 얕은 것, 입구의 직경과 다리의 직경이 모두 변(籩)의 제도를 따른다[15]"고 하였다.

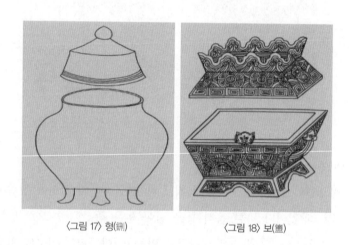

〈그림 17〉 형(鉶)   〈그림 18〉 보(簠)

---

14 『社稷署儀軌』「圖說·祭器圖說」: "『釋奠儀』云, 籩以竹爲之, 口徑四寸九分, 通足高五寸九分, 深一寸四分, 足徑五寸一分, 巾用綌, 玄被纁裏, 圓一幅."
15 『社稷署儀軌』「圖說·祭器圖說」: "『釋奠儀』云, 豆以木爲之, 高下, 深淺, 口徑, 足徑, 竝依籩制."

(3) 형(鉶)

〈그림 17〉과 같이 형은, 『예서(禮書)[16]』에 형정(鉶鼎)은 국을 담는 그릇이고 형갱은 오미(五味)로 맛을 낸 국을 말한다[17] 하였다. 형갱(鉶羹), 대갱(大羹), 화갱(和羹)이라고 부른다.

(4) 보(簠)

〈그림 18〉과 같이 보는 도(稻, 쌀)와 양(粱, 좁쌀)을 담아 놓는 제기로 궤와 합쳐 한 벌이 되며 모양은 네모이다. 『석전의』에 이르기를 보는 구리로 주조하고, 뚜껑까지 합한 전체 무게는 13근(斤) 2냥(兩)이다. 뚜껑에서 바닥까지 합한 높이는 7치이고, 깊이는 2치이며, 너비[闊]는 8치 1푼이고, 배[腹]의 지름은 긴 쪽으로 1자 1푼이다. 무게를 말한 것은 모두 구리로 만든 것들이다.[18]

(5) 궤(簋)

〈그림 19〉와 같이 궤는 사직제 지낼 때 서(黍, 수수)와 직(稷, 기장)을 담는 제기로 보(簠)와 함께 하여 한 벌로 사용한다.

『대명집례(大明集禮)[19]』에 이르기를 궤는 구리로 만들며, 무게는 11근이

---

16 『예서(禮書)』: 송나라 학자 진상도(陳祥道)가 당시까지 전하는 예악에 관한 기록을 고정(考訂)하여 도설과 함께 논변한 책으로, 총 150권으로 되어 있다.

17 『社稷署儀軌』「圖說 · 祭器圖說」: "『禮書』云, 鉶鼎, 所以實羹者 ; 鉶羹, 所以具五味也, 自羹言之, 則曰鉶羹, 自器言之, 則曰鉶鼎."

18 『社稷署儀軌』「圖說 · 祭器圖說」: "『釋奠儀』云, 簠用銅鑄造, 竝蓋重一十三斤二兩, 通蓋高七寸, 深二寸, 闊八寸一分, 腹徑長一尺一分, 後凡言重者, 皆銅屬."

19 『대명집례(大明集禮)』: 명나라 서일기(徐一夔) 등이 고황제(高皇帝)의 명을 받아 홍무(洪武) 3년(1370)에 완성하였다. 길례(吉禮), 흉례(凶禮), 군례(軍禮), 빈례(賓禮), 가례(嘉禮) 오례(五禮)를 강(綱)으로 하고 그 아래에 26조목으로 나누어 기술하였으며, 모두 53권으로 되어 있다.

〈그림 19〉 궤(簋)　　　　　　〈그림 20〉 작(爵)

고, 뚜껑과 발을 합한 높이는 7치 3푼이다. 아가리 지름은 긴 쪽이 8치 3푼이고, 가로 너비는 6치 8푼이다. 『주례』에 "보(簠)는 방형(方形)이고 궤(簋)는 원형(圓形)이다." 하였다.[20]

(6) 작(爵)

〈그림 20〉과 같이 동으로 만든 술잔으로 『석전의』에서 이르기를 작은 무게가 1근 8냥이고, 기둥까지 합한 높이는 8치 2푼이고, 깊이는 3치 3푼이다. 아가리의 지름은 긴 쪽이 6치 2푼이고 너비는 2치 9푼이다. 기둥이 2개, 발이 3개이며 수구[流]가 있고 손잡이[鋬]가 있다. 『시경』예기도설에서는 윗부분에 있는 두 기둥의 역할은 다 마시지 않기를 뜻하는 것이다.[21]

20　『社稷署儀軌』「圖說·祭器圖說」: "『大明集禮』云, 簋以銅爲之, 重一 十一斤, 通蓋足高七寸三分, 口徑長八寸三分, 橫闊六寸八分. 『周禮』註云, 方簠, 圓簋."

21　『社稷署儀軌』「圖說·祭器圖說」: "『釋奠儀』云, 爵, 重一斤八兩, 通柱高八寸二分, 深三寸三分, 口徑長六寸二分, 闊二寸九分. 兩柱三足, 有流有鋬. 『詩·禮器圖說』云, 上兩柱, 取飮不盡之意."

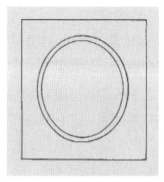

〈그림 21〉 작점(爵坫)　　　　　　〈그림 22〉 우정(牛鼎)

(7) 작점(爵坫)

〈그림 21〉과 같이 작점은 축판(祝板)이나 작(爵)을 놓기 위한 것으로, 『석전의』에 이르기를 점(坫)은 무게가 2근 9냥이고, 세로와 가로는 각각 9치 2푼이다. 『삼례도(三禮圖)[22]』에 이르기를 "점은 작을 올리는 데 쓰고, 또한 준(尊)을 받치는 데에도 쓴다"하였다. 지금 축사(祝詞)를 실은 판(版)과 작헌(酌獻)을 위한 작을 반드시 어디에다 둘 것인가를 살피는 것은 제사를 공경하고 삼가하는 뜻을 보인 것이다. 점거의 뜻이 있기 때문에 점이라고 한 것이다. 형체는 정방형이기 때문에 바닥에 놓으면 평평하고 바르다.[23]

---

22 『삼례도(三禮圖)』: 『수서(隋書)』권32 「경적지(經籍志)」에 정현(鄭玄)과 완심(阮諶) 등이 그린 『삼례도』가 나와 있고, 『신당서(新唐書)』권57 「예문지(藝文志)」에, 하후복랑(夏侯伏朗)과 장일(張鎰) 등이 그린 『삼례도』가 있는데, 지금은 모두 전해지지 않는다. 지금 전해지는 『삼례도』는 송나라 섭숭의(聶崇義)가 찬한 것으로, 20권으로 되어 있다.

23 『社稷署儀軌』「圖說‧祭器圖說」: "『釋奠儀』云, 坫, 重二斤九兩, 縱, 廣, 九寸二分. 『三禮圖』謂, 坫以致爵, 亦以承尊, 今版載祝詞, 爵備酌獻, 必審所處而置焉, 示欽謹祀事之意, 有占之義, 故謂之坫也, 其體四方, 措諸地而平正."

(8) 정(鼎)

고기를 삶는 솥을 확이라고 하는데, 솥으로 번역하는 정은 고기를 삶는 데에 쓰지 않고 확에서 삶은 고기를 남아 자막(饌幕) 또는 찬만대(饌幔臺)로 옮기는 용도의 제기로 말하며, 정에는 〈그림 22〉와 같은 우정(牛鼎), 그리고 양정(羊鼎), 시정(豕鼎)이 있고, 세 개의 다리는 해당 짐승의 형상을 만들어 구별했다.

우정은 소고기를 삶아서 담아 옮기는 제기로『성송반악도(聖宋頒樂圖)[24]』에 이르기를 우정의 입구의 지름과 밑 부분의 지름은 모두 1자 3치이고, 깊이는 1자 2치 2푼이다. 용량은 1곡(斛)이다.[25]

『삼례도』[26]에 이르기를 우정은 세 발이 소의 발과 같으며, 매 발 위는 소머리로 장식하였다. 양정(羊鼎)과 시정(豕鼎)도 역시 이와 같이 하였다.[27]

---

24 성송반악도(聖宋頒樂圖): 송나라 때에 반포한 악도(樂圖)이다. 『태종실록』 12년 4월 3일 기사에 이에 대한 기록이 보인다. 예조가 아뢰기를 "송나라 때 사람 진양(陳暘)이 지은 『악서(樂書)』에 '신종(神宗) 원풍(元豊) 연간에 고려에서 중국의 악공(樂工)을 구하여 익혔다' 하였는데, 『성송반악도』가 바로 이때에 구한 것인 듯하며, 충주 사고(忠州史庫) 제7궤(樻)에 4벌道이 보관되어 있다고 합니다" 하니, 태종이 찾아와서 전악서(典樂署)의 악보(樂譜)를 정리하는 데에 참고하게 하라고 명하였다.

25 『社稷署儀軌』「圖說·祭器圖說」: "『聖宋頒樂圖』云, 牛鼎, 口徑, 底徑俱一尺三寸, 深一尺二寸二分, 其容一斛."

26 삼례도(三禮圖): 『수서(隋書)』권32 「경적지(經籍志)」에 정현(鄭玄)과 완심(阮諶) 등이 그린 『삼례도』가 나와 있고, 『신당서(新唐書)』권57 「예문지(藝文志)」에, 하후복랑(夏侯伏朗)과 장일(張鎰) 등이 그린 『삼례도』가 있는데, 지금은 모두 전해지지 않는다. 지금 전해지는 『삼례도』는 송나라 섭숭의(聶崇義)가 찬한 것으로, 20권으로 되어 있다.

27 『社稷署儀軌』「圖說·祭器圖說」: "『三禮圖』云, 牛鼎, 三足如牛, 每足上以牛頭飾之, 羊·豕二鼎亦如之." 양정은 양고기를 삶아서 담아 옮기는 제기로『성송반악도』에 이르기를 용량은 5말(斗)이다. 입구의 지름과 밑 부분의 지름은 모두 1자이고, 깊이는 1자 3푼이다. 시정은 돼지고기를 삶아서 담아 옮기는 제기로『성송반악도』에 이르기를 용량은 3말이다. 입구의 지름과 밑 부분의 지름은 모두 9치이고, 깊이는 7치 6푼이다.(『社稷署儀軌』「圖說·祭器圖說」: "『聖宋頒樂圖』云, 羊鼎受五斗, 口徑, 底徑俱一尺, 深一尺三分. 云, 豕鼎受三斗, 口徑, 底徑俱九寸, 深七寸六分.")

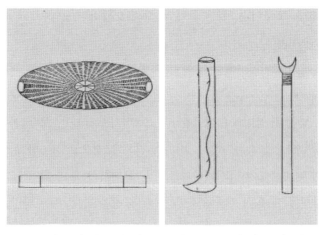

〈그림 23〉 정멱(鼎羃), 정경(鼎扃)　　〈그림 24〉 정비(鼎匕), 정필(鼎畢)

(9) 정멱(鼎羃), 정경(鼎扃)

〈그림 23〉과 같이 정멱 정경은 정(鼎)의 덮개를 멱(羃)이라고 하는데 띠풀로 엮어서 만든 것이다. 『의례』에 이르기를 멱은 묶기도 하고 엮기도 한다. 주(註)에 "정멱은 띠[茅]로 만든다. 긴 것은 밑 둥을 묶고 짧은 것은 중간을 엮는데, 대개 촘촘하게 하여 기가 새 나가지 않게 하기 위한 것이다." 하였다. 정경은 솥을 드는 도구이다. 우정경은 길이가 3자이다. 양정경은 길이가 2자 5치이다. 시정경은 길이가 2자이다. 양 끝을 옥으로 장식하는데 각각 3치이다.[28]

(10) 정비(鼎匕) 정필(鼎畢)

〈그림 24〉와 같이 정비 정필은 솥이나 정에서 고기를 들어 올릴 때에

28　『社稷署儀軌』「圖說·祭器圖說」: "『儀禮』云, 羃者, 若束若編, 註云, 鼎羃以茅爲之, 長則束本, 短則編其中, 令緻密不泄氣也, 鼎扃以擧鼎, 牛鼎扃, 長三尺, 羊鼎扃, 長二尺五寸, 豕鼎扃, 長二尺, 飾兩端以玉, 各三寸."

는 사용하는 도구이다. 필은 끝이 두 갈래로 갈라진 모양이고 비는 끝이 꺾인 모양이다.

『예시』에 이르기를 비는 길이가 3자이고 가시나무[棘木]를 써서 만드느니, 생체(牲體)를 옮기는 기구이다. 『집례(集禮)29』에 이르기를 "구름 그림을 새겨 넣는다. 엽(葉)은 길이가 8치, 너비가 3치이고, 모두 붉은 칠을 한다" 하였다. 필(畢)은 모양이 비녀와 같고 그것으로 고기를 들어 올린다. 엽의 너비는 3치이고 가운데 1치를 파낸다. 자루의 길이는 2자 4치이다. 자루 끝 부분과 양쪽 엽은 모두 붉은 칠을 한다[30]라고 한다.

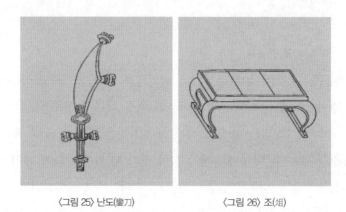

〈그림 25〉 난도(鑾刀)　　　　〈그림 26〉 조(俎)

(11) 난도(鑾刀)

〈그림 25〉와 같이 난도는 칼끝에 두 개의 방울과 손잡이 쪽 고리에 세 개의 방울을 달려 붙여진 이름이다. 다섯 개의 방울은 궁, 상, 각, 치,

---

29 『집례(集禮)』: 『명집례(明集禮)』를 말한다. 『대명집례(大明集禮)』라고도 한다.

30 『社稷署儀軌』, 「圖說・祭器圖說」: "『儀禮』云, 匕, 長三尺, 用棘, 所以載牲體也, 『集禮』云, 刻畫雲氣, 葉長八寸, 博三寸, 皆丹漆, 畢, 狀如叉, 用以擧肉, 葉博三寸, 中鏤去一寸, 柄長二尺四寸, 漆柄末及兩葉, 皆朱."

우의 5음을 내어 절도와 조화를 얻은 뒤에 도살하기 위한 것이었다.

『교특생(郊特牲)[31]』에 이르기를 할도(割刀)를 쓰되 귀한 난도를 쓰는 것은 그 뜻을 귀히 여기는 것이다. 라고 하였으며, 『공양전(公羊傳)[32]』의 주(註)에 이르기를 난도는 베고 자르는 칼이다. 고리[鐶]에는 화(和)라는 방울이 있고 칼끝[鋒]에는 난(鸞)이라는 방울이 있다. 송나라 호원(胡瑗) 난령(鸞鈴)은 칼끝에 있어서 소리가 궁성(宮聲)과 상성(商聲)에 합하니, 방울 2개를 쓰고, 화령(和鈴)은 고리에 있어서 소리가 치성(徵聲), 각성(角聲), 우성(羽聲)에 합하니, 방울 3개를 쓴다[33]라고 하였다.

(12) 조(俎)

〈그림 26〉과 같이 조는 고기를 생으로 바치는데 사용하는 제기를 말하며, 조는 도마와 같이 아래에 양쪽으로 다리가 있고, 윗면 표면에 붉은색과 검은색이 칠해져 있다. 고대에 음식을 놓을 때 사용하던 그릇 중 하나다. 세 개의 조를 준비해 우성(牛腥), 양성(羊腥), 시성(豕腥)을 각각 구분하여 옮겼다.

『석전의(釋奠儀)』에 이르기를 조의 길이는 1자 8치, 너비는 8치, 높이는 8치 5푼이다. 양쪽 끝에는 붉은색의 칠을 하고, 가운데에는 검은색의 칠을 한다.[34]

---

31 교특생(郊特牲): 『예기(禮記)』의 편명이다.

32 공양전(公羊傳)의 주(註): 『춘추공양전(春秋公羊傳)』 선공(宣公) 12년 6월 조의 "정백(鄭伯)이 오른손에 난도(鸞刀)를 집었다."라는 구절에서 나온 난도에 대한 주를 말한다.

33 『社稷署儀軌』「圖說·祭器圖說」: "『郊特牲』云, 割刀之用, 鸞刀之貴, 貴其義也, 『公羊傳』註云, 鸞刀, 割切之刀, 鐶有和, 鋒有鸞, 宋胡瑗言, 鸞鈴在鋒, 聲合宮, 商, 用鈴二, 和鈴在鐶, 聲合徵, 角, 羽, 用鈴三."

34 『社稷署儀軌』「圖說·祭器圖說」: "『釋奠儀』云, 俎, 長一尺八寸, 闊八寸, 高八寸五分, 漆兩端以赤, 中以黑."

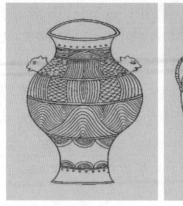

〈그림 27〉 착준(著尊)　　　　　〈그림 28〉 산뢰(山罍)

(13) 착준(著尊)

착준은 〈그림 27〉과 같다. 『석전의』에 이르기를 무게가 4근 7냥이고, 높이가 8치 4푼 5리이다. 아가리 지름은 4치 3푼이고, 배의 지름은 6치 2푼이고, 깊이는 8치 3푼이다.[35]

『예서』에 이르기를 양이 하강하여 땅에 붙는 것을 형상하고, 호준(壺尊)은 음이 둘러싼 만물을 간직하는 것을 형상화한다. 이것이 선왕이 가을의 햇곡식으로 지내는 상(嘗) 제사와 동제왈증(冬祭曰烝)이라 하여 겨울의 제사를 거행할 때 사용했던 까닭이다.[36]

(14) 산뢰(山罍)

산뢰는 〈그림 28〉과 같다. 『예서』에서 이르기를 산뢰는 산준[山尊]이

---

35 『社稷署儀軌』「圖說·祭器圖說」: "『釋奠儀』云, 著尊, 重四斤七兩, 高八寸四分五釐, 口徑四寸三分, 腹徑六寸二分, 深八寸三分."

36 『社稷署儀軌』「圖說·祭器圖說」: "『禮書』云, 著以象陽降而著地, 壺以象陰周而藏物, 先王所以用嘗, 烝也."

라고 한다. 겉 표면에 산과 구름의 형상을 그려 만든 것이다. 하후씨(夏后氏)의 준[尊]이라고 한다.[37]

〈그림 29〉 상준(象尊)

〈그림 30〉 대준(大尊)

⒂ 상준(象尊)

상준는 〈그림 29〉와 같다. 『석전의』에 이르기를 상준은 무게가 10근이고, 발까지 합한 높이는 6치 8푼이고, 아가리의 지름은 1치 8푼이다. 귀의 너비는 1치 2푼이고, 귀의 길이는 1치 9푼이며, 깊이는 4치 9푼이다.[38]

⒃ 대준(大尊)

대준은 〈그림 30〉과 같다. 『석전의』에 이르기를 대준은 발까지 합한

---

37 『社稷署儀軌』「圖說・祭器圖說」: "『禮書』云, 山罍, 山尊也, 刻而畫之, 爲山雲之形, 夏后之尊也."

38 『社稷署儀軌』「圖說・祭器圖說」: "『釋奠儀』云, 象尊, 重一十斤, 通足高六寸八分, 口徑一寸八分, 耳闊寸二分, 耳長一寸九分, 深四寸九分."

높이가 8치 1푼이고, 아가리의 지름은 5치 7푼이고, 배의 지름은 6치 1
푼이고, 발의 지름은 3치 8푼이고, 깊이는 6치 5푼이다.[39]

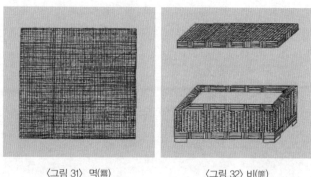

〈그림 31〉 멱(冪)   〈그림 32〉 비(篚)

(17) 멱(冪)

멱은 〈그림 31〉과 같다. 『석전의』에 이르기를 『삼례도(三禮圖)』에 의하
면 베의 폭은 2자 2치이고 원형 모양이라고 하였는데, 지금은 베 1폭으
로 방형을 취해서 만든다.[40]

『주례도』에 이르기를 8개의 준은 천지에 바치는 것이므로 거친 베보[
布巾]를 사용하니, 질박함을 숭상해서이다. 6개의 이(彝)는 종묘에 강신
하는 것이므로 고운 베보를 사용한다. 구름을 그려 무늬를 만들고 특생(

---

39 『社稷署儀軌』「圖說 · 祭器圖說」: "『釋奠儀』云, 大尊, 通足高八寸一分, 口徑五寸七分, 腹徑六寸一分, 足
　　徑三寸八分, 深六寸五分."

40 『社稷署儀軌』「圖說 · 祭器圖說」: "『釋奠儀』云, 『三禮圖』布之幅, 二尺有二寸而圓之, 今以布一幅, 取方爲之."

特牲)에 사용하는 멱과 더불어 모두 갈포[綌]를 쓴다.[41]

⑱ 비(篚)

비는 〈그림 32〉와 같다. 『석전의』에 이르기를 비는 대나무로 만든다. 발까지 합한 높이가 5치이고, 길이는 2자 8푼이고, 너비는 5치 2푼이고, 깊이는 4치이다. 뚜껑의 깊이는 2치 8푼이다. 제물을 올리는 데에 사용하는데, 절도(節度)가 있게 하는 것이다.[42]

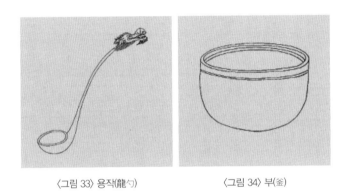

〈그림 33〉 용작(龍勺) 〈그림 34〉 부(釜)

⑲ 용작(龍勺)

용작은 〈그림 33〉과 같다. 『석전의』에 이르기를 용작은 무게가 1근이고, 아가리 지름은 너비가 2치 1푼이고, 긴 부분은 2치 8푼이며, 깊이는

41 『社稷署儀軌』「圖說·祭器圖說」: "『周禮圖』云, 八尊獻天地, 故用疏布巾, 尙質也, 六彝祼宗廟, 故用布巾之精者, 其畫雲爲文, 與特牲羃皆用綌."
42 『社稷署儀軌』「圖說·祭器圖說」: "『釋奠儀』云, 篚以竹爲之, 通足高五寸, 長二尺八分, 闊五寸二分, 深四寸, 蓋深二寸八分, 用於薦物, 而有節焉者也."

1치 1푼이다. 자루의 길이는 1자 2치 9푼이며, 용두(龍頭)를 만들어 단다. 작헌(酌獻)할 때와 관세(盥洗)할 때에 모두 구기로 뜬다.[43]

(20) 부(釜)

부는 〈그림 34〉와 같다. 『사림광기(事林廣記)』에 이르기를 발이 없는 솥을 부라고 말하고, 발이 있는 솥을 기(錡)라 한다. 빈(蘋)과 조(藻)를 삶아내어 제사에 올리는 음식에 사용할 수 있다.[44]

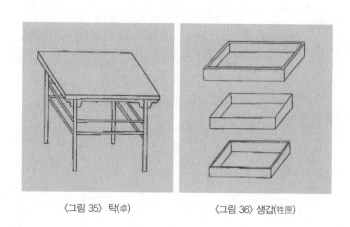

〈그림 35〉 탁(卓)   〈그림 36〉 생갑(牲匣)

(20) 탁(卓)

탁은 〈그림 35〉과 같다. 준소탁(樽所卓)은 붉은색의 칠을 한다.[45]

---

43 『社稷署儀軌』 「圖說・祭器圖說」: "『釋奠儀』云, 龍勺, 重一斤, 口徑闊二寸一分, 長二寸八分, 深一寸一分, 柄長一尺二寸九分, 爲龍頭, 酌獻, 盥洗皆以勺挹之."

44 『社稷署儀軌』 「圖說・祭器圖說」: "『事林廣記』云, 無足曰釜, 有足曰錡, 可用煮蘋, 藻以供祭."

45 『社稷署儀軌』 「圖說・祭器圖說」: "樽所卓, 朱漆."

⑵ 대생갑(大牲匣), 소생갑(小牲匣)과 소생갑개(小牲甲蓋)

〈그림 36〉과 같다. 대생갑은 나무로 만들고, 길이는 2자 6치이고, 너비는 1자 4치이다. 소생갑은 길이가 1자 4치이고, 너비는 1자 5푼이며 뚜껑이 있다.[46]

〈그림 37〉 향합(香合)   〈그림 38〉 향로(香爐)

⑵ 향합(香合)

향합은 〈그림 37〉과 같다. 『대명집례』의 「향합도설」에 이르기를 『운회(韻會)』에서 표현하기를 합자(合子)는 물건을 담는 그릇 이름이다 하였다.[47]

⑵ 향로(香爐)

향로는 〈그림 38〉과 같다. 『대명집례』에 이르기를 향로는 아가리는

---

46 『社稷署儀軌』「圖說·祭器圖說」: "大牲匣, 小牲匣蓋, 小牲匣, 大牲匣以木爲之, 長二尺六寸, 闊一尺四寸, 小牲匣, 長一尺四寸, 闊一尺五分, 有蓋."

47 『社稷署儀軌』「圖說·祭器圖說」: "『大明禮·香合圖說』云, 『韻會』曰, 合子, 盛物器名."

크고 목은 가늘며, 배는 불룩하고 다리가 셋이다.[48]

〈그림 39〉 모혈반(毛血槃)

(25) 모혈반(毛血盤)

모혈반은 〈그림 39〉와 같다. 구리로 만들고 모혈(毛血, 희생(犧牲)의 털과 피)을 받아서 올리는 데 쓴다.[49]

(26) 세뢰(洗罍)

세뢰는 〈그림 40〉과 같다. 『석전의』에서 이르기를 세뢰는 무게가 12근이고, 발까지 합한 높이가 1자이다. 아가리의 지름은 8치 4푼이고, 깊이는 7치 1푼이고, 발의 아가리의 지름은 7치 9푼이다.[50]

『운회(韻會)』에서는 뇌(罍)는 손 씻는 그릇이다.[51]라고 하였다.

(27) 세(洗)

세는 〈그림 41〉과 같다. 『석전의』에 이르기를 무게가 8근 8냥이고, 발까지 합한 높이는 5치 7푼이고, 아가리의 지름은 1자 3치 6푼이고, 깊이는 2치 9푼이고, 발의 아가리의 지름은 8치 9푼이다.[52]라고 하였다.

48　『社稷署儀軌』「圖說・祭器圖說」: "『大明集禮』云, 香爐, 大口細頸, 巨腹三足."

49　『社稷署儀軌』「圖說・祭器圖說」: "用銅, 承毛血以薦."

50　『社稷署儀軌』「圖說・祭器圖說」: "『釋奠儀』云, 洗罍, 重一十二斤, 通足高一尺, 口徑八寸四分, 深七寸一分, 足口徑七寸九分."

51　『社稷署儀軌』「圖說・祭器圖說」: "『韻會』云, 罍, 盥器."

52　『社稷署儀軌』「圖說・祭器圖說」: "『釋奠儀』云, 洗, 重八斤八兩, 通足高五寸七分, 口徑一尺三寸六分, 深二寸九分, 足口徑八寸九分."

〈그림 40〉 세뢰(洗罍)　　　　　　〈그림 41〉 세(洗)

3. 사직제의 제물(祭物)

『국조오례의』「제기도설」의 진설도 및 제물 목록은『사직서의궤』,『대한예전』과 동일하며, 사용하는 진설도 및 제물 목록은 다음과 같다.

〈그림 42〉를 보면, 신위가 중심되어 변(籩) 12개는 왼쪽에 세 줄로 진설되고, 담게 되는 제물로는 첫째 줄에 진설되는 제물은 형염(形鹽, 소금), 어수(魚鱐, 말린 물고기), 건조(乾棗, 마른대추), 율황(栗黃, 밤의 알맹이) 순으로 진설하고, 둘째 줄에 진설되는 제물은 진자(榛子, 개암), 능인(菱仁, 마름 열매), 검인(芡仁, 가시연밥의 알맹이), 녹포(鹿脯, 사슴고기로 만든 포) 순으로 진설하고, 셋째 줄에 진설되는 제물은 백병(白餅, 흰떡)과 흑병(黑餅, 검은 떡), 구이(糗餌, 볶아 말린 쌀의 음식), 분자(粉餈, 가루 인절미)의 순으로 진설한다.

두(豆) 12개는 오른쪽에 세 줄로 진설되는데 왼쪽이 상(上)으로 된다. 두(豆)에 담게 되는 제물로는 첫째 줄에 진설하는 제물은 구저(韭菹, 부추김치), 탐해(醓醢, 육장), 청저(菁菹, 무우 김치), 녹해(鹿醢, 사슴고기의 젓) 순으로 진설

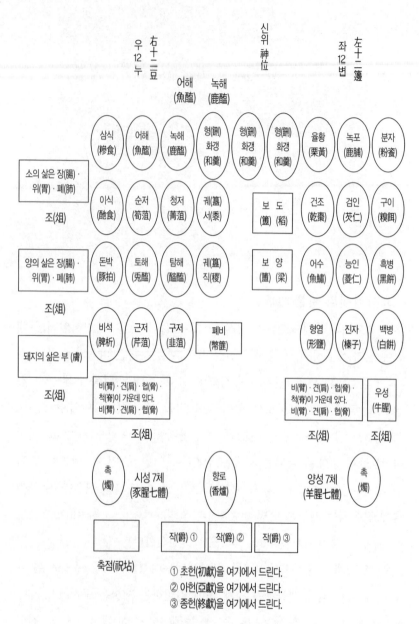

우12두
右十二豆

신위
神位

좌12변
左十二籩

어해
(魚醢)

녹해
(鹿醢)

| 삼식
(糝食) | 어해
(魚醢) | 녹해
(鹿醢) | 형(鉶)
화갱
(和羹) | 형(鉶)
화갱
(和羹) | 형(鉶)
화갱
(和羹) | 율황
(栗黃) | 녹포
(鹿脯) | 분자
(粉養) |

소의 삶은 장(腸)·
위(胃)·폐(肺)

조(俎)

| 이식
(酏食) | 순저
(筍菹) | 청저
(菁菹) | 궤(簋)
서(黍) | | 보 도
(簠)(稻) | 건조
(乾棗) | 검인
(芡仁) | 구이
(糗餌) |

양의 삶은 장(腸)·
위(胃)·폐(肺)

조(俎)

| 돈박
(豚拍) | 토해
(兎醢) | 탐해
(醓醢) | 궤(簋)
직(稷) | | 보 양
(簠)(粱) | 어수
(魚鱐) | 능인
(菱仁) | 흑병
(黑餅) |

돼지의 삶은 부 (膚)

조(俎)

| 비석
(脾析) | 근저
(芹菹) | 구저
(韭菹) | 폐비
(幣篚) | | | 형염
(形鹽) | 진자
(榛子) | 백병
(白餅) |

비(臂)·견(肩)·협(脅)·
척(脊)이 가운데 있다.
비(臂)·견(肩)·협(脅)

조(俎)

비(臂)·견(肩)·협(脅)·
척(脊)이 가운데 있다.
비(臂)·견(肩)·협(脅)

우성
(牛腥)

조(俎)

조(俎)

| 촉
(燭) | 시성 7체
(豕腥七體) | 향로
(香爐) | 양성 7체
(羊腥七體) | 촉
(燭) |

| | 작(爵)① 작(爵)② 작(爵)③ |

축점(祝坫)

① 초헌(初獻)을 여기에서 드린다.
② 아헌(亞獻)을 여기에서 드린다.
③ 종헌(終獻)을 여기에서 드린다.

〈그림 42〉 『국조오례의』 「제기도설」의 찬실도

하고, 둘째 줄에 진설하는 제물은 근저(芹菹, 미나리 김치), 토해(兎醢, 토끼고기의 젓), 순저(筍菹, 죽순 김치), 어해(魚醢, 물고기의 젓) 순으로 진설하고, 셋째 줄에 진설되는 제물은 비석(脾析, 소의 처녑), 돈박(豚拍, 돼지의 갈비), 이식(酏食, 차기장으로 만든 떡), 삼식(糝食, 쌀가루를 섞어 끓인 국) 순으로 진설한다.

보(簠)와 궤(簋)는 각기 2개로 변(籩)과 두(豆) 사이에 진설한다. 보(簠)는 왼쪽에 진설하고, 궤(簋)는 오른쪽에 진설한다. 보(簠)에 담는 제물은 도(稻:벼)와 양(梁:차조)이고, 궤(簋)에 담는 제물은 서(黍:찰기장)와 직(稷:메기장)이다.

형(鉶)은 3개를 진설하며, 담는 제물은 소, 양, 돼지고기에 양념을 넣고 끓인 국인 화갱(和羹)을 남는다.

조(俎)는 6개를 진설한다. 첫 번째 담는 제물로는 우(牛, 소)를 삶은 장(腸), 위(胃), 폐(肺)를 목생갑(木牲匣)에 담아 진설하고, 두 번째 담는 제물로는 양(羊)을 삶은 장, 위, 폐를 목생갑에 담아 진설하고, 세 번째 담는 제물은 시(豕, 돼지)를 삶은 부(膚, 살)을 목생갑 담아 진설한다. 네 번째 담는 제물은 우성(牛腥, 소의 살)을 목생갑에 담아 진설하고, 다섯 번째 담은 제물은 협(脅, 갈비살), 견(肩, 어깨살), 비(臂, 넓적다리)를 담아 진설하고, 마지막 여섯 번째 담은 제물은 비(臂, 넓적다리), 견(肩, 어깨살), 협(脅, 갈비살)을 담아 진설한다.

폐비(幣篚)에는 폐백을 담는데 흑색 폐백을 사용한다.

사직제에 사용하는 제주(祭酒)로는 대준[大尊]을 2개 진설하는데 하나에는 명수(明水, 맑고 깨끗한 물)를 담고, 또 하나는 예제(醴齊, 초헌례에 사용하는 단술)를 담아 진설한다. 착준[著尊]에도 대준과 동일하게 2개 진설하는데 하나에는 명수(明水, 맑고 깨끗한 물)를 담고, 또 하나는 앙제(盎齊, 아헌례에 사용하는 백차주)를 담아 진설한다. 산뢰(山罍)에도 대준, 착준과 동일하게 2개 진실하는데 하나에는 현주(玄酒, 맑고 깨끗한 물)를 담고, 또 하나는 청주(淸酒,

종헌례에 사용하는 맑은 술)를 담아 진설한다.

제물은 각기 신위마다 1벌씩을 준비하여 진설하는데 모셔진 신위의 수가 4위이므로 4벌을 진설한다. 이렇게 제물 진설이 마무리되면 사직제를 거행하게 된다.

5. 나가는 글

이제까지 사직제에서 중요한 진설(제복, 제기, 제물)에 대해 그림을 보면서 살펴보았다. 당시는 농경사회가 주축이 되었고, 국가의 존망과 백성의 생활을 보장하는 것 또한 토지신과 곡식신으로 인식되어 있었다.

따라서 사직제에 대한 중요성을 제복과 제기 및 제물에서 알 수 있고, 그 위상이 높았음을 짐작할 수 있다. 사직제는 우리나라의 전통적인 국가적인 중요한 행사이며, 우리가 잊어서는 안 되는 소중한 문화유산이다. 사직제의에 담긴 조상들의 삶의 지혜를 인식하고, 사직제의 보존과 계승을 위하여 지속적인 연구와 관심을 가져야 할 것이다.

〈제1회 형산아카데미 학술세미나, 2018.04.20.〉

〈제2회 형산아카데미 학술세미나, 2019.10.26.〉

〈답사〉

〈답사〉

〈답사〉

〈학술운영위원회, 투고자 전체 미팅〉

〈학술운영위원회 운영위원 미팅〉

〈학술운영위원회, 투고자 대구팀 미팅〉

〈학술운영위원회, 투고자 포항팀 미팅〉

형산아카데미에서 펴낸

풍수명당 설계와 장례문화(1)

초판 1쇄 인쇄 2020년 04월 13일
초판 1쇄 발행 2020년 04월 20일

지은이 형산아카데미 학술회
유병우·김형근·김종대·박상구·하인수·석수예
임영숙·이상돈·김용희·성남경·이영섭

펴낸이 김양수
책임편집 이정은
편집·디자인 김하늘
감수 김형근 유병우 하인수

펴낸곳 도서출판 맑은샘
출판등록 제2012-000035
주소 경기도 고양시 일산서구 중앙로 1456(주엽동) 서현프라자 604호
전화 031) 906-5006
팩스 031) 906-5079
홈페이지 www.booksam.kr
블로그 http://blog.naver.com/okbook1234
이메일 okbook1234@naver.com

ISBN 979-11-5778-440-0 (04180)
979-11-5778-439-4 (세트)